高职高专"十三五"规划教材

经管类专业基础课

统计学基础

主编 赵丽 胡翮

微信扫一扫

教师服务入口　学生服务入口

南京大学出版社

图书在版编目(CIP)数据

统计学基础 / 赵丽,胡翾主编. — 南京:南京大学出版社,2017.8
高职高专"十三五"规划教材·经管类专业基础课
ISBN 978-7-305-18703-2

Ⅰ. ①统… Ⅱ. ①赵… ②胡… Ⅲ. ①统计学 Ⅳ. ①C8

中国版本图书馆 CIP 数据核字(2017)第 113116 号

出版发行　南京大学出版社
社　　址　南京市汉口路 22 号　　邮　编　210093
出 版 人　金鑫荣

丛 书 名　高职高专"十三五"规划教材·经管类专业基础课
书　　名　统计学基础
主　　编　赵　丽　胡　翾
责任编辑　代伟兵　武　坦　　　编辑热线　025-83597482

照　　排　南京南琳图文制作有限公司
印　　刷　常州市武进第三印刷有限公司
开　　本　787×1092　1/16　印张 15.25　字数 390 千
版　　次　2017 年 8 月第 1 版　2017 年 8 月第 1 次印刷
ISBN 978-7-305-18703-2
定　　价　38.00 元

网址:http://www.njupco.com
官方微博:http://weibo.com/njupco
微信服务号:njuyuexue
销售咨询热线:(025)83594756

* 版权所有,侵权必究
* 凡购买南大版图书,如有印装质量问题,请与所购
  图书销售部门联系调换

前　言

随着定量研究在社会经济研究领域的普及与深入,上至国民经济宏观管理,下到公司企业、个体经营微观分析,数量分析统计方法的作用日益增强。作为以研究如何收集、整理和分析社会经济现象数据为核心任务的实用性学科,统计学已成为我国高等院校经管类专业学生必修的专业基础课程。

本书针对高职教育,以培养具有创新精神和实践能力的高素质技能型专门人才为主要培养目标,遵从"能力本位"的教育理念,参考了国内外有关教材和专著,借鉴了有关统计教学和科研的新成果,注意理论联系实际,充分考虑了统计改革的新经验和新成就,具有较强的思想性、理论性、科学性、先进性和实用性。

全书比较系统全面地阐述了统计的基础理论、基础知识和基本技术方法及其应用,力求概念准确、层次分明、重点突出、简明扼要、深入浅出、通俗易懂。

本书在结构设计和内容编排中力争实现以下几个方面的有机结合:

(1) 合理安排教材体系和篇章结构。"高等"与"职业"体现了高职教育的本质特征与功能,其教育不能深陷理论知识的推导及探究中,因此,本书的编写坚持理论必需、够用的"少而精"原则,在理论知识上注重讲知识要点,注重统计方法的掌握。对一些比较复杂的计算问题,有意识地避开深奥的数学证明,淡化有关数学推导,侧重基本方法的介绍和统计思想的培养。

(2) 注重理论与实践的有机结合。教材中增设了大量的案例,加强学生的感性认识;每章都附有多种类型的习题,加强学生的课后练习,巩固所学知识,便于学生练习和小结;有助于学生理解关键知识点,掌握相关的统计分析技能;有助于提高学生分析和解决实际问题的能力。

本书由赵丽、胡翾担任主编,负责全书的策划、统稿。赵丽编写第3、5、6、8章,程方编写了第1章,郭茹编写了第2、7章,冯倩楠编写了第4章。

由于编者水平有限,书中如有不足之处,敬请专家与读者批评指正,以便修订时改进。

编　者

2017 年 6 月

目 录

第1章 统计总论 …………………………………………………………………（1）
1.1 统计与统计学导论 ………………………………………………………（2）
1.2 统计学的基本概念 ………………………………………………………（9）
1.3 统计学的分科 ……………………………………………………………（13）
1.4 统计学与其他学科的关系 ………………………………………………（15）
本章小结 ………………………………………………………………………（16）
本章案例 ………………………………………………………………………（17）
习　　题 ………………………………………………………………………（18）

第2章 统计设计与统计调查 ……………………………………………………（20）
2.1 统计设计概述 ……………………………………………………………（21）
2.2 统计指标体系的设计 ……………………………………………………（23）
2.3 统计数据 …………………………………………………………………（25）
2.4 统计调查概述 ……………………………………………………………（29）
2.5 统计调查方案及调查问卷设计 …………………………………………（37）
本章小结 ………………………………………………………………………（45）
本章案例 ………………………………………………………………………（45）
习　　题 ………………………………………………………………………（48）

第3章 统计整理 …………………………………………………………………（51）
3.1 统计整理概述 ……………………………………………………………（52）
3.2 统计分组 …………………………………………………………………（54）
3.3 分配数列 …………………………………………………………………（58）
3.4 统计表和统计图 …………………………………………………………（63）
本章小结 ………………………………………………………………………（68）
本章案例 ………………………………………………………………………（69）

| 习　　题 …………………………………………………………………………（71）

第 4 章　综合指标 ………………………………………………………………（75）
4.1　总量指标 …………………………………………………………………（76）
4.2　相对指标 …………………………………………………………………（78）
4.3　平均指标 …………………………………………………………………（85）
4.4　标志变异指标 ……………………………………………………………（95）
本章小结 ……………………………………………………………………（99）
本章案例 ……………………………………………………………………（100）
习　　题 ……………………………………………………………………（102）

第 5 章　动态数列分析 …………………………………………………………（106）
5.1　动态数列概述 ……………………………………………………………（107）
5.2　动态数列的水平指标 ……………………………………………………（110）
5.3　动态数列的速度指标 ……………………………………………………（115）
5.4　长期趋势分析 ……………………………………………………………（119）
5.5　季节变动分析 ……………………………………………………………（125）
本章小结 ……………………………………………………………………（127）
本章案例 ……………………………………………………………………（128）
习　　题 ……………………………………………………………………（150）

第 6 章　指数分析 ………………………………………………………………（156）
6.1　统计指数概述 ……………………………………………………………（157）
6.2　总指数 ……………………………………………………………………（159）
6.3　指数体系与因素分析 ……………………………………………………（164）
6.4　统计指数的应用实例 ……………………………………………………（170）
本章小结 ……………………………………………………………………（177）
本章案例 ……………………………………………………………………（178）
习　　题 ……………………………………………………………………（179）

第 7 章　抽样推断 ………………………………………………………………（186）
7.1　抽样推断概述 ……………………………………………………………（187）
7.2　抽样分布 …………………………………………………………………（193）
7.3　抽样估计的基本方法 ……………………………………………………（195）
7.4　必要样本容量的确定 ……………………………………………………（204）

  7.5 抽样调查的组织方式 ··· (206)

  本章小结 ··· (209)

  本章案例 ··· (209)

  习 题 ··· (209)

第8章 相关分析和回归分析 ·· (212)

  8.1 相关关系 ··· (213)

  8.2 相关分析 ··· (216)

  8.3 回归分析 ··· (219)

  本章小结 ··· (222)

  本章案例 ··· (222)

  习 题 ··· (223)

附 录 ··· (228)

  附表一 随机数表 ··· (228)

  附表二 标准正态概率较小制分布函数表 ······································ (230)

  附表三 标准正态概率双侧临界值表 ··· (231)

  附表四 t 分布临界值表 ·· (232)

  附表五 χ^2 分布临界值表 ·· (233)

参考文献 ··· (235)

第1章 统计总论

【学习目标】

了解统计学的产生和发展,统计学的研究对象和特点;理解统计学的分类及与其他学科的关系;熟练掌握统计学的基本范畴。树立现代统计观念,逐步形成对社会经济现象的数量进行分析的能力。

【学习要求】

- ➢ 了解:统计的产生和发展。
- ➢ 理解:统计的含义。
- ➢ 掌握:统计学的基本概念。

导入案例

美国公司应对来自日本的挑战

过去的30年,美国公司已受到来自海外优质产品的严重挑战。比如,从1984年到1991年,进口小轿车和轻型卡车在美国市场上所占份额从22%稳步上升到30%。又如,电视机和VCR市场情况,这两类产品原来都是美国自己生产的,但是到1995年,没有一家美国公司还在生产这些产品,两类产品均来自海外太平洋沿岸的国家,主要是日本。

面对这种挑战,美国公司(既有制造业也有服务业)开始重视改进质量方面的工作,他们开始加强各环节和各方面的质量管理——从产品设计到生产、分配、销售以至服务。

广义地讲,质量改进程序包括:第一步,弄清消费者想要什么;第二步,把这些需求融入产品设计方案;第三步,提供符合甚至超越产品设计规格的产品或服务。在所有这些程序特别是第三步中,质量改进实际还包含着过程改进——这些过程包括生产过程、分配过程、服务过程以及辅助过程。过程改进意味着什么呢?一般来讲,这意味着过程的服务对象(即产品的使用者)会表示出一种对产品的较大满意度,而且这种满意度的增加往往要求过程中的"变化"尽可能少,比如生产过程中"意外情况"越少越好。

如何控制或减少这种过程变化呢?在20世纪20年代中期,贝尔实验室的Walter Shewhart做出了20世纪过程改进方面最重要的突破。他们认为,生产过程中的变化虽然不可避免(比如,一台机器生产的产品中没有两件是完全相同的;一个银行完成的交易中没有两笔是完全一样的),但他们认为可用统计方法来说明、监测和控制这种变化。因此,他们研制出一种简单的图形技术——控制图,用以确定产品变化是否在可接受的范围之内。这种方法提供何时调整或改变生产过程以及何时可顺其自然等方面的指导,既可用于生产过程结束的时候,也可用于生产过程中间的某个环节。

在20世纪的最后十年,作为日本公司挑战美国优势产品的结果,控制图和其他统计工具在美国得到了广泛应用,有证据说美国成功地应对了日本的挑战。下面这一事实就是一个例子:世界上最具权威的质量改进奖曾经是日本的Deming奖,但今天却是美国的Malcolm Baldrige国家质量奖。美国竞争力东山再起的其他证据包括:美国汽车制造商所占市场份额已彻底改变;美国市场的进口份额从1991年的30%以上降到1999年的26%。

【分析与思考】

结合描述,你如何看待统计的作用?如何识别可用于监测过程的质量的指标?Walter Shewhart知道,变化是每一个过程输出结果的内在特征,请你描述文中的变量是如何随时间而变化的?

带着案例中的问题,让我们开始本章的学习。

1.1 统计与统计学导论

1.1.1 统计及统计学的产生和发展

1. 统计实践活动的产生与发展

统计实践活动至今已有四五千年的历史,是随着社会经济的发展和治国管理的需要而产生和发展起来的。

1) 统计的起源

早在原始社会时期,就有结绳记事、刻绳记事的方法,即所谓"事大,大结其绳;事小,小结其绳;结之多少,随物众寡",这可以说是统计的萌芽。据晋朝皇甫谧(215—282)在《帝王世纪》中记载,早在4000多年前的夏朝,为了治国治水的需要,就进行过初步的国情统计,查明当时全国人口为13 553 923人,土地为24 308 024公顷,并依山川土质、人口物产及贡献多寡等,将全国分为九州。在埃及,早在建造金字塔时,也为征集所需财务和劳力而对全国人口、劳力和财力进行过调查。古希腊在公元前600年就进行过人口普查,古罗马在公元前400年就建立了人口的出生和死亡登记制度。这些都是人类早期的统计活动。

2) 统计的发展

在整个奴隶社会和封建社会时期,由于生产力水平低下、发展缓慢,统计实践活动局限于为适应奴隶主和封建王朝实现税赋、扩张、征兵等需要而进行人口、土地、财产等的登记、汇总工作。17世纪后,资本主义在欧洲萌芽并迅速发展,简单的汇总计数的统计活动已经不能适应资本主义国家的管理需要,必须辅之以统计调查、整理、计算分析等各种手段,为经济和社会发展提供综合数据资料。统计实践随着社会生产力的发展得到推动和发展。统计工作也由人口、财产统计等领域,逐步扩展到工业、贸易、运输业、保险业等其他领域。

统计在治国与管理中的重要作用,引起各国政府的高度重视,许多国家都建立了统计调查和报告制度,相继成立专门的统计机构,开展专项统计工作。统计实践的发展,催生了一批统计学术团体和刊物，它们将统计实践经验加以总结和升华，形成系统的统计理论和方法，又反过来指导统计实践活动。1853 年，在比利时首都布鲁塞尔召开了第一届国际统计会议，意味着统计逐渐成为一项国际性的事业。

2. 统计学的产生和发展

随着统计工作的发展和统计实践经验的日益丰富，加上政治学、社会学、经济学、数学等学科的影响，在 17 世纪到 19 世纪中叶，出现了一批重要的统计著作，并开始形成了不同的统计学派，统计学作为独立的学科得到了相应的发展。

一般来说，统计学的产生和发展可分为三个时期。不同时期各学派之间的相互争论、相互渗透，使统计理论最后发展成为统一的现代统计学。

1）古典统计学时期

从 17 世纪中叶到 18 世纪中叶是古典统计学时期，当时主要有政治算术学派和国势学派。

（1）政治算术学派。该学派产生于 17 世纪中叶的英国，主要代表人物是威廉·配第（William Petty）。英国古典政治经济学的创始人威廉·配第的代表作《政治算术》，是经济学和统计学史上的重要著作。书中用"数字、重量、尺度"等定量的分析工具，对英国和当时的主要发达国家的经济实力进行了比较分析。该书的出版标志着统计学的产生，为此威廉·配第被推举为统计学的创始人，并将其所代表的学派命名为政治算术学派。

（2）国势学派。该学派产生于 18 世纪的德国，又称记述学派，创始人是 17 世纪德国的海尔曼·康令（Hermann Conring）。国势学派搜集大量实际资料，分门别类系统地记述了有关国情、国力的重要事项，如人口、领土、政治、军事、经济、宗教、地理、风俗、货币等，并使用了"统计学"这个名称。严格地说，这一学派的研究对象和研究方法都不符合统计学的要求，只是登记了一些记述性材料，借以说明管理国家的方法。它几乎不用数字而只用文字对国情、国力进行系统的描述，所以人们也把它叫作记述学派，并认为国势学派"有统计学之名，而无统计学之实"。

政治算术学派和国势学派都以社会经济现象作为研究对象，以社会调查作为研究基础。但政治算术学派注重用数字说话，进行定量分析。而记述学派注重文字表达，进行定性分析。在是否把数量方面的研究，作为这门学科的基本特征方面，两个学派互相争论了 200 多年，直到 19 世纪中叶，德国的克尼斯于 1850 年发表了《独立科学的统计学》论文，提出"国家论"和"统计学"的科学分工，主张把"国家论"命名为"国势学"，把"政治算术"正名为"统计学"，争论才告结束。

2）近代统计学时期

统计学的近代时期是 18 世纪末到 19 世纪末。该时期的主要贡献是建立和完善了统计学的理论体系，并逐步形成了以随机现象的推断统计为主要内容的数理统计学和传统的政治经济现象描述为主要内容的社会统计学两大学派。

（1）数理统计学派。该学派产生于 19 世纪中叶，创始人是比利时的天文学家、数学家、统计学家阿道夫·凯特勒（Aololphe Q），其著作有《统计学的研究》、《关于概率论的书信》等。他是当时统计学界的中心人物，担任过比利时中央统计局局长，主持过第一次国际统计会议，他最先将概率论应用于人口、人体测量和犯罪等问题的研究，完成了统计学和概率论的结合。从此,统计学开始进入更为丰富发展的新阶段。许多学者从各个角度研究统计学,不断增加新内容,相继提出和发展了相关和回归理论、t 分布以及抽样理论等,数理统计学很快发展成为一门比较系统、完善的学科。国际统计学界称凯特勒为"近代统计学之父",就在于他发现了大量现象的统计规律和开创性地应用了许多统计方法,促使统计学向新的境界发展。由于这一学派主要在英美等国发展起来,故又称英美数理统计学派。

数理统计学派在理论上混淆了自然现象和社会现象之间的本质区别,过分夸大了概率论的作用,认为统计学就是数理统计学,是现代数学的一个分支,是通用于研究自然现象和社会现象的方法体系,否认社会经济统计学的存在,因而又导致了与社会统计学派的长期争论。

(2) 社会统计学派。这一学派于 19 世纪后半叶兴起于德国,即原来政治算术意义下的统计学。但由于它在理论上比政治算术学派更加完善,在时间上比数理统计学派提前成熟,因此它很快占领了"市场",对国际统计学界影响较大,流传较广。创始人是德国的克尼斯,克尼斯在《独立科学的统计学》中提出把"国势论"作为"国势学"的科学命名,把"统计学"作为"政治算术"的科学命名,从而结束了对统计研究对象长达 200 年之久的争论。主要代表人是恩格尔(1821—1896)和稍后的梅尔(1841—1925)。他们认为统计学是一门社会科学,是研究社会现象变动原因和规律的实质性科学。这一学派融汇了记述学派和政治算术学派的观点,并把政府统计和社会调查融合起来,进而形成社会经济统计学。

3) 现代统计学的发展时期

从 19 世纪末开始,统计学进入了现代统计学时期。在这一时期,数理统计学与社会统计学逐步融合成为统一的现代统计学。

3. 我国的统计和统计学

我国的统计学界,在新中国成立前也存在着数理统计学派和社会统计学派,两派的观点都是从外国传来的。新中国成立初期,我国统计学界认为只有社会经济统计学才是唯一的统计学,从而在根本上否定了数理统计学是统计学的组成部分,这严重妨碍了我国整个统计学的发展。改革开放以来,人们被禁锢的思想终于获得解放,经过长期、广泛的认识和探讨,我国统计学学科的建设取得了重大的突破和质的飞跃。

1995 年 8 月,在北京召开了第 50 届国际统计年会,标志着我国的统计理论和实践已发展到较高的水平。1996 年 10 月,中国统计学会、中国数理统计学会、中国现场统计学会联合举办了全国统计科学研讨会。这次会议达成了中国各统计学科,各统计学派之间相互借鉴、相互融合、共同发展的思想,确立了统计学学科体系的基本框架,肯定了统计学是包括社会经济统计学和数理统计学在内的一般方法论性质的科学,为今后我国统计学的发展奠定了坚实的基础。统计在我国社会经济生活中的地位日益重要,已成为认识社会的有力武器和国家宏观管理的重要工具,也成为企业、个人等微观经济主体经营与决策的得力助手。

1.1.2 统计的含义、特点及作用

1. 统计的含义

何谓统计? 人们在许多场合都接触过统计。例如,在奥运会上要统计各个参赛国的金、银、铜牌的获得数;在生产车间要统计产品生产量;在证券交易所要统计交易额;在高考录取

中要统计考生的总分等等。人们也常常从报纸杂志、电视新闻中获悉我国的经济增长速度、消费者价格指数、固定资产投资规模等经济数据资料。统计从朴素直观的词义理解为"统而计之",即将大量事物的数量进行汇总和计算。从广义的角度观察,统计是研究社会经济现象中的数量问题,以反映其本质和规律的一门方法论的社会科学。

一般认为,统计的含义有三种:一是统计工作;二是统计资料;三是统计学。如上所列举,要统计奖牌获得数、统计生产量、统计交易额等,就是统计工作,也称统计实践活动;经济增长速度、价格指数等,就是统计资料;而我们现在要学习的,就是统计学。

统计作为一种社会实践活动已有悠久的历史。据历史记载,我国在西周朝代已建立了统计报告制度,到秦建立中央集权的国家时,从中央到地方形成了比较完善的"上计"报告制度。统计被认为是治国创业图强的重要手段,正如春秋战国时的管子所说的"举事必成,不知计数不可"。统计,英文为 statistics,与"国家"、"状况"同一词根,可以说,自从有了国家,就有统计实践活动。最初,统计只是为统治者管理国家搜集资料、提供数量依据。随着社会经济的发展,统计的应用领域越来越广泛,不仅仅只局限于经济管理领域,在军事、医学、生物、物理、化学等领域中也大量地运用统计方法。统计工作,即统计实践活动,就是人们为认识客观事物,通过实验或调查搜集有关数据,并加以整理、归纳和分析,而后对客观事物规律性的数量表现做出统计上的解释。统计实践活动的过程实质上也是人们认识客观世界的过程。

统计资料是统计工作的成果,包括各种统计报表、统计图形及文字资料等。人们通过统计实践活动所得的成果即统计资料,统计工作与统计资料的关系是工作过程与工作成果的关系。工作过程的好坏关系到工作成果质量的高低。人们对统计数据的要求是:客观性,即它能反映客观事实而不受任何偏见的影响或任何势力的干扰;准确性,即统计数据的偏差不能超过根据统计研究目的而事先确定的允许误差范围;及时性,即统计数据应及时搜集、及时加工、及时公布。

统计学是关于数据搜集、整理、归纳、分析的方法论的科学,其目的是探索数据的内在数量规律性,以达到对客观事物的科学认识。统计学研究的是如何进行数据的搜集、加工和整理,如何从复杂纷繁的数据中得出结论,并科学地解释这个结论,以达到对客观现象正确的、深刻的认识。

统计工作、统计资料与统计学三者之间既有区别,又紧密联系,是一个事物的三个方面。统计工作和统计资料是过程和结果的关系,统计工作过程的好坏直接影响统计资料的质量。统计学与统计工作的关系是理论与实践的关系,理论源于实践,理论又高于实践,反过来又指导实践。统计学是统计工作实践与经验的科学总结,它的基础是统计工作的实践,但反过来指导实践的发展,为统计工作提供理论和方法指导。

2. 统计学的特点

1)数量性

数据是统计的原料,离开了数字,统计工作就成了无米之炊。数量性是统计学研究对象的基本特点。统计数据是客观事物量的反映,通过数据以测度事物的类型、量的顺序、量的大小和量的关系。

2) 总体性

统计研究虽然是从个别入手,对个别单位的具体事实进行观察研究,但其目的是为了达到认识总体数量特征。例如,进行居民家计调查,虽然是对具体的每个调查户进行观察,但其目的并非研究个别居民户的家庭基本状况,而是要反映一个部门、一个地区以至一个国家居民的收入、消费、就业等状况。

3) 变异性

统计研究的是同质总体的数量特征,其前提是总体各单位的特征表现存在着差异,而这些差异不是由某些特定的原因事先给定的。统计上把总体各单位由于随机因素引起的某一标志表现的差异称为变异。例如,一个学校的学生,其年龄的大小、学习成绩的高低存在差异,这才有必要研究其年龄、成绩的平均水平及其各层次的结构等状况。如果各单位不存在差异,也无须进行统计了。

4) 具体性

统计要研究的是具体事物的数量,而不是抽象的量,这是统计与数学的一个重要区别。数学研究客观世界的空间形式和数量关系时,具有高度的抽象性,它可以撇开所研究客体的具体内容;而统计在研究社会经济现象的数量时,就必须紧密联系被研究现象的具体内容,联系其质的特征。

3. 统计的作用

统计是社会调查研究方法中应用广泛的重要方法之一。列宁曾精辟地指出,统计是认识社会最有力的武器之一。因此,统计既是认识社会的一种有力武器,又是为一定政治目的服务的一种工具。

统计之所以能够起到认识社会的作用,是因为统计能够从全面事实的总和中,从事物的内部联系中把握实质。也就是说,它能够从数量方面来说明客观事物的现象和发展过程,能够深刻有力地揭示客观事实的内在本质和规律。

人类认识社会的目的在于改造社会,在改造社会的过程中,统计的作用又表现为实现一定政治经济目的的工具。在社会主义现代化建设时期,统计的作用主要是了解国情、国力,服务社会,监督国民经济的正常运行,促进社会主义现代化建设事业的可持续发展。

1.1.3 统计学的研究对象

统计学是研究社会经济现象数量方面的理论和方法,其研究对象是社会经济现象总体的数量特征和数量关系。

1. 统计学的研究对象是社会经济现象的数量方面

任何事物都有质和量两个方面,社会经济现象也是如此,从数量上认识事物的基本特征是研究客观现象的重要方法之一。统计学正是从数量上来研究社会经济现象,反映社会经济现象的规模、水平、速度、比例关系等各种数量关系,揭示社会经济现象的变化规律的。

2. 统计学是在质和量的联系中研究数量特征和数量关系

统计学不是抽象地研究纯数量,而是联系一定的质去研究事物的量。一方面,任何量都依存于一定的质,离开质就无所谓量,也无从核算量;另一方面,任何质都表现为一定的量,只有在研究事物的量的基础上,才能具体深刻地认识事物的本质。

统计学在研究社会经济现象数量方面时,既要通过研究现象的数量方面来认识它的本质,又决不能离开事物的本质去抽象地研究它们的量。统计学研究的量总是具体事务在一定的时间、地点等条件下的数量表现,它总和现象的质密切地联系在一起。统计学研究事物的量的目的,正是为了深刻地反映现象的性质和内在联系,揭示社会经济现象的变化趋势或规律性。

3. 统计学研究的是总体数量方面

统计学研究社会经济现象的目的在于认识社会经济现象总体的规律性。个别现象由于受偶然因素的影响,在数量上表现出千差万别,只有通过大量观察,充分提取材料,才能真正认识和把握事物的本质特征。

1.1.4 统计数据

1. 数据的计量尺度

统计数据是对客观现象进行计量的结果。对客观现象进行计量,就必须弄清楚数的计量尺度问题。根据对研究对象计量的不同精确程度,将计量尺度由低到高、由粗略到精确分为四个层次:定类尺度、定序尺度、定距尺度和定比尺度。

1) 定类尺度

定类尺度亦称为列名尺度,是最粗略、计量层次最低的计量尺度。它是按照客观现象的某种属性对其进行平行的分类,此时,若用数字表示,该数字仅作为各类的代码,度量各类之间的类别差,不反映各类的优劣、量的大小或顺序。例如,人口按性别分为男、女,用"1"表示男性,用"0"表示女性。定类尺度的主要数学特征是"="或"≠"。在统计处理中虽然可以计算单位数,但它不能表明第一类的一个单位可以相当于第二类的几个单位。

2) 定序尺度

定序尺度亦称为顺序尺度,它是对客观现象各类之间的等级差或顺序差的一种测度,是比定类尺度更高一级的计量尺度。定序尺度不仅可以将研究对象分成不同的类别,而且还可以反映各类的优劣、量的大小或顺序。例如,学生成绩可以分为优、良、中、及格和不及格等五类,在这里,定序尺度虽然无法表明一个优等于几个良,但却能确切地表明优高于良,良又高于中……定序尺度的主要数学特征是">"或"<"。在统计的变量数列中可以确定其中位数、分位数等指标的位置。

3) 定距尺度

定距尺度亦称为间隔尺度,它是对现象类别或次序之间间距的测度,是比定序尺度更高一级的计量尺度。定距尺度不但可以用数表示现象各类别的不同和顺序大小的差异,而且可以用确切的数值反映现象之间在量方面的差异。定距尺度使用的计量单位一般为实物单位自然或物理或者价值单位。反映现象规模水平的数据必须以定距尺度计量。例如,产品产量、人口数、企业数、国内生产总值、气象的温度湿度及各种试验数据都以定距尺度为计量尺度。定距尺度的主要数学特征是"+"或"-"。定距尺度在统计数据中,占据重要的地位,统计中的总量指标就是运用定距尺度为计量尺度的。

4) 定比尺度

定比尺度亦称为比率尺度,它是在定距尺度的基础上,确定相应的比较基数,将两种相关的数加以对比而形成相对数或平均数,用于反映现象的结构、比重、速度、密度等数量关系。例如,将一国的国内生产总值与该国的人口数对比,计算人均国内生产总值,以此反映该国的经济能力。定比尺度的主要数学特征是"×"或"÷"。在统计的对比分析中,广泛地运用定比尺度进行计量。

2. 数据的类型

数据是统计的原料,统计研究离不开数据。在统计研究工作中,根据对客观现象观察的角度不同,统计数据可分为横截面数据和时间序列数据。横截面数据又称为静态数据,是指在同一时间对不同单位的数量表现进行观察而获得的数据。时间序列数据又称为动态数据,是指在不同时间对同一总体的数量表现进行观察而获得的数据。在统计中,说明现象的某一数量特征的概念一般也被称为变量,变量的具体取值是变量值。统计数据就是统计变量的具体表现,根据变量值连续出现与否,变量可分为连续型变量和离散型变量。连续型变量是指变量的取值连续不断,无法一一列举,即在一个区间内可以取任意实数值,如人的身高、体重、年龄,气象的温度、湿度,零件的尺寸,电子元件的使用寿命等。离散型变量是指变量的数值只能用计数的方法取得,其取值是整数值,可以一一列举,如企业数、职工人数、机器台数等。根据变量的取值确定与否,变量又可分为确定性变量和随机变量。确定性变量是指变量的取值受到某种起决定性作用因素的影响,使变量沿着一定的方向呈上升或下降的变动。随机变量是指影响变量值变动的因素有多种,变量的取值是随机的。

3. 数据的表现形式

统计数据通常表现为绝对数、相对数和平均数。

1) 绝对数

现象的规模、水平一般以绝对数形式表现,如国内生产总值、产品总产量、人口数、进出口额等。绝对数的计量单位一般为实物单位或价值单位,有时也采用复合单位。实物单位可以是自然计量单位,也可以是物理计量单位,如人口数用人计量、机器数用台计量、粮食产量用吨计量、耕地面积用公顷计量等,对于一些化工产品,常常折合成为标准实物单位。价值单位是以货币形式进行计量,如国内生产总值、进出口总额是以价值单位为计量单位。复合计量单位是由两种或两种以上计量单位复合而成的,如以"吨公里"为货物周转量的计量单位,以"千瓦时"为用电量的计量单位。绝对数按其反映的时间状态不同,分为时期数据和时点数据。时期数据是反映现象在一段期间内发展过程的总量,它具有连续统计和可加性的特点,其数值大小与所属的时间长短有直接关系,如国内生产总值、进出口总额。时点数据是反映现象在某一特定时点所处的状态,它是采用间断登记方式取得资料的,不具有可加性,其数值大小与时点间隔长短没直接关系,如期末人口数、期末在建工程投资额等。绝对数按其反映对象的内容不同,分为总体单位数和总体标志总量。

2) 相对数

相对数是由两个绝对数对比而得的,常用的相对数有结构相对数、动态相对数、比较相对数、比例相对数、强度相对数、利用程度相对数、计划完成相对数等。相对数的计量单位大部分是无名数,但也有一些是采用有名数为计量单位。把对比基数抽象为100而计算的相对数为百分数,把对比基数抽象为1 000而计算的相对数为千分数,这些都是无名数。如果把某地区的人口数与该地区的土地面积对比所计算的相对数是一种强度相对数,被称为人口密度相对数,其计量单位为"人/平方公里",这就是有名数。

3) 平均数

统计平均数是用于反映现象总体的一般水平或分布的集中趋势,数值平均数是由总体标志总量对比总体单位数而计算的。

1.2 统计学的基本概念

1.2.1 统计总体和样本

1. 统计总体

1) 统计总体的概念

统计总体就是根据一定的目的确定的所要研究对象的全体。统计总体是由客观存在的、具有某种共同性质的许多个别单位所构成的整体。

2) 统计总体的特征

一般来说,一个统计总体需要同时具备同质性、大量性和变异性三个特征。

(1) 同质性。总体的同质性是指总体中每一个个别单位在某一方面具有共同性质,这就组成总体的根本条件。如果把不同性质的个别单位结合在一起,它表现的总体特征是模糊不清的。例如,在某市商业企业这一总体中,每一家企业都必须具有"商业"这一共同特征,凡不具备"商业"这一性质的企业都不能进入这一总体。同样,我们要研究某地区国有企业摆脱困境的状况,那么,该地区所有的国有企业构成了一个总体。这些国有企业之所以可以构成总体,是因为它们具有共同的性质,它们都是国有的生产单位。同质性是统计总体的一个特点。同质性是相对的,它是根据统计的研究目的而定的,研究目的不同,所确定的总体就不同,其同质性的意义也就改变了。例如,研究城镇居民户的生活状况,所有城镇居民户构成了统计总体,凡是城镇居民户都是同质的。如果研究的是城镇居民贫困户的生活状况,那么,贫困线下的城镇居民户则构成了统计总体,贫困线下的城镇居民户都是同质的,而贫困线上的城镇居民户就是非同质的了。

(2) 大量性。统计总体的另一个特点是大量性。统计总体是由具有某种共同性质的许多个别单位所构成的整体,那么,所研究的单位就不是个别的或少量的。统计对总体数量特征的研究,其目的是为了探索、揭示现象的规律,而现象的规律只有在大量现象的综合汇总中才能显示出来。以某市商业企业组成的总体为例,每一家企业是个别单位,那么全市所有的商业企业组成的全体就具有大量性,把全市每一家商业企业的职工人数进行综合分析,就能说明该市商业企业这一总体的特征。

(3) 变异性。总体中的每一个个别单位除了一两个方面具有同质外,却在更多的方面表现出不同,或是质的差别,或是量的变化。在某市商业企业这一总体中,每一家商业企业在所有制形式、业务类型、职工人数、销售额等方面都存在差异,这种差异是普遍存在的,所以才需要对大量的个别单位进行调查和统计。如果总体中每一个个别单位在所有方面都表现出共同性,就没有必要对个别单位进行统计调查,而只研究其中某一个个别单位就可以说明总体特征了,实际上这种情况几乎不可能出现。因此,可以说变异性构成了总体研究的主要内容。

由上面的阐述可见,组成总体的三个特征是密切相连的。同质性是组成总体的根本条件,大量性是组成总体的基本前提,变异性是总体研究的主要内容。

3) 统计总体的类型

把变量值的集合视为总体,总体可分为有限总体和无限总体。凡变量取值是有限的,我们称之为有限总体;凡变量取值是无限的,我们称之为无限总体。例如,在某一时间条件下进行人口普查、库存物资普查,我们面对的是有限总体;而要检测合成纤维锦纶的拉力强度,其拉力强度的取值是无限的,我们面对的是无限总体。时间序列总体也是无限总体。

2. 样本

样本是从总体中抽取出的、作为总体的代表、由部分单位组成的集合体。在抽样推断中,总体又被称为母体,相应地,样本也被称为子样。抽取样本应注意如下几个问题:

(1) 样本的单位必须取自总体,这是因为抽取样本的目的是为了推断总体,所以,不允许以总体外部的单位作为该总体的样本。

(2) 一个总体可以抽取许多样本,样本个数的多少与抽样方法有关。

(3) 样本的抽取必须排除主观因素的影响,以确保样本的客观性与代表性。

1.2.2 总体单位

总体单位简称为单位,总体是由单位构成的,单位是构成总体的基础。单位就是组成总体的个体,从数学角度看,若把总体看成集合,单位就是集合中的元素,而上述的样本就是集合中的一个子集。原始资料就是从总体单位取得的,总体单位是各项调查项目的直接承担者。例如,为了了解某市的商业企业的基本情况,首先要做的是对每家商业企业的属性和数量加以登记;其次才是经过汇总和综合,来说明该市商业企业这一总体的基本情况。

根据研究目的的不同,单位可以是人、物、机构等实物单位,也可以是一种现象或活动过程等非实物单位。统计总体和单位的概念是相对的,是随着研究目的的不同和总体范围的不同而发生相互变化。作为同一个研究对象,在一种情况下它是总体,在另一种情况下,它又变成了单位。例如,要研究某一外资企业职工的基本状况,此时,该外资企业为总体,职工是单位;若要研究的是全市外资企业的基本状况,那么,全市所有的外资企业是总体,而该外资企业就是单位了。

总统和总体单位之间的关系,如表 1-1 所示。

表 1-1 总体和总体单位之间的关系

区别与联系	具体内容	总 体	总体单位
区 别	侧重点不同	反映事物的整体	反映事物的个体
	反映资料不同	二手资料	原始资料
联 系	随着研究目的的不同,总体与总体单位可以先互相转化 例如,对某市工业企业进行普查,则每一家工业企业都是总体单位;若研究这一工业企业的规模时,则该企业就是总体		

1.2.3 标志与统计指标

1. 标志

1) 标志的含义

总体各单位所具有的属性或特征称为标志。换言之,标志是反映总体各单位属性或特征的。在某市商业企业这一总体中,有的企业是全民所有制的,还有的企业是集体所有制的,还有的是联营性质的,无论是全民所有制、集体所有制还是联营性质,我们都可以用"所有制性质"这一名称对此说明。"所有制性质"是说明总体单位属性的名称,因而是标志。再如,每家商业企业分别有 500 人、400 人、300 人……这些不同的数量特征,尽管 500、400、300 这些数量有所不同,但我们可以用"职工人数"这一名称说明这些不同数量。"职工人数"是说明总体单位数量特征的名称,因而也是标志。

总体中每一个单位从不同的侧面观察都有许多属性或特征。例如,单位是外资企业,每个外资企业都具有所属的行业、资本金数额、固定资产原值、职工人数等属性或特征,这些就是单位的标志。总体是由单位构成的,单位是标志的承担者。进行统计研究就是从观察、登记标志的表现入手的,并对标志的表现进行综合以揭示总体的数量特征。由此可见,标志是统计研究的基础。

2) 标志的分类

按照标志所反映的单位的特征不同,标志可分为品质标志和数量标志。凡是表明单位属性方面特征的标志,如企业的经济类型、学生的性别等,我们称之为品质标志或称属性标志、质量标志。凡是表明单位数量方面特征的标志,如学生的考试成绩、职工的工龄、设备的生产能力等,我们称之为数量标志。品质标志的表现一般用文字或语言描述。例如,企业的经济类型是品质标志,其标志表现具体有国有经济、集体经济、外资经济和其他经济类型;学生性别是品质标志,其标志具体表现为男、女。数量标志的表现可用数值表示。例如,学生的考试成绩是数量标志,其标志表现为多少分;职工的工龄是数量标志,其标志表现为多少年。

按照标志在总体中各单位的具体表现是否相同,标志可分为不变标志和可变标志。标志在同一个总体中的各单位具体表现都相同,我们称之为不变标志。例如,在教师总体中,职业这一标志在各单位的表现都是相同的,都是教师,在此,职业就是不变标志。一个总体中,至少要有一个不变标志,才能把各单位结合成为一个总体,如果没有不变标志,那么,总体也就不存在,由此可见,不变标志是总体同质性的基础。标志在同一个总体中的各单位具体表现有可能不同,我们称之为可变标志。可变标志的属性或特征的具体表现是由一种状态变为另一种状态,统计上称之为变异,因此,可变标志也称为变异标志。例如,在教师总体中,教龄这一标志在各单位的表现可能不同,在此,教龄就是可变标志。在一个总体中,如果不存在可变标志,或者说所研究的现象总体在各单位之间不存在着任何差异,这就无须做调查,无须进行统计研究了。所以,总体的同质性是问题研究的基础,而总体的变异性则是问题研究的本体。

2. 统计指标

1) 统计指标的概念

统计指标是说明总体特征的数量化概念,如人口数、土地面积、总产量、销售额。统计学将那些不能表示为数字的名称称为非数量化概念,数量标志就是数量化概念。当数量化概念用来说明总体特征时,就称为统计指标;当数量化概念用来说明总体单位特征时,就称为数量标志。

2) 统计指标的构成因素

统计指标从构成上看是由数量化概念和具体数值两部分构成。统计指标是指反映总体现象数量特征的概念,如人口数、商品销售额、劳动生产率等。它包括三个构成要素:指标名称、计量单位和计算方法。这是统计理论与统计设计上所使用的统计指标含义。

统计指标是反映总体现象数量特征的概念和具体数值。例如,2001年我国国内生产总值为95 533亿元。这个概念含义中包括了指标数值。按照这种理解,统计指标除了包括上述三个构成要素外,还包括时间限制、空间限制、指标数值。这是统计实际工作时经常使用的统计指标的含义。

3) 数量化概念的内涵和外延

所谓指标名称,是指这一概念的内涵,它对指标做出质的规定,阐明指标的定义和含义。统计指标质的规定是根据实质性学科,如政治经济学、部门经济学的范畴予以确定的。所谓计算方法,是指这一概念的外延,它对指标做出量的规定,阐明指标的计算范围和计算口径。统计指标量的规定是根据统计理论研究成果和统计制度予以确定的。

各部门统计学着重研究统计指标的外延。例如,"固定资产"这一指标,根据政治经济学的定义,其内涵是长期参加生产并反复参与生产过程的资金。根据统计制度的规定,其外延是指使用期限在1年以上,其价值在大型企业为2 000元以上,在中型企业为1 500~2 000元,在小型企业为1 000~1 500元的资产,因此仅符合内涵要求但不符合外延规定的资产,不能算作固定资产,只能算作低值易耗品。

统计指标的内涵和外延基本上是一致的,但有时也会出现一定程度的背离。这是由于指标内涵是由实质性科学的范畴予以确定的,实质性科学的范畴又是经过科学的抽象对客观事物本质的描述,是纯概念的。

4) 统计指标的种类

统计指标按照反映总体的数量特点和计算方法不同,分为数量指标和质量指标。

数量指标是说明总体规模大小和数量多少的指标,如职工人数、国民收入和利润额指标等。其特征表现在计算方法上,即不同空间的数值可以相加求和,并且数值大小与总体范围大小呈同方向变化。质量指标是说明总体内部数量对比关系和一般水平的指标,如平均工资、费用率、发展速度等指标。其特征表现在计算方法上,是指标数字通过相除求商得到的;表现在数量特点上,是不同空间上的数字不能直接相加,数值大小与总体范围大小无直接对应关系。

统计指标按其数值表现的形式来看,可分为总量指标、相对指标和平均指标。总量指标的数值是绝对数形式。一般把数量指标与总量指标等同看待,相对指标的数值是相对数形式,平均指标的数值是平均数形式。一般把相对指标和平均指标看作质量指标,是总量指标的派生。通常把这三种指标称为综合指标。

标志和指标之间的关系,如表1-2所示。

表1-2 标志和指标之间的关系

区别和联系		具体内容	标　志	指　标
区　别		说明的对象不同	标志是说明总体单位特征的	指标是说明总体特征的
		划分的种类不同	标志分为表现为属性的品质标志和表现为数值的数量标志	统计指标无论是数量指标还是质量指标都表现为数量性
联　系		指标与标志之间也存在转化关系,这种转化关系是伴随总体和总体单位的转化而形成的。如果原来总体转变成总体单位了,那么原来说明总体的统计指标也将变成说明总体单位的标志		

1.3 统计学的分科

从学科性质分析,统计学是一门研究数据收集、整理、计算、分析及推断的方法论的科学,其目的在于通过对客观现象内在数量规律性的探索,达到对客观事物的科学认识。随着统计实践活动的发展,各种统计方法广泛应用于自然科学和社会科学领域,统计学也已发展成为由若干分支学科组成的学科体系。从统计方法的构成角度看,统计学可以分为描述统计学和推断统计学;从统计方法的研究和应用角度看,统计学又可以分为理论统计学和应用统计学。

1.3.1 从统计方法的构成角度分

1. 描述统计学

描述统计学(Descriptive Statistics)是研究如何取得反映客观现象的数据资料,对所收集的数据进行加工整理并通过统计图表的形式显示出来,进而通过综合、概括与分析得出反映客观现象的规律性数量特征。具体内容包括统计数据的收集与整理、数据的显示方法、数据分布特征的描述与分析方法。

2. 推断统计学

推断统计学(Inferential Statistics)是研究如何根据样本数据去推断总体数量特征的方法,它是在对样本数据进行描述的基础上,对统计总体未知的数量特征做出以概率论为基础的推断和估计。推断统计学可以用于对总体数量特征的估计,也可以用于对总体某些假设的检验,具体内容包括抽样估计、假设检验、方差分析及相关和回归分析等。在对客观现象的研究中,所能获得的数据大部分为样本数据,因此,统计推断法的运用越来越广泛,它在现代统计中的作用越来越重要。

3. 描述统计学和推断统计学的关系

描述统计学和推断统计学的划分,一方面是统计方法发展过程的反映,另一方面也反映了应用统计方法研究客观事物数量规律性的不同过程。从一个完整的统计研究过程看,起始于统计数据的收集与调查,结束于探索出客观现象总体内在的数量规律性。如果在统计数据的收集与调查中得到的是总体数据(如根据普查形式得到的数据),则经过描述统计过程之后就可直接得出总体的数量特征和规律性;如果收集与调查到的仅是部分数据(如抽样调查获得的数据),则经过描述统计只能得出样本总体的数量规律性,还必须借助于概率论等数理统计知识对总体数量特征做出科学的推断和估计,或先对总体的某一数量特征做假设,再利用样本数据构造样本统计量,对假设的正确性与否做出判断。

描述统计学和推断统计学是现代统计学的两个组成部分。其中,描述统计学是现代统计学的基础和统计研究工作的第一步,推断统计学则是现代统计学的核心和统计工作的关键。从描述统计发展到推断统计,既是统计学发展的巨大成就,也是统计学向纵深发展和成熟的标志。由于在统计研究中获取的一般都是样本数据,仅靠描述统计无法得知总体的数量特征,因此,推断统计在现代统计中的地位和作用日益重要。但另一方面,若没有客观、准确、可靠的数据资料,再科学的推断方法也难以得出可靠的结论。可见,描述统计和推断统计相辅相成、缺一不可。

1.3.2 从统计方法的研究和应用角度分

1. 理论统计学

理论统计学(Theoretical Statistics)是利用数学原理研究统计学的一般理论和统计方法的统计学。由于数学知识在现代统计学中广泛而深入的应用,特别是概率论在统计推断中的理论基础地位,要求从事统计理论和方法研究的人员具有扎实的数学基础。理论指导实践,理论统计学为统计方法提供理论基础,没有理论统计学的发展,统计学是不可能发展成为今天如此完善的学科体系的。但在统计研究领域,从事理论统计研究的人员相对很少,绝大部分人员致力于应用统计学的研究。

2. 应用统计学

应用统计学(Applied Statistics)是研究如何应用统计方法解决实际问题,即如何根据收集的数据资料分析问题和解决问题。应用统计学大多是以数理统计为基础形成的一些边缘学科,在自然科学和经济社会科学领域都有广泛的应用。例如,在自然科学领域,统计方法在生物学中的应用形成了生物统计学,在天文学中的应用形成了天文统计学,在物理学中的应用形成了统计力学,在农业科学实验、育种方面形成了农业统计学。在经济和社会科学领域,运用数学方法、数学模型来研究经济现象数量变化规律形成了计量经济学。统计学在管理领域的应用形成了管理统计学,在人口学中的应用形成了人口统计学,在犯罪学领域的应用形成了犯罪统计学等。可以说,统计学已经渗透到自然科学和社会经济生活的各个方面,形成了不同的统计学分支,尽管应用领域各异导致这些应用统计学的特殊性,但其基本原理相同,都是数学和概率理论,基本方法都是描述统计学和推理统计学。

1.4 统计学与其他学科的关系

1.4.1 统计学与会计学的关系

统计学和会计学各自都是一门独立的、完整的学科,它们各有自己的理论体系、自己的研究对象和研究方法。统计学与会计学这两门学科不能互相替代,但两门学科又相互联系、相互渗透。统计学和会计学都是随着社会的发展和管理的需要而产生并不断完善起来的方法论科学,两者都是用数据为语言,对其研究对象的特征进行揭示,以达到对研究对象的认识,并实行有效的监控或管理。从两门学科的理论体系分析,由于两门学科的目标、职能不尽相同,两门学科围绕各自的目标建立自己的理论体系。

会计学的理论体系是以会计目标为起点,会计的目标主要是对会计主体的活动进行核算,提供会计主体活动的信息。围绕这一目标,确定会计核算范围、核算内容,搜集会计信息的途径、会计信息处理与加工的程序和方法,即它是在会计原则的指导下对某一经济业务或会计事项进行确认、计量与报告的会计技术方法,并明确会计信息的提供对象。统计学的理论体系是在明确统计学研究对象的基础上,建立搜集统计数据的调查体系,阐明数据整理、推断和显示的理论与方法,提供统计分析的理论与方法。从两门学科的研究对象分析,两者虽然都是研究事物的数量特征,但两者的具体研究对象并不一致。会计学具体研究的对象是会计主体的资本运动的数量方面,会计对象的具体化是会计主体的资产、负债、所有者权益、收入、费用和利润六大会计要素。统计学具体研究的对象是社会现象的数量特征和数量关系。

尽管两门学科的研究对象存在着差异,企业核算体系还是由会计核算、统计核算与业务核算三者所组成,该核算体系分别从不同侧面为企业生产管理和经营决策提供数量依据。在企业核算体系中,会计核算占据比较重要的位置。而在宏观核算中,统计核算却占据比较重要的位置。从会计与统计的活动过程看,两者都经过数据的搜集、处理和分析诸阶段。会计核算的依据是各类原始凭证,其核算的最终成果是以表格——会计报表形式体现的。实质上,企业会计核算搜集的资料是该会计主体的全面资料,对每一笔业务的处理必须以原始记录或凭证为依据,一般不能采用推算或估计的方法,并以表格的形式描述企业生产经营、投资理财等活动状况。从这一活动过程看,会计的处理技术与统计描述有着非常相似之处。从会计与统计的研究方法看,会计的研究方法是:对核算对象的分类是按会计要素来划分的,采用复式记账法,以会计等式为基础研究会计主体数量的平衡关系。统计的研究方法是:对研究对象的分类是依据研究目的而定的,主要研究方法包括实验设计、大量观察、统计描述和统计推断等。随着社会的发展,会计与统计两种计算方法互相渗透,在财务分析中大量地运用了统计的分析方法,而在国民经济核算体系中也运用了会计复式记账原理和账户体系进行核算。会计与统计两者之间相互利用对方的信息,统计是会计信息的主要使用者。传统的会计是不涉及宏观领域的,随着社会的不断发展,会计服务领域的不断拓宽,会计作为一个信息系统,也逐步为国民经济管理提供财务信息。

1.4.2 统计学与计量经济学的关系

计量经济学是经济学、数学和统计学的综合,但又是独立于这三门学科的一门科学。计量经济学利用计量方法论述经济关系。在计量经济学中,大量地运用统计方法去研究经济及其相关领域的问题。统计学和计量经济学是相互独立的两门学科。统计学侧重于数据的搜集、整理、归纳和分析,而计量经济学则侧重于经济理论的验证、经济政策的评议和经济量未来值的预测。从研究过程看,统计学的研究过程经历了统计设计、统计调查、统计整理、统计分析和统计资料的积累等阶段。计量经济学的研究过程一般经历了确定用于测量经济现象的模型,求出模型的参数估计值,对估计值进行评价,对模型预测的有效性进行评价。对于计量经济学的研究方法,正如诺贝尔经济奖得主克莱因所说的,"计量经济学的百分之九十是回归"。从研究目的看,统计学对变量的描述,其目的是为了从统计数据中认识所要研究的现象,解释现象,寻找现象的规律,并在不同的事物间、不同的时间上、不同的空间中进行评判、比较、推算。计量经济学利用联立方程"回归"模型,目的是研究多个经济变量之间的相互作用关系或递推关系。

1.4.3 统计学与数学的关系

统计学与数学都是研究数量的关系和数量的规律,都要与大量的数字打交道。现代统计学运用了大量的数学方法,如概率论、数理统计、模糊数学、线性代数和微积分等。有人认为统计学是数学的一个分支,这是一种误解。统计学与数学有密切的联系,但两者存在本质的区别,这两个学科各有独立的研究领域和研究特点。统计学和数学都有利用各种数学公式进行数字演算,但两者研究的数是存在差别的。统计学的数据总是与所研究的客观对象联系在一起的,统计的过程就是从客观对象中抽取出其数量表现,得到有关的数据。统计数据是有具体的实际含义的,它反映着某一现象的质。数学所研究的数字,是抽象的数字,它并不反映现象的质。

统计学和数学都是研究数量规律的,统计学研究的是具体的实际现象的规律,它从客观实际中搜集数据,进行统计处理后又将这些处理结果返回到实际中,并解释这些结果的意义。而数学研究的是抽象的数量规律,它撇开具体的对象,以最一般的研究探索数量的联系和空间的形式。从研究方法看,统计学和数学的研究方法不尽相同,统计学根据实验或调查,观察大量的个别现象,对所观察的个别现象加以归纳,并判断总体的情况。实质上,统计学的研究方法是归纳与演绎相结合的方法,其中归纳占主要地位。数学的研究方法主要是逻辑推理和演绎论证的方法。数学与统计学各自成体系,两门学科各有自己的研究对象、研究方法,但两者关系密切,数学为统计学提供了数量分析方法论的基础,尤其是数学中的概率论,研究的是随机现象的数量关系和变化规律,它从数量方面揭示了偶然与必然、个别与一般、局部与总体之间的辩证关系,为现代统计学奠定了基础。

本章小结

本章共四节,主要介绍了统计理论和实践的产生发展过程,统计的含义、特点、研究对象以及统计数据等;统计学的基本概念、统计学的分科、统计学与其他学科的关系等。

1. 统计的三层含义:统计工作、统计资料和统计学,三者相互联系。统计工作和统计资料是过程和结果的关系,统计工作过程的好坏直接影响统计资料的质量。统计学与统计工作的关系是理论与实践的关系,理论源于实践,又高于实践,反过来理论又指导实践。

2. 统计学的研究对象是客观事物的数量特征和数量关系。统计学研究对象的特点是:数量性、总体性与变异性。

3. 统计数据是统计实践活动的成果,人们对统计数据的要求是:客观性、准确性和及时性。统计数据的计量尺度,按对研究对象计量的不同精确程度,由低到高分为四个层次:定类尺度、定序尺度、定距尺度和定比尺度。统计数据是统计变量的具体表现,变量可分为连续型变量和离散型变量。

4. 统计总体是由客观存在的、具有某种共同性质的许多个别单位所构成的整体。样本是由总体抽出的、作为总体的代表、由部分单位构成的集合体。单位是组成总体的个体,总体和单位的概念是相对的。

5. 标志是反映总体各单位的属性或特征,单位是标志的承担者,统计指标是说明总体特征的数量化概念。标志是说明总体单位特征的,指标是说明总体特征的;标志分为表现为属性的品质标志和表现为数值的数量标志,统计指标无论是数量指标还是质量指标都表现为数量性;统计指标与标志之间也存在转化关系,这种转化关系是伴随总体和总体单位的转化而形成的。

6. 从统计方法的构成角度看,统计学可以分为描述统计学和推断统计学;从统计方法的研究和应用角度看,统计学又可以分为理论统计学和应用统计学。

本章案例

瓦尔德帮助英军找到了英军战机空战中的危险区域

二战时期,英国和德国在英吉利海峡上空的空战非常惨烈,正义与邪恶达到了你死我活的胶着状态。为了提高英国空军的战斗力,英国统计学家瓦尔德被英国空军司令咨询:飞机上什么区域应该加强钢板?他和助手拿了飞机模型到机场,查看从空战中返航的军机受敌军创伤的弹孔位置,在他的飞机模型上逐个不重不漏地标示返航军机受敌军创伤的弹孔位置。几天后,他的飞机模型上几乎布满了有弹孔的区域,因为没有弹孔区域被击中的飞机都没有返航,有弹孔区域被击中的飞机照样返航,故没有弹孔区域是军机的危险区域。于是他提议,把剩下少数几个没有弹孔的区域加强钢板(颠覆了事前哪里有弹孔,钢板就加强哪里的传统做法)。英国人按此加固了飞机,在最后一次空战后,英国空军司令说:如果德国再发动一次空战,我们就完了,但德国再也没有对英国发动空战,英国胜利了。该案例是军事问题+统计学+智慧的成果,生动而充满人性的力量,瓦尔德因在统计决策领域的贡献而成为该领域的领袖。

从以上案例中我们可以看出:统计学是收集、处理、分析和解释数据,以便更好决策的一门方法论学科。数据是反映客观事物的特征及其表现,是统计学的研究对象。当其表现是非数值时,是定性数据,如飞行员的姓名、性别等;当其表现是数值时,是数量数据,如飞机的弹孔位置等；当其表现是图像时，是图像数据，如飞机模型上布满了弹孔的区域等；当其表现是声音时，是声音数据，如飞机的轰鸣声等。分析数据的方法有描述统计、推断统计。案例中，"瓦尔德在他的飞机模型上逐个不重不漏地标示从空战中返航军机受敌军创伤的弹孔位置。几天后，他的飞机模型上几乎布满了有弹孔的区域"是描述统计及其结果。"他的飞机模型上没有弹孔区域是军机的危险区域"是推断统计及其结果。英军所有军机称为总体，总体的部分称为样本，案例中所掌握的数据只有样本数据——从空战中返航军机受敌军创伤的弹孔位置，这里的调查是破坏性的，不可能对总体的所有个体都进行观察和实验来取得结果，而我们所需要的是总体的数据特征——英军所有军机空战中的危险区域。这时必须用推断统计来解决问题，这是现代统计学的主要内容。

事实上，只要有数据的地方，就会有统计学的应用，而各个领域都有数据，因此，统计学在各个领域都在发挥发现客观世界规律，更好决策的作用。

习 题

一、名词解释

统计　总体　描述统计　参数　标志　统计指标　变异　变量

二、单项选择题

1. 英国的威廉·配第是(　　)的代表人物。
   A. 记述学派　　　B. 政治算术学派　　C. 图表学派　　　D. 数理统计学派
2. 第50届国际统计会议于(　　)在北京召开。
   A. 1982年　　　　B. 1990年　　　　　C. 1995年　　　　D. 1998年
3. 以下(　　)不属于描述性统计的范围。
   A. 数据调查收集　B. 数据汇总分析　　C. 数据计算分析　D. 抽样推断
4. 统计总体必须同时具有(　　)三个特征。
   A. 同质性、广泛性和变异性　　　　　B. 同质性、广泛性和特殊性
   C. 同质性、大量性和变异性　　　　　D. 同质性、大量性和特殊性
5. (　　)学派被称为"有实无名"的统计学派。
   A. 记述学派　　　B. 政治算术学派　　C. 数理统计学派　D. 社会统计学派
6. 通过有限数量的种子发芽实验来推断整批种子的发芽率的统计方法为(　　)。
   A. 描述统计学　　B. 推断统计学　　　C. 统计归纳法　　D. 统计演绎法
7. 反映总体某一数量特征的统计指标被称为(　　)。
   A. 总体参数　　　B. 总体统计量　　　C. 样本参数　　　D. 样本统计量

三、多项选择题

1. 从不同的角度，统计有三层含义，它们是(　　)。
   A. 统计设计　　　B. 统计工作　　　　C. 统计资料　　　D. 统计科学
2. 以下属于推断统计学研究内容的是(　　)。
   A. 数据收集　　　B. 数据显示　　　　C. 抽样推断　　　D. 假设检验
3. 下列关于描述统计和推断统计的叙述中，正确的有(　　)。

A. 描述统计学是现代统计学的基础   B. 推断统计学是现代统计学的基础
C. 推断统计学是现代统计学的核心   D. 两者相辅相成、缺一不可

4. 下面标志中,属于品质标志的是(　　)。
   A. 职工人数　　B. 性别　　C. 企业经济类型　　D. 文化程度
5. 下列标志中,属于数量标志的是(　　)。
   A. 企业职工人数　　　　　　B. 企业男职工人数
   C. 企业所属部门　　　　　　D. 企业现有设备台数
6. 下列总体中,属于有限总体的是(　　)。
   A. 全国人口总体　　　　　　B. 一杯水构成的总体
   C. 连续生产的产品总体　　　D. 职工人数总体

四、简答题

1. 在日常生活中,你接触过哪些与统计有关的问题?
2. 从不同的角度理解,"统计"一词有几种含义?它们之间的关系如何?
3. 统计数据有几种计量尺度?它们各有什么特点?
4. 统计数据有几种表现形式?请以实例具体说明。
5. 说明统计总体、样本、单位的含义,它们三者之间有什么联系?
6. 简要说明标志与指标之间的关系。
7. 描述统计学和推断统计学的研究方法、内容有什么不同?两者之间有什么联系?
8. 举例说明统计在企业管理中的应用。

第2章 统计设计与统计调查

【学习目标】

了解统计设计、统计指标体系及统计调查的概念、作用、分类;掌握统计调查的方式、方法;领会统计数据的计量尺度、数据和变量的类型及它们之间的关系;明确统计调查方案及调查问卷的设计内容。

【学习要求】

> 了解:数据的计量尺度及数据和变量的类型。
> 理解:普查、抽样调查等统计调查方式。
> 掌握:统计调查方案及统计调查问卷的设计。

导入案例

统计局:11月份70个大中城市中53城新房价格环比上涨

国家统计局2012年12月18日发布11月份70个大中城市住宅销售价格变动情况,与上月相比,新建商品住宅(不含保障性住房)中价格上涨的城市有53个,价格下降的城市有10个,价格上涨的城市中涨幅均未超过1.0%。

一、新建商品住宅(不含保障性住房)价格变动情况

1. 与上个月相比,70个大中城市中,价格下降的城市有10个,持平的城市有7个,上涨的城市有53个。环比价格上涨的城市中,涨幅均未超过1.0%。

2. 与去年同月相比,70个大中城市中,价格下降的城市有41个,持平的城市有4个,上涨的城市有25个。11月份,同比价格上涨的城市中,涨幅均未超过2.0%,涨幅比10月份回落的城市有1个。

二、二手住宅价格变动情况

1. 与上月相比,70个大中城市中,价格下降的城市有19个,持平的城市有16个,上涨的城市有35个。环比价格上涨的城市中,涨幅均未超过0.9%。

2. 与去年同月相比,70个大中城市中,价格下降的城市有49个,持平的城市有3个,上涨的城市有18个。11月份,同比价格上涨的城市中,涨幅均未超过4.7%,涨幅比10月份回落的城市有2个。

附注:

1. 现行《住宅销售价格统计调查方案》自2011年1月起开始实施。

2. 调查范围。住宅销售价格的调查范围为 70 个大中城市的市辖区,不包括县。

3. 调查方法。70 个大中城市的新建住宅销售价格、面积、金额等资料直接采用当地房地产管理部门的网签数据。二手住宅销售价格调查为非全面调查,采用重点调查和典型调查相结合的方法,按照房地产经纪机构上报、房地产管理部门提供与调查员实地采价相结合的方式收集基础数据。

4. 新建住宅含保障性住房;新建商品住宅不含保障性住房。

5. 价格指数的计算方法详见中国统计信息网《住宅销售价格统计调查方法》。

【分析与思考】

上例中提到了"非全面调查"、"重点调查"、"典型调查"、"调查方案"等词语,它们的具体含义是什么?这份调查报告中的数据是怎么搜集得到的?学习了统计调查的内容就会理解,而且还会知道各种不同的调查方式和方法。

2.1 统计设计概述

2.1.1 统计设计的概念和种类

1. 统计设计的概念和意义

统计工作的全过程包括统计设计、统计调查、统计整理和统计分析四个阶段。统计设计是统计工作的首要阶段,统计设计是根据统计研究的目的和研究对象的特点,对统计工作的各个方面、各个环节进行通盘考虑和全面安排,并制订出可行的方案,以指导统计工作。统计设计所制订的方案包括确定调查的范围和期限、统计指标体系、统计分类目录、统计报表制度、统计调查方案、统计汇总或整理方案以及统计分析方案等诸多方面的内容。

统计设计是保证统计工作实施的基本依据,是使统计工作协调、有秩序、顺利进行的必要条件,是保证以后统计调查、统计整理和统计分析诸阶段工作质量的重要前提。它起通盘安排的作用,即分清主次先后,按需要和可能采用不同的统计方法,避免重复和遗漏,使统计工作有秩序且顺利地进行。

2. 统计设计的种类

1) 按设计内容划分

(1) 横向设计。按统计研究对象内容的设计可称为横向设计。

(2) 纵向设计。按统计工作过程的设计可称为纵向设计。

2) 按所包含的研究对象的范围划分

(1) 整体设计。整体设计是将统计研究内容作为一个整体,对其进行全面的设计。

(2) 专项设计。专项设计是从研究对象的某一部分出发,对该方面的具体内容进行设计。

一个企业统计工作的设计、全国工业统计工作的设计是整体设计。专项设计是对认识对象的某个方面、某个部分进行的设计,如人口普查的设计、工业企业经济效益统计的设计。

3) 按所包含的工作阶段划分

(1) 全过程设计。全过程设计是对统计工作中经历的各个阶段所进行的全面设计,从确定统计内容、统计指标体系等全过程的通盘安排,其中包括统计工作阶段所有的设计方案,以及工作阶段间的协调统一。

(2) 单阶段设计。单阶段设计则是对统计工作过程中某一具体阶段所进行的设计,一般体现为某一阶段具体的统计设计方案。

4) 按所包括的时期划分

(1) 长期设计。长期设计是指较长时期的统计设计,如五年以上的统计设计。

(2) 短期设计。短期设计一般是指一年或年度内的统计设计。

(3) 中期设计。两年或三年的统计工作设计,一般称为中期统计设计。

2.1.2 统计设计的内容

1. 明确规定统计工作的目的

确定调查目的是任何一项统计调查方案首先要解决的问题。不同的调查目的需要不同的调查资料,不同的调查资料又有不同的搜集方法。调查目的明确了,搜集资料的范围和方法也就确定下来了。

2. 确定调查对象和调查单位

调查对象即统计总体,是根据调查目的所确定的研究事物的全体。统计总体这一概念在统计调查阶段称为调查对象。调查单位也就是总体单位,是构成调查对象的基本单位。报告单位也称为填报单位,也是调查对象的组成要素。报告单位是提交调查资料的单位,一般是基层企事业组织。例如,为了了解全国工业企业的情况,则调查对象为全国所有工业企业,调查单位为每一家工业企业,报告单位为每一家工业企业。

3. 确定调查时间和地点

调查时间是指调查资料所属的时间。调查时间是进行调查工作的期限,如果调查现象是时期现象,则要规定调查资料所属的起止时间;如果研究的是时点现象,则应规定统一的标准时点(包括搜集资料和报送资料整个工作所需要的时间)。例如,要统计2016年工业增加值,调查时间是2016年1月1日到12月31日的整个日历日数。而我国的第六次人口普查规定的标准时点是2010年11月1日零时。

确定调查时间之后,还要确定调查地点。一般情况下,调查地点与调查单位所在地是一致的。例如,人口普查是到每个居民的常住地进行,但有的时候二者是不一致的,如人口普查中某些居民暂时离开常住地,则不论被调查者人在哪里,都在其户口所在地进行登记。

4. 确定调查项目与调查表

调查项目即依附于调查单位(总体单位)的统计标志,其标志表现就是统计调查所得的资料。确定调查项目时必须注意以下几个问题:第一,调查项目的含义必须明确。第二,考虑资料的可行性,有些调查项目需要有限的条件下难以取得的资料,则不应该列入。第三,调查项目的答案应满足完备性和互斥性。第四,确定不同时期同类调查的调查项目时,前后时期的调查项目应互相衔接,以便进行动态的比较分析。

调查表是用来表现调查项目的表格,其目的是保证统计资料的规范化和标准化。根据一份表格上调查单位的数目,调查表可以分为一览表和单一表。一览表是指一份表格上登记了两个及两个以上调查单位有关的调查项目的调查表;单一表是指一份表格上登记一个调查单位有关调查项目的调查表。一般情况下,调查项目少的话应该用一览表,调查项目多的话应该用单一表。

5. 调查方法和组织方式

统计调查方法是保障统计资料准确性、及时性的重要条件。统计调查方法有普查、抽样调查、全面统计报表、重点调查、典型调查等多种方法。每一种调查方法都有其特定的功能、优势和局限性,因此在调查方法设计时应该根据调查目的、调查对象和调查条件综合考虑,选择切合实际的调查方法。

6. 调查的组织工作

调查组织实施方案是指从组织上保证调查工作顺利进行的措施,其主要内容包括调查工作的组织机构、调查人员的配备、调查人员的培训、调查的方式方法、调查经费的筹措,还有各种费用的来源和主要开支计划等。

(1) 统计是需要高度集中统一的工作。这就要求必须事先制订出经过通盘考虑过的设计方案。

(2) 统计工作不再是仅仅以单项的统计活动为主体,而是要把认识对象作为一个整体来进行全面的、综合的反映和研究。

(3) 从认识顺序来讲,统计工作是从对客观现象的定性认识开始的。没有这种定性认识,就不知道去调查什么和怎么调查,也不知道去研究什么和怎么研究。

(4) 从统计实践来看,加强和重视统计设计工作对完成整个统计工作,保证统计工作的质量是必需的。

2.2 统计指标体系的设计

2.2.1 统计指标体系的概念和作用

一个统计指标只能反映社会经济现象某一方面的数量特征。而社会经济现象是一个复杂的有机整体,现象之间存在着复杂的各种联系,要全面地反映客观经济现象整体,描述事物发展的全过程,只有一个统计指标是不够的,需要采用统计指标体系。

统计指标体系是根据统计任务的需要,能够全面反映统计对象数量特征和数量关系,互相联系的一套指标。例如,一个工业企业的生产经营活动,是企业的人力、物力、资金、生产、供应、销售、经营等相互联系的全过程的整体运行,为了反映整体运行的经济效益,就需要设置反映工业企业经济效益的统计指标体系。目前,我国统计上考核工业企业经济效益的统计指标体系是由总资产贡献率、资本保值增值率、资产负债率、流动资产周转率、成本费用利润率、全员劳动生产率和工业产品销售率七项指标组成的。

2.2.2 统计指标体系的种类

1. 按指标体系反映内容的范围不同划分

指标体系按反映内容的范围不同可分为宏观指标体系和微观指标体系。

(1) 宏观指标体系是指反映全国范围社会经济现象数量特征的体系,如我国国民经济核算体系中建立的指标体系,反映全国工业状况的指标体系等。

(2) 微观指标体系是指反映基层单位运行和经营管理情况的指标体系,如反映一个科研单位基本情况的指标体系,等等。

2. 按指标体系内容的不同划分

指标体系按内容的不同可分为国民经济指标体系、社会指标体系及科学技术指标体系三类。

(1) 国民经济指标体系是反映整个社会生产、流通、分配、消费等社会再生产过程和条件的指标体系,如我国按照建立社会主义市场经济的要求建立的国民经济新的核算体系基本框架及补充表所列的指标体系。

(2) 社会指标体系是以人们物质文化生活为中心,反映社会状况的指标体系,如人口统计的指标体系、居民收入和消费的指标体系。

(3) 科学技术指标体系是反映科学技术发展水平及变化等情况的指标体系,如开展科学技术活动的人、物、财条件,科研成果数量及质量等指标体系。

3. 按指标体系作用的不同划分

指标体系按作用的不同可分为基本指标体系和专题指标体系两类。

(1) 基本指标体系是指反映社会经济基本情况的主要指标所构成的指标体系,如我国国民经济核算基本框架形成的指标体系。

(2) 专题指标体系是指反映某个方面社会经济问题的指标体系,如能源指标体系、运输指标体系、教育指标体系等。

2.2.3 指标体系的设计原则

1. 科学性原则

统计指标和指标体系的设计要符合总体本身的性质和特点,即统计指标和指标体系要能科学地反映出总体的真实情况。指标数量、核心指标、指标口径、计算时间、计算方法和计量单位要符合科学原则的要求。

2. 目的性原则

统计指标和指标体系的设计要根据它的目的进行。

3. 整体性原则

统计指标和指标体系的设计,要从整体上考虑各个指标之间的联系。总体的各个方面是相互联系和相互制约的,因而各个统计指标之间也应该是相互联系和相互制约的。因此,指标口径、时间、空间和计算方法的确定要从全局出发,考虑到彼此之间的联系。

4. 统一性原则

统计指标和指标体系的设计要力求与会计核算相统一,即设计时要考虑会计的需要,尽可能地从原始记录开始统一,应使计算口径、方法一样,范围、经济内容相同,起止时间一样。

5. 可比性原则

统计指标和指标体系的设计要注意各地区、各部门的一致性,以便于相互比较。

2.3 统计数据

统计数据是对客观现象进行计量的结果,也是统计汇总、加工和分析的直接对象。大到一国的经济总量、人口的平均预期寿命,小到个人的收入支出、职业学历等都属于统计数据。获取统计数据是统计工作的初始环节和首要问题。从统计数据的最初来源看,主要是统计调查和科学试验。统计调查是获取经济统计数据最重要的直接来源,但对于普通使用者来讲,通过直接的统计调查或科学试验获取第一手数据的可能性不大,更多的是利用他人调查或试验的数据,即获取第二手数据。信息时代为我们提供了众多的间接数据来源,如公开的出版物,各种报纸、杂志、图书、广播、电视传媒及计算机网络等。

2.3.1 数据的计量尺度

在统计调查和收集数据之前,首先要对客观现象进行计量或测度,这就涉及计量尺度的问题。不同性质的事物,其测定尺度是不同的。有的事物只能按其品质属性进行分类,如人口的性别和职业,企业的所有制性质和行业隶属等;有的则可以用精确的数字加以衡量,如职工的工资、学生的成绩、企业的产值利润等。显然,以数字计量要比用文字分类描述更加精确。根据计量学的分类方法,按照对事物计量的精确程度,可将计量尺度从低级到高级、从粗略到精确分为定类尺度、定序尺度、定距尺度和定比尺度四个层次。采用不同的计量尺度可得到不同的统计数据,不同的统计数据适用于不同的统计方法。

1. 定类尺度

定类尺度(Nominal Scale)又称定名尺度、类别尺度,它是按照研究对象的某种属性将其划分为若干组或若干类的一种测度。

定类尺度只能测定事物之间的类别差异,但不对类别之间的关系做任何假定。定类尺度在现实生活中应用最广。例如,按照性别将班级学生分为男生和女生,按照民族将人口分为汉族、满族、回族等。为便于统计处理,特别是便于计算机识别,往往将不同类别的事物用不同的数字或编码表示,如"1"表示男生,"0"表示女生;"1"表示汉族,"2"表示满族,"3"表示回族等。需要指出的是,这些数字仅仅是不同类别的代码,并不意味着这些数字可以进行数字运算或可以比较大小。定类尺度是最粗略的一种计量尺度,也是最基本的计量尺度,是其他计量尺度的基础。它具有以下特征:

(1) 只能区分事物的类别,无法比较事物的优劣或大小,也就是说,定类尺度只具有"="或"≠"的数学性质。因此,使用该尺度对事物所做的分类中,各类别之间是平等的并列关系,类别之间的顺序是可以改变的。

(2) 对事物的区分必须遵循穷尽和互斥的原则。穷尽是指在所做的全部分类中,必须保证每一个个体都能归属于某一类别,不致出现遗漏;互斥是指每一个个体只能归属于一个类别,不能在其他类别中重复出现。简言之,就是每一总体单位有且只有一个类别归属。

(3) 对定类尺度计量的数据进行分析的统计量主要是频数或频率。例如,对班级学生按性别分类后,可分别计算男生人数和女生人数(统计上称为频数),也可计算男生、女生占班级总人数的比重(统计上称为频率)。

> **思考:**
> 想一想生活中常见的还有哪些定类尺度?

2. 定序尺度

定序尺度(Ordinal Scale)又称顺序尺度,它是对事物之间等级差别或顺序差别的一种测度。

教师的职称、学历,商品的质量等级,人们对某一事件的态度等都可以采用这种尺度测定。其主要特征有:

(1) 对事物不仅可以分类,而且能够比较各类别之间的优劣和大小,借以对事物排序,但不能进行加减乘除等数学运算。从数学角度看,它不仅有"="或"≠"的数学性质,还具有">"或"<"的数学性质。例如,高校教师按职称分为助教、讲师、副教授、教授等类别,职称是从低到高排列的。产品按质量高低分为一等品、二等品、三等品等,事物之间的顺序是不能改变的。

(2) 对事物的分类同样要求穷尽和互斥。

(3) 对定序尺度计量的数据进行分析的统计量除了频数和频率外,还有累计频数和累计频率。我们同样要对定序尺度进行编码,以方便计算机的读取和统计运算,如在上述高校教师职称分类和统计中,可以用"1"、"2"、"3"、"4"分别表示助教、讲师、副教授和教授,但与定类尺度不同的是,计算结果不仅可以得到不同职称的教师人数及比重(分别称为频数和频率),还可以得到在某一职称级别之上或之下的教师人数,如具有副教授以上职称的教师人数及比重(分别称为累计频数和累计频率)。

> **思考:**
> 想一想生活中常见的还有哪些定序尺度?

3. 定距尺度

定距尺度(Interval Scale)又称间隔尺度,它是对事物类别或次序之间的间隔进行的一种测度。

定距尺度一般以自然单位来衡量,如考试成绩用"分"计量,温度用"℃"计量等。定距尺度的主要特征有:

(1) 不仅能区分事物的类别、进行排序、比较大小,还可以精确地计量出两个数字之间的差距。定距尺度的计量结果表现为数值。由于这种尺度的每一间隔是相等的,可以计算两个数值之间的差值,也可以进行加减数学运算。例如,某班级学生考试成绩最高分为98分,最低分为32分,两者之间的差距为66分;某日某市最高温度为38 ℃,最低温度为23 ℃,当日的温差为15 ℃等。

(2) 没有绝对零点,即定距尺度中的"0"表示"0"水平,而不表示"没有"或"不存在"。例如,对某学生考试成绩为"0"分不代表没有分数,某日某市最低温度为0 ℃不表示没有温度。

> **思考:**
> 想一想生活中常见的还有哪些定距尺度?

4. 定比尺度

定比尺度(Ratio Scale)也称比率尺度,它是对事物之间比值的一种测度。

常见的定比尺度如人的收入支出、企业的产值利润、某地区的人口总数、失业人数等。它与定距尺度属于同一层次,计量结果也表现为数值,但其功能强于定距尺度。其主要特征表现为:

(1) 除具有对事物分类、排序、比较大小、求出差异大小外,还可以计算出两个数值之间的比率。具有数学上加减乘除四则运算功能。例如,对某市工业企业普查的数据显示,甲、乙两家企业的年销售收入总额分别为5 000万元和500万元,则不仅可以比较甲、乙企业的销售收入高低,计算销售收入之差,还可以计算出甲企业的销售收入是乙企业的10倍。

(2) 具有绝对零点,即数字"0"表示"没有"或"不存在"。例如,某人本月收入为"0"表示本月没有收入,某市某月重大交通事故为"0"则说明无重大交通事故。

上述四种计量尺度对事物的测量层次是由低级到高级、由粗略到精确逐步递进的。高层次计量尺度具有低层次计量尺度的全部特征,我们可以方便地将高层次计量尺度的计算结果转化为低层次计量尺度的计算结果。如将考试分数转化为优、良、中、差四个等级,是将定距尺度转化为定序尺度,但若将考试成绩等级转化为分数则比较困难。

在统计分析中,一般要求测量的层次越高越好,因为高层次的计量尺度包含了更多的数学特征,对数据的处理方法就越多,处理结果提供的信息量也越大。在实际工作中,应尽量使用高层次的计量尺度来对事物进行测度。现将四种尺度的测定层次和数学特征归纳,如表2-1所示。

表 2-1 四种计量尺度的比较

数学特征	定类尺度	定序尺度	定距尺度	定比尺度
分类（=,≠）	可以	可以	可以	可以
排序（>,<）		可以	可以	可以
间距（+,-）			可以	可以
比值（×,÷）				可以

> **思考：**
> 以下所列出，分别属于哪一层次的计量尺度？
> 人的身高、体重、学历、政治面貌、籍贯、收入、支出。

2.3.2 数据的类型和表现形式

1. 数据的类型

统计数据是采用某种计量尺度对事物进行计量的结果，采用不同的计量尺度会得到不同类型的统计数据。从上述四种计量尺度计量的结果来看，可将统计数据分为定性数据和定量数据两种类型。

定性数据也称品质数据，它说明事物的品质特征，一般不能以数值表示，只能以文字表述，这类数据是由定类尺度和定序尺度计量形成的。

例如，人的性别只能以男、女表示，则"男"和"女"就是定性数据；考试成绩用优、良、中、差表示，则"优"、"良"、"中"、"差"即为定性数据。

定量数据又称数量数据，用以说明现象的数量特征，具体表现为数值。这类数据是由定距尺度和定比尺度计量形成的。

例如，产品销售额为 300 万元、学生考试成绩为 80 分、某市人口总数为 260 万人，则"300 万元"、"80 分"、"260 万人"均为定量数据。

对于不同类型的数据，可采用不同的统计分析和处理方法。如前所述，对定性数据，可计算各组的频数或频率，计算众数，进行 χ^2 检验等。对定量数据，除可以进行对定性数据的计算分析外，还可以计算均值、进行参数估计和假设检验等。这说明，适用于较低层次测量数据的统计方法，同样适用于较高层次的测量数据；反之，则不一定。

> **思考：**
> 区分以下命题中数据的类型，并说明它们是由哪一类计量尺度测量形成的。
> 1. 某人具有研究生学历；
> 2. 某市 2016 年实现财政收入 200 亿元。

2. 数据的表现形式

定量数据通常有两种表现形式，即总量数据和分析数据。

总量数据又称总量指标或绝对数,反映现象在一定时期或一定时点上达到的总规模、总水平和工作总量,是统计数据的基本表现形式,也是计算分析数据的基础。按反映现象的时间状况不同,可分为时期指标和时点指标。时期指标反映现象在一段时期内达到的总规模和总水平,如某一地区 2016 年的总产值、财政收入、出生人口数等;时点指标反映现象在某一时点(瞬间)达到的状态量,如某一地区 2016 年年末的总人口数、城乡居民储蓄存款余额等。

分析数据是两个总量数据(绝对数)的比值,具体分为相对数和平均数两种。

根据对比的数据性质不同,相对数有比例和比率之分。

比例是同一总体中各部分的数量占总体总量的比重或部分数量与部分数量之比,用以反映总体的内部结构,同一总体中各部分比例之和等于 1。

比率是不同类别的数量之比,可以反映同一现象在不同时间、空间上的对比,也可以反映两个有联系但性质不同的总体数量之比,如经济发展速度、人口密度、计划完成程度、出生率、死亡率、自然增长率等。

平均数又称均值,是用总体(或样本)各单位的某一数据总量与总体(或样本)单位总数的比值,反映总体(或样本)单位在某一数量方面的一般水平。

2.4 统计调查概述

在统计数据的两个直接来源中,统计调查是获取社会经济数据的重要渠道,统计调查可以是统计部门专门组织的统计调查,如全国人口普查和抽样调查、工业普查、农业普查等,也可以是其他部门或机构为特定目的而进行的调查,如民意调查、市场调查等;科学实验是获取自然科学数据的主要渠道,本节主要介绍获取经济统计数据的主要渠道——统计调查。

2.4.1 统计调查的概念和作用

1. 统计调查的概念

统计调查是根据统计的目的和任务,运用科学的调查方法,有计划、有组织地向客观实际收集和登记数据的过程。

统计调查搜集的实际资料包括原始资料和次级资料。

原始资料是指直接向调查单位搜集的,未经加工整理的资料,如企事业单位对其业务活动所做的各种书面记录,统计人员利用调查问卷得到的调查表等。它是统计活动所取得的初级统计资料,是最原始的统计信息,是进行统计整理、统计分析的基础。

次级资料是指已经过一定的加工整理,在一定的程度上能够说明总体情况的统计资料,如政府统计公报、统计年鉴、行业发展报告等。

2. 统计调查的作用

统计调查的任务就是取得准确、及时、全面、系统的原始资料,以保证统计数据的质量。如果在统计调查阶段搜集的原始资料出现较大差错或者零碎不全,那无论其后如何进行认真的整理和分析,也不会得到正确的结论。由此可见,统计调查在统计工作中具有重要的意义,它是统计工作的基础环节和初始阶段,是认识事物的起点,是统计数据整理和分析的前提。所以,对统计调查数据的要求是准确、及时、系统、完整。

2.4.2 统计调查的分类及对统计调查数据的基本要求

1. 统计调查的分类

社会经济现象多种多样,根据不同的调查对象和调查目的,选择适当的调查方法和组织形式是统计调查的重要问题。统计调查可以从不同角度,按不同的标准进行分类。

1) 按调查对象的范围不同,可分为全面调查和非全面调查

全面调查就是对构成调查对象的所有单位逐一进行调查、登记的统计调查方式。例如,要了解我国人口的数量、性别比、年龄结构、民族构成、受教育程度等情况,就必须对全国的所有人口进行调查、登记。

非全面调查则是对构成调查对象中的一部分单位进行调查的一种调查方式。例如,对某批产品进行质量鉴定,不需要对所有产品逐个进行质量检验,只需要抽出一部分产品进行检验即可。

2) 按调查的时间是否连续,可以分为经常性调查和一次性调查

经常性调查也称为连续性调查,是指对调查对象的发展变化进行连续不断的登记。例如,工厂产品的生产、原材料的投入、能源的消耗等,必须在观察期内连续登记,然后汇总起来。可见经常性调查是为了观察总体现象在一段时间内的数量变化。

一次性调查是间隔一段相当长的时间对研究对象某一时刻的资料进行登记。一般是为了对总体现象的一定时点上的状态进行调查,如工业企业设备的拥有量、商品库存量。这些指标的数值在短期内变化不大,不需要连续登记。

3) 按调查的组织方式不同,可以分为统计报表和专门调查

统计报表是国家统计系统和专业部门为了定期取得系统的、全面的统计资料而采用的一种统计调查方式。它是按照国家统一规定的调查要求和表格形式,自上而下的统一布置、自下而上逐级提供统计资料的一种统计报表。其目的在于反映国家政治、经济、文化等方面的基本指标,为国家各级领导部门制定方针政策提供依据。

专门调查是为了了解和研究某种情况或问题而专门组织的一次性调查。专门调查包括抽样调查、普查、重点调查和典型调查等几种调查方式。

除了以上几种分类方法,还可以按组织调查的方法不同,将统计调查分为直接观察法、报告法、访问法、问卷调查法、互联网调查法等。

2. 对统计调查数据的基本要求

为了保证整个统计工作的质量,统计调查收集的数据必须满足准确、及时、系统、完整和经济的要求。

1) 准确性

准确性要求统计数据要如实反映客观实际,这是保证统计工作质量的首要环节。统计数据失去了真实性,也就失去了利用价值。

2) 及时性

及时性又称时效性，就是要求在尽可能短的时限内，尽快完成数据的收集和登记工作。例如，我国第六次人口普查，要求在 2010 年 11 月 1 日至 11 月 10 日之间全部完成，以保证数据的时效性。

3) 系统性

系统性要求所收集的数据有条理，符合逻辑顺序，不杂乱无章，便于下一步的整理和汇总。

4) 完整性

完整性要求统计数据项目齐全，不重复、不遗漏。若统计数据残缺不全，就无法反映被研究现象的全貌，无法正确认识客观现象总体的特征，甚至会得出错误的结论。

5) 经济性

经济性是指在满足一定准确度和把握度的前提下，通过精心设计调查方案，尽量减少人力、物力和财力的投入，提高统计调查工作的经济效益。

上述五个方面的要求既相互依存，又对立统一。在实际统计调查过程中，要兼顾调查目的的需要和客观条件（如经费来源、时间限制等）的可能，分清轻重缓急，实现综合平衡。一般而言，以准确为前提，准中求快，力争以较少的投入取得完整、系统的数据资料。

2.4.3 统计调查的方式及方法

1. 统计调查的组织方式

1) 统计报表

(1) 统计报表的概念。

统计报表是按国家统一规定的表式、同一的指标项目、统一的报送时间，自上而下统一布置，自下而上逐级按照统一要求提供统计资料的一种调查方式，也是一种定期的统计报告制度。

(2) 统计报表的特点。

定期统计报表同其他统计调查方式相比有如下特点：

① 统一性。统计报表的指标体系、表格形式、报送程序和报送时间都是国家规定的，这就保证了资料的统一性。

② 全面性。在报表的实施范围内，各单位全面贯彻执行，经过基层单位、各部门、各地区及全国汇总，就可得到比较全面的基本统计资料。

③ 可靠性。由于统计报表制度要求各填报单位必须依据原始记录进行填报，只要基层单位认真执行，建立起原始记录，那么统计资料的来源和准确性便有了可靠基础。

④ 统计报表在社会主义市场经济条件下有着重要的作用，但也存在着一些不足之处。例如，在经济利益多元化的条件下，有的单位为了本单位的利益可能会出现虚报、漏报或瞒报现象，影响统计资料的质量。如果上级机关向基层单位布置统计报表过多，会增加基层负担，甚至会造成某些混乱。

(3) 统计报表分类。

① 按主管机关、报表内容和实施范围分类。按主管机关、报表内容和实施范围的不同，统计报表可分为国家统计报表、部门统计报表和地方统计报表。国家统计报表是根据国家统计调查项目和统计调查计划制定的统计报表，也称为国民经济基本统计报告。部门统计

报表主要是指为适应各部门业务管理的需要而制定的部门性统计报表。地方统计报表是指为适应各地区特点而制定的地区性统计报表。这三类报表的内容各有侧重,但相互关联。其中,国家统计报表是统计报表体系的基本组成部分,部门统计报表和地方统计报表是国家统计报表的补充。

② 按报送周期长短分类。按报送周期长短不同,统计报表分为日报、周报、旬报、月报、季报、半年报和年报。各种报表报送的长短与填报指标项目的繁简程度密切相关。例如,企业中的生产日报和旬报报送的时间较短,报表中指标项目少而简洁,只限于生产中最主要的指标,时效性较强,所以也称为进度报表。月报和季报及半年报的报送时间较长,报表中的项目也相对多一些、详细一些,以便反映生产和经营的动态,同时也可用来检查各部门计划的执行情况。年报的报送时间最长,指标项目最多,内容全面完整,具有总结的性质,它是检查本年计划完成情况和制定来年发展计划的依据。

③ 按填报调查表所涉及的调查单位的多少分类。按照填报调查表所涉及的调查单位的多少,统计报表分为全面统计报表和非全面统计报表。全面统计报表要求调查对象的所有单位都要填报调查资料。非全面统计报表只要调查对象中的部分单位填报调查资料。目前,我国的大多数报表一般综合运用重点调查、抽样调查和典型调查等。例如,调查工业企业主要技术经济指标,只要重点企业填报这种统计报表即可。

④ 按填报单位不同分类。按照填报单位不同,统计报表可以分为基层报表和综合报表。基层报表是由基层企业单位填报的报表,综合报表是由主管部门或统计部门根据基层报表逐级汇总填报的统计报表。填报基层报表单位称为基层填报单位,填报综合报表的单位或部门称为综合填报单位。

(4) 统计报表的内容。

统计报表的内容主要包括表式和填表说明两部分。

① 表式。表式是统计报表的具体形式。每张报表应列出表名、填表单位、报送日期以及报送单位负责人和填表人的签章。表式的主要内容有主栏项目、宾栏指标以及补充资料项目等。统计调查资料就是通过这类表式的填报而取得,所以表式是统计报表制度的主体。

② 填表说明。为了使基层单位对报表内容有统一的理解、正确的填报,保证报表资料的质量,必须编制填表说明。其内容主要包括以下几点:

a. 填报范围。指明每种统计报表应由哪些单位填报,规定填报单位或报告单位,同时也要指明各级主管部门或统计部门进行汇总时的综合范围。明确规定填报范围,可以避免填报单位的遗漏;同时在填报范围发生变动时,便于调整统计资料,使不同时期或不同地区的统计资料具有可比性。

b. 分类目录。即统计报表主栏项目一览表。例如,工业企业填报产品产量报表时,需设"主要产品目录";商业部门填报主要商品购销存报表时,则需设"主要商品目录"。分类目录是填报单位填报有关统计报表的重要依据。各类目录并不是一成不变的,它随着客观情况的变化和管理工作的改进,需要作必要的修订。

c. 指标解释。对列入表式的统计指标的解释力求使填报单位对指标的概念有统一的理解,在计算范围和计算方法上有统一的标准,只有这样才能正确填报,保证统计数字的准确性和统计资料的可比性。

(5) 统计报表的资料来源。

统计报表的资料来源于基层单位的原始记录,得到原始记录后,汇总成统计台账,最终形成统计报表。所以建立和健全原始记录制度,是保证统计报表质量的基础。

① 原始记录。原始记录是基层单位通过一定的表格形式,对本单位生产经营活动的过程、成果以及各项业务活动过程最初的数字或文字记载。原始资料是第一手记录,是未经任何加工整理的初级资料。

② 统计台账。统计台账是按照填报统计报表和统计核算工作的要求,为系统地积累和整理统计资料而设置的一种将原始记录按时间顺序集中登记的专用表格或账簿。统计台账是介于原始记录和统计报表之间的一种汇总资料的形式。

下面举例说明统计报表、原始记录和统计台账的表式及其相互联系,如表2-2、表2-3、表2-4所示。

表2-2 工业总产值及主要产品产量

企业名称: 表 号:国统基表
主管部门: 制表机关:国家统计局

年 月

产值及产品产量	计量单位	计 划			实 际			
		本年	本季	本月	本月	本季	本年本月止累计	去年同月	去年同月止累计
(甲)	(乙)	(1)	(2)	(3)	(4)	(5)	(6)	(7)	(8)
一、工业总产值(按不变价格计算)	万元								
二、主要产品产值									

表2-3 产品入库单

交库单位: 年 月 日 编号:

产品编号	产品名称	规 格	单 位	送交数量	实收数量	备 注

校验: 仓库验收人: 车间交件人:

表2-4 产品产量台账

车间: 年 月 日

产品名称										
计量单位										
本月产量	计划									
	实际	当日	累计	当日	累计	当日	累计	当日	累计	
	1									
	2									
	⋮									
	30									

审核人签字: 记账人签字:

表2-2是某工业企业按月填报的一种统计报表,它的资料来源,如产品产量,是由表2-3和表2-4的材料提供的。表2-3是关于某产品产量的原始记录,表2-4是关于该产品产量的统计台账。按每天的产品入库单分别登记、汇总,即得到每种产品的当日产量。把每日产品产量及时记入统计台账,每月最后一天的累积产量,即为当月产品产量,据此填报统计报表中的产品产量。

2) 普查

(1) 普查的概念。

普查是指专门组织的一次性的全面调查,如人口普查、工业普查、商品库存普查等。普查的规模大、任务重、质量要求高,需要由政府动员组织各方面的力量配合进行。普查的任务就是要取得某些不宜或不能用经常性调查而又必须获取全面、细致、准确的数字资料,作为各级领导了解国情国力、制定政策、规划以及经济发展的依据。

(2) 普查的特点。

① 普查是一次性调查。普查一般用来调查属于一定时点现象的总量。由于时点现象的总量短期内往往变化不大,不需要进行经常性调查,通常可间隔一段较长的时间进行一次调查。例如,我国的人口普查相隔10年进行一次。

② 普查是全面调查。普查的对象范围广,总体单位数量大,指标的内容详细,并且规模宏大,所以普查比其他任何调查方式更能掌握大量、全面的统计资料。例如,人口普查对象是全国所有的公民(不包括港澳台地区),调查的内容不仅仅有人口数量,还有各种构成资料和社会特征资料,如性别构成、年龄构成、民族构成、出生率、死亡率、教育特征、经济特征等各方面的情况。

③ 普查工作量大。普查所表明的是现象在某一时点上的具体数量与情况。一次普查的工作量大、时间性强,需要动员大量的人力、物力和财力,组织工作繁重,因而普查不宜经常进行。

(3) 普查的种类。

① 按组织形式分类。普查按组织形式分类可分为两种:一种是由专门的普查机构负责,配备一定数量的普查人员,对调查单位直接进行登记,如我国历次的全国人口普查。这种普查方式,能够搜集经常性调查无法取得的一些资料。另一种是由被调查单位根据原始记录或核算资料,按颁发表格进行自填上报,如我国工业企业设备普查就属于这种形式。

② 按资料汇总的特点分类。普查按资料汇总的特点分为一般普查和快速普查两种。一般普查是采用"逐级布置,逐级汇总"的办法,需要花费大量的时间。快速普查是一种特殊形式的普查,调查项目少、涉及范围小、要求时效强,一般多采取"越级布置,越级上报"的办法。组织普查的最高机构可以越过一切中间环节,直接将调查方案下达到被调查的基层单位。基层单位越过一切中间环节,以电讯方式或直接将普查资料上报组织的最高机构,进行集中汇总,达到缩短时间的目的。

(4) 普查的基本要求。

在组织普查工作时,一般应遵循以下几个原则:

① 必须统一规定调查资料所属的标准时点。普查资料主要用来说明现象在某一时点上的状态,为了避免普查资料因时间变动影响而发生的重复和遗漏,必须统一规定普查资料所属的标准时点。例如,我国人口普查规定7月1日零时为标准时点,所有调查人员都要按

照这一时点上的人口状况进行登记,使普查资料具有综合性和可靠性。普查时点的选择应从实际出发决定适宜的时间,减少调查工作的困难,提高资料的准确性。

② 确定普查期限。在普查范围内,各单位要同时进行,并要求尽可能在短期内完成调查任务,在方法和步骤上要一致,以保证普查资料的真实性和时效性,充分发挥普查资料的作用。

③ 规定调查项目和调查的间隔时间。为了便于普查资料的全面汇总,对普查项目应作统一规定,禁止任意改变或增减。对于同一种普查,各次的调查项目和间隔时间应力求一致,以便历次普查资料的对比分析。

知识拓展

我国的普查制度

每逢年份的末尾数字为"0"的年份,进行人口普查;

每逢年份的末尾数字为"1"或"6"的年份,进行基本统计单位普查;

每逢年份的末尾数字为"3"的年份,进行第三产业普查;

每逢年份的末尾数字为"5"的年份,进行工业普查;

每逢年份的末尾数字为"7"的年份,进行农业普查。

3) 抽样调查

(1) 抽样调查的概念。

抽样调查是一种专门组织的非全面调查,是指按照随机原则从调查对象总体中抽取一部分单位进行调查,根据调查所取得的有关数据推断总体相应数量特征的一种调查方式。因为其调查目的在于推断总体的数量特征,所以在一定意义上可以起到全面调查的作用。

(2) 抽样调查的特点。

① 非全面性。它是一种非全面调查,只调查总体中的一部分单位,不仅节省了人力、费用和时间,而且在一定程度上保证了调查资料的准确性。

② 随机性。抽样调查是按照随机原则抽取单位,可以保证总体中的每个单位都有相同的选中机会,这样能够防止人为的主观因素的影响,从而使样本具有代表性。

③ 推断性。抽样调查的目的是用部分单位的指标来推算总体的数量特征。

④ 经济性。这是抽样调查最大的优点。由于调查的样本单位通常只是调查对象中很小的一部分,调查的工作量小,可节省大量的人力、物力和财力。

⑤ 时效性高。抽样调查可以迅速、及时地获取所需要的数据资料。由于工作量小,调查的准备时间、调查时间、数据处理时间等均可大大缩短,从而提高数据的时效。与普查相比,抽样调查可以根据需要,较为频繁地进行,以弥补普查难以经常开展的不足。

⑥ 适应面广。抽样调查适用于各个领域、各种问题的调查,可以获取广泛的数据信息,特别适合一些特殊现象的调查。从调查的内容看,抽样调查可以设计更多的调查项目,获取更详细更深入的数据资料。

⑦ 准确度高。与普查相比,抽样调查的工作量小、环节少,可有效降低登记性误差,从而获取比普查更精确的数据资料,提高数据资料的质量和可靠程度。

(3) 抽样调查的作用。

① 不可能进行全面调查的社会现象,为了测算全面数据,必须采取抽样调查的方法。

一种情况是对无限总体的调查,如环保部门对河水水质进行检测,只能采取抽样调查方式。另一种情况是某些产品的质量检测具有破坏性,如日光灯管的使用寿命、食品的保质期等,也不可能进行全面调查,只能采取抽样调查。

② 某些没必要或很难进行全面调查的社会现象,也可采用抽样调查。如要调查某个乡镇的小麦亩产量,理论上可逐户进行全面调查,但要浪费大量的人力、财力、物力和时间,而抽样调查既可提高调查的实效性,又能达到全面调查的目的和效果。

③ 其他作用。例如,利用抽样调查对生产过程进行质量控制,利用抽样调查对全面调查的结果进行检验修正等。

4) 重点调查

重点调查也是一种非全面调查,它是指在调查总体中抽取一部分重点单位进行调查。所谓重点单位,是指其虽然在总体单位总量中占较小比重,但其标志总量在所研究的总体标志总量中却占有绝大比重。因此,对重点单位进行调查,就可以了解所研究现象的基本情况。例如,为了解我国钢铁行业的产销、利润等情况,只要选择宝钢、首钢、邯钢、武钢、包钢等几家特大型钢铁集团进行调查,即可掌握我国钢铁工业的基本情况。所以,重点调查的目的在于了解研究对象的主要情况,而不是借重点调查的资料来推断总体的全面情况。事实上,重点调查资料也不具备推算全面资料的条件。

重点调查的关键在于选择重点单位。根据调查的任务不同,重点单位可能是一些企业、行业,也可能是一些地区、城市等。能否采用重点调查,是由调查的任务和研究对象的特点决定的。一般来说,当调查的任务只要求掌握基本情况,而部分单位又能比较集中反映所研究的问题时,宜采用重点调查。选择重点单位时,要注意宜少不宜多,抓住少数几个能反映总体基本情况的单位进行调查就行了。

重点调查能以较少的投入、较快的速度取得某些现象主要标志的基本情况和变化趋势。它既可以用于不定期的一次性调查,也可以用于经常的连续性调查。我国有一些重点调查已经纳入定期统计报表制度,逐级按月、按季或按年上报。

5) 典型调查

典型调查也是一种非全面调查,它是指根据调查的目的和任务,在对调查对象全面分析的基础上,有意识地选择若干有典型意义或有代表性的单位进行深入、细致调查的一种非全面调查方式。这里具有代表性的单位是指能基本上反映总体分布特征的单位。与重点调查类似,典型调查的关键也在于典型单位的选择。要选出能够反映总体分布特征的典型单位,总的原则是以研究对象的特点和调查目的为依据,同时需注意以下两个方面:

(1) 根据调查目的确定调查单位。调查目的不同,确定的典型单位也不同。如果调查目的是为了取得成功的经验或失败的教训,可以选择好的或差的单位作为典型;如果调查的目的是为了了解一般数量表现,可以选择中等的单位作为典型;如果调查目的是为了研究新生事物,可以选择那些能反映新生事物特性的单位作为典型。

(2) 选择典型单位还要考虑研究对象本身的特点。如果调查对象各种特征参差不齐,不易找到具有代表性的典型单位,可采取"划类选典"的方法,即把被研究对象划分成若干类型,然后在每个类型中选择具有代表性的单位进行调查。在总体中各单位差异不大的情况下,可以选择个别典型单位深入调查和研究,即"解剖麻雀"式的调查,通过典型单位来说明事物的一般情况。

典型调查的效果在很大程度上取决于调查者的主观条件。如果调查者对情况比较熟悉,研究问题的态度比较客观,深入调查研究的作风比较好,就可以使典型调查取得好的效果;反之,可能会发生较大的偏差。

各种统计调查方式各有其特点。统计活动必须根据研究对象和人力、物力、财力条件的不同,灵活地结合运用各种调查方式。一般来说,能用抽样调查、重点调查、典型调查达到目的的,就不必进行全面调查;一次性调查可以解决问题的,就不需要进行经常性统计。

> **思考:**
> 1. 要推断一批种子的发芽率,采用哪种调查方式好?说明理由。
> 2. "麻雀虽小,五脏俱全"说明了哪种调查方式的可行性?

2. 统计调查的方法

所谓调查方法,是指搜集统计资料的具体方法,主要包括直接观察法、访问法、报告法、问卷法等。

(1) 直接观察法,指由调查人员到现场对调查对象直接进行观察和计量,以取得原始资料的一种调查方法。例如,对工业产品的质量和设备进行现场实测,对农作物的产量进行实割实测等。其优点是取得的资料准确性较高,缺点是需要较多的人力、物力和财力。

(2) 访问法,指由调查人员携带调查表向被调查者逐项询问,将答案填入表内的一种调查方法。访问法既可以是对每个调查单位访问登记,也可以是对集体访问登记。例如,人口普查中,可以是对每一个人逐项访问登记,也可以对一个家庭、一个集体户进行访问登记。其优点是取得的资料比较准确,并且还可以了解到一些生动具体的情况。其缺点是耗费的人力和时间较多。

(3) 报告法,即报表法,指由报告单位根据原始记录和核算资料,按照统计调查机关颁发的统一表格和要求,按一定的报送程序提供统计资料的方法。其优点是从调查者的角度来说,比较省时省力;从被调查者的角度来说,可以促进其建立健全原始记录制度,加强基层统计工作。其缺点是在经济利益多元化的条件下容易发生虚报、漏报、瞒报现象。

(4) 问卷法,指以答卷形式提问,由被调查者自愿回答的一种搜集资料的调查方法。这种方法多用于对主观指标的调查,习惯上叫作"民意测验"。如果运用得好,对了解民意有重要作用。但问卷必须精心设计,问题要提得简明扼要,填写答案不需要很多时间,或者设计标准答案以便汇总整理,同时调查程序必须严密,能够保证为被调查者保密(一般采取不记名形式),否则会影响问卷的回收率和答案的质量。

2.5 统计调查方案及调查问卷设计

2.5.1 统计调查方案的设计

为保证统计调查能够取得准确、及时、全面、系统的统计资料,保证统计调查活动有组织、有计划地进行,必须设计一套严密、系统的统计调查方案。所谓统计调查方案,是指根据统计调查的目的和任务,对统计调查工作的各个方面和环节所做的全面部署和安排。一份周密的统计调查方案应包括以下基本内容。

1. 明确统计调查目的和任务

统计调查的目的和任务决定着统计调查对象、调查内容和搜集资料的方法,统计调查目的和任务的不同,调查的对象、范围、方法也就不同。为此,对客观现象进行调查,首先应明确统计调查的目的,即明确进行这样一项调查是为了解决什么问题。

在设计统计调查目的时,应尽量做到简明扼要。例如,对城市工业企业的设备利用情况进行调查,其目的是为了分析设备在使用过程中其价值、技术性能、工作效率等方面的变化规律,为合理配置设备、提高利用率、加强设备技术管理和固定资产管理等提供依据。

2. 明确统计调查对象和调查单位

确定了调查目的后,就需要解决向谁调查,由谁来提供统计资料的问题,这就需要确定调查对象和调查单位。

所谓调查对象,是根据目的和任务而确定的需要进行调查的某一社会现象的总体,是需要进行调查的某一社会经济现象的总体,它由许多性质相同的调查单位组成,因此习惯上也称调查对象为调查总体。

> **注意:** 在这里,我们要区分调查总体和统计总体的概念。统计总体是一般意义下统计研究对象的全体。调查总体是具体到某一次调查活动所针对的研究对象的全体。在全面调查中,两者是一致的,而在非全面调查中,两者是不一致的,前者仅是后者的一部分。

在调查方案设计中,对统计调查对象的内涵要给予明确、具体的说明。例如,我国人口普查的调查对象是"具有中华人民共和国国籍并在中华人民共和国境内居住的人"。再如,对工业企业设备普查的调查对象是所有工业企业的所有设备;对工业企业生产经营情况进行调查,其调查对象是所有工业企业。对于不能像这种用一个定义说明的问题,要采用列举的办法逐一列举清楚。

调查单位是构成调查对象的基本单位。它是统计调查内容的承担者,也就是统计调查中需要登记的具体标志的承担者。例如,在上述工业企业设备普查的调查单位是所有工业企业中的每一台设备;工业企业生产经营情况调查中的调查单位是每一个工业企业。

在统计调查阶段,除了确定调查对象和调查单位外,还必须确定报告单位。报告单位也称填报单位,是指提供统计资料的单位,一般是基层企事业单位组织。

调查单位是调查资料的直接承担者,报告单位是调查资料的提交者,二者有时一致,有时又不一致。例如,工业企业生产情况调查,每一工业企业既是调查单位,又是报告单位;工业企业职工收入状况调查,每个职工是调查单位,每一家工业企业则是报告单位。

3. 确定调查项目

调查项目是指统计调查所要登记的调查单位的标志。反映调查单位特征的标志多种多样,在设计调查项目时,是选择品质标志还是数量标志,选择哪些标志,要根据调查目的和被研究现象本身的特点来确定。一般来说,要注意以下几点:

(1) 选择与问题本质有关的标志。拟定的项目应当是满足调查目的所必需的,可有可无的项目或者备而不用的项目不应列入。

(2) 选择能够取得确切资料的标志。拟定调查项目应本着需要与可能的原则,只能列出能得到确切答案的项目,对项目的提法要明确、具体,不能模棱两可。

(3) 选择的调查项目尽可能相互联系与衔接。确定的项目之间应尽可能做到互相联系,以便于核对答案的准确性。

(4) 调查项目中问题的提法应尽可能是被调查者能回答的问题。

(5) 调查项目中所提的问题是被调查者愿意回答的问题,否则即使被调查者回答了,也会得出不尽不实的答案。

4. 制定调查表

调查表是指把已经确定的调查项目按照一定的结构和顺序排列成的表格。它是搜集原始资料的基本工具,也便于填写数字与汇总整理。调查表的设计应科学,项目不宜过多,排列要注意逻辑顺序。未列入表的项目要另写文字提要。

调查表的形式有单一表和一览表两种。单一表是由一个调查单位填写一份表格,它的优点是可以容纳较多的调查内容,而且便于分类和汇总整理。基层统计报表一般采用单一表的形式。一览表是许多调查单位共同填写一份表格。其优点是每个调查单位的共同事项只要登记一次,节省人力和时间;表中有关单位的资料可以相互核对,便于检查填报的正确性。其缺点是不能容纳较多的标志。

调查表的填表说明和项目解释必须根据国家制定的统一标准,以保证统计调查中采用的指标含义、计算方法、分类目录和统计编码等方面的标准化,这是填报人员必须遵循的准则。

5. 确定调查时间和调查工作期限

调查时间是指调查资料的所属时间,也就是指调查资料所反映的现象客观存在的时间。这里有两种情况:

(1) 资料的所属时间是一段时期,即调查资料所反映的客观现象发生过程的起讫时间。例如,产品产量、利润总额等,要明确规定调查时间的长短,如一天、一月、一季、一年,或者要明确从何年何月何日起至何年何月何日止。

(2) 资料的所属时间是一个时点,即调查资料所反映的客观现象在某一时点上的状态。例如,职工人数、产品库存数等,要明确规定统一的标准时点,如某年 12 月 31 日 24 时。我国人口普查一般规定为 7 月 1 日零时。

调查工作的期限简称调查期限,是指调查工作的起讫时间,包括搜集资料和报送资料的整个工作所需要的时间。如上述人口普查的登记工作要求在 7 月 10 日以前完成,则调查期限是 10 天,而调查时间(资料的所属时间)是 7 月 1 日零时。一般来说,任何一项调查都应在保证准确性的前提下,尽可能缩短调查工作期限,以保证统计资料的及时性。调查时间则需要根据调查目的、调查对象和调查内容等情况,审慎研究确定。

6. 确定调查地点

调查地点是指登记调查资料的地点。在多数情况下,调查单位所在地和调查地点是一致的。例如,工业企业生产经营情况调查,其统计报表就是在工业企业的所在地编制的。但是,若调查单位处于流动状态,或者某些地区间存在交叉状况,这就必须明确规定调查地点。例如,人口普查,因其调查单位是不断流动的人,就必须规定是按户籍所在地登记、按常住人口登记还是按现有人口登记。如果调查"按常住人口登记",不论被调查者是否暂时外出居住,都应在居民的常住地点进行登记。在工业普查中,有的总公司在某地,有些分支机构则在外地,那么在外地的分支机构就必须规定是按隶属关系调查登记,还是按所在地调查登记。

7. 选择调查的方式及方法

在统计调查方案中,还要规定采用什么样的调查方式方法取得统计资料。统计调查方式,包括报表调查、普查、重点调查、典型调查和抽样调查等五种形式;统计调查方法,包括直接观察法、访问法、报告法、问卷法和网上调查法等,在设计统计调查方案时,要根据调查对象和研究任务,选择一种调查方式,还是结合使用几种调查方式。

8. 调查的组织实施计划

为保证统计调查工作的顺利进行,还必须制订出调查的组织实施计划,主要包括以下几点:

(1)组织领导。在调查组织实施计划中要明确,由什么机关组织、领导调查工作。尤其是大规模的调查,往往需要动员很多单位和人员参加,组织工作更为重要。

(2)调查前的准备工作。其包括调查的宣传工作、人员培训、文件印制以及试点调查等。

(3)其他方面的调查组织工作。如调查资料的报送办法、调查经费的预算和开支办法、提供或者公布调查成果的时间以及调查工作的规划等。

2.5.2 统计调查问卷的设计

在统计调查过程中,调查人员必须事先准备好调查提纲、调查表式或访问要点,以此作为调查的依据,这些文件统称为问卷。它是系统地记载需要调查的问题和调查项目的表式,用来反映调查的具体内容,是实现调查目的的一种重要工具。设计统一的问卷,可以使调查内容标准化、系统化,便于收集和整理汇总所需调查的资料。问卷设计是否科学、合理,直接影响到调查的效果。

1. 问卷的主要类型

问卷主要有以下三种形式。

1)卡片式问卷

卡片式问卷是把许多个调查单位的调查项目依次登记在一张问卷里进行调查,或把一个单位的所有调查项目登记在一张问卷上。

2) 开放式问卷

开放式问卷是对调查的问题不列出具体答案,而是由被调查者自由回答的问卷。开放式问卷中的问句常常用下面形式列出:

您购买汽车时主要会考虑哪些因素?

您对改进本产品有什么建议?

开放式的问卷可以让被调查者自由发挥,有可能得到更多的信息。

3) 封闭式问卷

封闭式问卷要求精心设计问卷中问句的内容和可选择的答案,被调查者只能在所规定的答案范围内选择,一般只要在选中的号码上打钩或划圈就可以了。这种形式的问卷又称结构型问卷,它既便于被调查者回答,又便于资料的统计处理。目前市场调查中常用的问卷是封闭式的,但一般都在问卷的最后加上一个或几个开放式的问题,用于搜集一些封闭式问题中未能包含的更加生动、形象、具体的资料。

2. 问卷的设计原则

1) 主题明确

根据调查目的和任务确定问卷主题,拟定调查提纲,从实际出发设计具体问题,问题的目的明确、重点突出。保证通过应答者的回答能得到充分必要的数据信息。

2) 结构合理,逻辑性强

问题的排列体现调查提纲要求的逻辑结构,要有一定的逻辑顺序,层次分明,详略得当,符合应答者的思维程序。一般应先易后难,先简后繁,先具体后抽象,先问事实性问题,后问态度和意向方面的问题,最后问理由方面的问题。

3) 通俗易懂,便于回答

问题设计要充分考虑应答者的知识层次和接受能力,语句通俗,语意明确,内容具体,措辞客观,不带任何主观倾向和暗示,语气亲切自然。对敏感性问题的提问要注意技巧和方法,避免直接提问引起应答者的戒备和逆反心理,而且涉及的问题应当是可以测度的,使应答者一目了然,并愿意积极配合,如实回答。

4) 其他注意事项

控制问卷的长度,回答问题的时间控制在 20 分钟左右;在问卷格式编排上,要便于数据的校验、整理和汇总;尊重应答者的私人信息,注意保密等。

3. 问卷的基本结构

一张优良的问卷,首先要有一个清晰的结构。尽管不同的调查问卷可以有不同的结果,但一般而言,其基本内容应该包括如下几个方面。

1) 题目

问卷的题目是对问卷调查主题的基本概括,它的功能是能够使被调查者一目了然地了解该项问卷调查的主要内容和基本用意,因此问卷调查题目的确定既要简明扼要,又要切中主题。

2) 前言

前言也称说明词,它是对该问卷调查项目的目的、意义及相关事项的简单说明。在调查

问卷的前言中,调查者至少应该传递如下基本信息:

(1) 自我介绍:说明调查人员所代表的公司,以及本人的职务或姓名。

(2) 调查目的与意义:尽量从被调查者感兴趣的角度,说明本次问卷调查的目的和意义,以争取被调查者的合作。

(3) 回收问卷的时间、方式及其他事项。例如,告诉对方本次调查的匿名性和保密性原则,调查不会对被调查者产生不利的影响,真诚地感谢受调查者的合作,答卷的注意事项等。

3) 问句

问句构成了调查问卷的主题,其篇幅也占整个调查问卷的绝大部分。问句部分的基本内容包括:

(1) 根据调查纲要或调查项目而设计的各种问句;

(2) 不同问句的回答方式;

(3) 对各类回答方式的指导和说明。

4) 编码

在较大规模的统计调查中,调查者常常采用以封闭式问题为主的问卷,为了将被调查者的回答转换成数字,输入计算机进行处理和定量分析,往往需要对回答结果进行编码。所谓编码,就是赋予每一个问题及其答案一个代码,编码的工作既可在问卷设计时就设计好,也可等调查完成后再进行。前者称为预编码,后者称为后编码。

5) 调查者项目

调查者项目包括调查人员的姓名、工作单位及调查日期,这些项目主要是为了明确责任和便于查询。

4. 提问项目的设计

提问项目的设计应注意以下几个方面的问题。

1) 所选问句必须符合客观实际情况

问句的设计要符合当前社会经济状况和科学发展水平,符合大多数人的思想、文化、语言、习惯的实际,符合调查研究的实际。问句的数量要适中,问句的多少决定着问卷的长度。为了保证问卷的回收率、有效率和时效性,问卷的长度要有一定限度。一般来说,面谈访问问卷中问句回答时间应控制在 0.5~1 小时之内;自填问卷式调查中问句回答时间应控制在 0.5 小时之内。

2) 所列问句必须符合被调查者的能力和条件

被调查者回答问句的能力包括阅读能力、理解和表达能力、记忆和计算能力、知识的范围水平等。设计问句时必须考虑被调查者是否有能力准确回答,凡是被调查者不可能了解和回答的问题不应提出,凡是被调查者不可能或不太可能正确理解和回答的问题也不应提出。

3) 所设计的问句应尽量避免社会上禁忌的和敏感的问题

问卷中尽量避免提问各地风俗和民族习惯中忌讳的问题、涉及个人利害关系的问题、个人隐私的问题、不轨行为的问题等。例如,对"您家有多少存款"类的问题,应答者往往具有本能的自我防卫心理,容易产生种种顾虑,不愿回答。

当然,对某些确实需要做调查的敏感性问题,调查人员在设计问句时,必须注意方式、方法、措辞,严格遵守保密原则,以便收到预期效果。

4）注意问句表述的科学性

问卷中问句所使用的语言和提问方式直接影响应答者对问句的理解和回答的情绪。一般来说，问句的表述要通俗易懂、简单明确、标准规范；问句的内容要具体、单一，避免歧义性；问句的内容要客观，不能带有诱导性、倾向性；问句的提问方式要恰当，避免使用否定句。

问卷中问句的表述是问卷设计中的重点和难点，它在很大程度上决定了问卷设计的质量和问卷调查的效果，所以设计问卷时，对问句的表述应认真推敲，反复琢磨。

5. 回答项目的设计

问句回答项目的选择，涉及问卷回收率的高低和问卷调查质量的高低等重要问题，因此，选择时务必进行周密细微的考虑。问句回答方式主要有如下几种。

1）是非式问句

是非式问句又称二项选择式、对比式、两分式或赞否式问句。这种类型的问句只让被调查者在两个可能答案中选答一个，最常见的是在"是"与"否"、"有"与"无"、"好"与"坏"、"买"与"不买"中选一个，二者必居其一。例如，您家有汽车吗？A. 有，B. 无。这种回答方式简单明确，可以严格把回答者分成两类，适用于答案互相排斥的二择其一的定类问题。

2）多项选择式问句

多项选择式问句对一个问句预先列举出几个可能的答案，让被调查者选择其中一个或几个做出回答。多项选择式问句的答案有一定范围，可能的答案既不能遗漏，也不能互相交叉、互相重复，这样才会便于被调查者取舍，也有利于调查结果的统计分析。

3）顺位式问句

这类问句主要是让被调查者判断某项问题的重要程度，按先后顺序排列答案，以便被调查者对其意见、感觉或动机做出比较性的表达。

例如，您认为当前的公务员腐败最严重的三个表现是什么？（请以 1、2、3 作为评价的顺序填在括号内）

借改革之名化公为私（　　）

行贿受贿（　　）

拉帮结派（　　）

公款旅游（　　）

假文凭、假证件（　　）

贪污（　　）

大吃大喝（　　）

提干走后门（　　）

公款赌博（　　）

这样的问句既便于调查者衡量比较，也便于对调查结果的统计。它适用于要求表示答案的先后顺序或轻重缓急问题。

4）标度式问句

这类问句又称等级选择式问句，即调查人员列出不同等级的答案，由应答者从中选一项作为回答。常用的等级表达方式有：非常喜欢、比较喜欢、无所谓、不太喜欢、很不喜欢；很好、一般(较好)、无所谓、不太好、很差,等等。这类问句适用于表示意见、态度、感受等方面的等级或强烈程度的定序问题。

5) 过滤式问句

这类问句的特点在于最初提出的问题涉及范围广泛,被调查人围绕着主题怎么回答都行,然后逐渐缩小范围,到最后则是特定的专门性问题。

例如,调查消费者对购买汽车的意见,可以按如下方式设问句:

您对汽车印象如何?

您喜欢汽车吗?

您喜欢两厢车,还是三厢车?

这类问句可以让应答者针对问题不受任何限制来回答,从而能广泛深入地搜集消费者的意见和购买动机等方面的情况。

6) 比较式问句

比较式问句是把若干可以比较的事物整理成两两对比的形式,由应答者进行比较。这类问句比起那些将许多事物放在一起让应答者作比较的问句显得简便容易,并可获得针对性强的具体资料。

例如,请您比较下列每一对不同品牌的手机,哪一种更实用?(每对中只选一个,在其后的括号中画√)

a. 苹果(   )和三星(   )

b. 三星(   )和华为(   )

c. 华为(   )和小米(   )

7) 表格式

表格式是指将同类的几个问题和答案列成一个表格,由被调查者回答的方式,如表2-5所示。

表2-5 百姓心中当前最严重的社会问题

项 目	非常严重	比较严重	一般	不太严重	无所谓	不知道
下岗失业问题						
社会治安问题						
贫富分化问题						
国民素质问题						
官员腐败问题						
社会公德问题						

说明:请在您认为最合适的栏目内打√。

这种回答方式适用于同类问题、同类回答方式的一组定序问题。

8) 回忆式问句

回忆式问句是在设计问句时,向被调查人明确提示回答的范围,让其以记忆的内容来做回答。这类问句适用于测量消费者对广告、公司名、品牌名等事物的印象强度的调查。例如,您最近在电视中看到了哪些品牌的汽车广告?

此外,还需注意的是,如果问句的排列杂乱无章,会影响被调查者的顺利回答和资料的准确性,甚至影响自填式问卷的回收率。一般来说,排列问句的基本要求是:便于调查者顺利回答的问题;便于资料的整理和分析;相同性质或同类问句要集中排列;先易后难,浅入深出地排列。

一般来说,先列被调查者较熟悉的问题,后列他们较生疏的问题;先问事实、行为方面的问题,后问观念、情感、态度方面的问题;先问能引起被调查者兴趣的问题,后问容易引起他们紧张、顾虑、厌烦的问题;先安排封闭式问题,后安排开放式问题。

本章小结

1. 统计设计是保证统计工作实施的基本依据,是使统计工作协调、有秩序、顺利进行的必要条件,是保证以后统计调查、统计整理和统计分析诸阶段工作质量的重要前提。

统计设计的内容包括明确规定统计工作的目的、确定调查对象和调查单位、确定调查时间和地点、确定调查项目与调查表、确定调查方法和组织方式及确定调查的组织工作等。

2. 统计数据是对客观现象进行计量的结果。按照计量的精确程度,可将计量尺度从低级到高级、从粗略到精确分为定类尺度、定序尺度、定距尺度和定比尺度。不同的计量尺度可得到不同的统计数据,不同的统计数据适用于不同的统计方法。

3. 从使用者的角度来看,统计数据有两个来源:统计调查和科学试验是数据的直接来源;引用他人调查或试验的数据是数据的间接来源。

4. 统计调查是获取统计数据最主要的直接来源,也是统计工作的基础环节和初始阶段。为保证所收集数据的质量,统计调查开始之前,必须周密设计调查方案,确定调查目的、调查对象、调查单位、调查项目和调查时间,科学设计调查表格。

5. 从统计调查方法看,有直接观察法、报告法、采访法、网上调查等;从组织方式看,可以是普查、统计报表制度、抽样调查、重点调查或典型调查。在实际工作中,可根据调查的目的任务及不同的调查方式方法的适用情况,灵活选择和结合使用。

6. 统计调查问卷的设计主要注意以下问题:提问项目的设计、回答项目的设计、问题顺序的设计等。

本章案例

案例一 人口变动情况抽样调查方案

进行年度人口变动情况抽样调查的目的是准确、及时地掌握全国和各省、自治区、直辖市人口变动以及人口计划执行情况,为国家和省级人民政府制定国民经济和社会发展计划,掌握人口增长情况,提供可靠的人口数据。

人口变动情况抽样调查采用在抽中的调查小区(调查群)中,按常住人口登记的原则以户为单位进行调查,既调查家庭户,也调查集体户;既包括城镇人口,也包括农村人口。全国约抽取120万人。社区调查则仅调查被抽中的调查小区所在村委会的情况。

调查内容：按人填报的项目，包括个人的基本情况、就业和失业情况、婚姻状况、妇女生育情况、出生和死亡情况等。按户填报的项目，包括本户住址编码、户别、本户总人口、上年10月1日以来出生人口和死亡人口、本户户籍人口中外出半年以上的人口、本户年内迁出人口等。按社区填报的项目，包括居住地类型，全村户数、人口数和出生、死亡人口，公共交通、教育、医疗、饮水、通信等方面的条件，耕地面积和上年人均年纯收入等。

调查时间：调查的标准时间为当年10月1日0时，现场登记的时间为10月份。

调查方法：以全国为总体，省级单位为次总体，采用分层、多阶段、整群概率比例抽样方法。各省、自治区、直辖市参照国家抽样基础方案，具体设计本省（自治区、直辖市）抽样方案，按照国家分配的样本量抽取样本单位。由调查员进行入户访问。

数据的审核、录入、编辑工作由各省、自治区、直辖市统计局负责，并将录入的数据通过网络传输报国家统计局，由国家统计局进行国家级汇总、制表工作。

要求：根据以上调查方案说明人口变动抽样调查的调查目的、调查对象、调查项目、调查时间和时限及调查如何组织实施。

案例二　大学生消费情况调查

大学生作为一个特殊的消费群体正受到越来越多的关注。由于大学生年龄较轻，群体较特别，有着不同于社会其他消费群体的消费心理和行为。一方面，大学生有着旺盛的消费需求，另一方面，又尚未获得经济上的独立，消费受到很大的制约。消费观念的超前和消费实力的滞后，都对大学生的消费有很大影响。特殊群体自然有自己的特点，同时难免存在一些非理性的消费，甚至一些消费问题。为了调查清楚大学生的消费现状及潜力，我们特展开这次调查活动，望同学们认真作答。

【基本情况】

A1. 性别：1. 男　2. 女　　　　　　　　　　　　　　　　　　　　（　　）
A2. 你的家庭所在地：1. 城市　2. 城镇　3. 农村　　　　　　　　　　（　　）
A3. 你的家庭经济情况：1. 富裕　2. 一般　3. 比较困难　　　　　　　（　　）
A4. 年级：1. 大一　2. 大二　3. 大三　4. 大四　　　　　　　　　　（　　）
A5. 学院：_____　专业：_____

【单选题】

B1. 你平均一个月的生活费大约为_____元。

B2. 一般情况下，你每月的生活费（　　）。
　1. 有多余　　　　　　2. 差不多花完　　　　　3. 不够花

B3. 你期望一个月的月消费为_____元。

B4. 你的消费方式为（　　）。
　1. 能省则省　　　　　　　　　2. 事先做好消费计划再花钱
　3. 毫不在乎，想花就花　　　　4. 其他

B5. 你对你的支出有没有记账的习惯。（　　）
　1. 基本上对所有支出都有记账的习惯　　2. 很少有记账的习惯
　3. 对一些比较大的支出有记账的习惯　　4. 向来没有记账的习惯

B6. 当你拿到一个时期的生活费时,你基本上会有怎样的安排。(　　)
　　1. 先存起一部分的钱,剩下的当作此时期的生活费
　　2. 进行该时期的预算,做好消费打算
　　3. 马上去买或马上想去买自己想要的东西
　　4. 没什么安排,想到用什么就用什么
B7. (1) 你是否拥有下列物品(请在你拥有的物品前做上记号)。(　　)
　　1. 手机　　　　　　　　　　　　2. MP3 或 MP4
　　3. 台式电脑　　　　　　　　　　4. 笔记本电脑
　　(2) 如果你拥有手机,那么请问你在大学期间使用过_____部手机。
B8. 你上月用于通信的支出为(包括使用电话卡的情况)_____元。
B9. 你上学期学习方面的花费(包括文具、书籍、复印、培训班等)大约为_____元。
B10. 你每月谈恋爱浪漫气氛"制造费"大约为_____元。
B11. 你的同学朋友过生日时,你会买礼物吗?(　　)
　　1. 当然要,不然没面子　　　　　2. 自己制作,既有意义,又省钱
　　3. 不买,大家都这么熟了　　　　4. 其他
B12. 当你想要买某样东西时,却发现钱不够,那么你会(　　)。
　　1. 向父母要钱　　　　　　　　　2. 自己存钱
　　3. 向同学朋友借了再说　　　　　4. 放弃购买
　　5. 其他
B13. 在你所热衷的方面,你会不会控制不住自己而大肆花钱(　　)。
　　1. 会　　　　　　　　　　　　　2. 不会
　　3. 其他
B14. 当你在某项消费时,考虑最多的因素是(　　)。
　　1. 钱够不够用　　　　　　　　　2. 该商品的实用性
　　3. 该商品的档次　　　　　　　　4. 其他
B15. 对于下列社会一般的消费倾向,你比较赞同哪种?(　　)
　　1. 以经济实惠为主　　　　　　　2. 兼顾实惠和高标准
　　3. 尽量追求高标准　　　　　　　4. 不清楚
B16. 买东西,你比较注重哪一方面(单选)(　　)。
　　1. 品牌　　　　　　　　　　　　2. 质量
　　3. 外形美观　　　　　　　　　　4. 价格
　　5. 其他
B17. 就整体情况而言,你如何看待周边同学当前的消费状况(　　)。
　　1. 过高　　　　　　　　　　　　2. 比较高
　　3. 比较符合实际　　　　　　　　4. 比较节俭
　　5. 偏低

【多选题】

C1. 你的生活费的主要来源(　　)。
　　1. 父母给　　　　　　　　　　　2. 勤工俭学

3. 奖学金　　　　　　　　　　4. 做家教
　　5. 校外兼职　　　　　　　　　6. 其他
C2. 你每月的生活费主要用在哪些方面(　　)。
　　1. 伙食　　　　　　　　　　　2. 交通、通信
　　3. 服装、饰品、化妆品等　　　4. 学习费用(书籍文印等)
　　5. 娱乐、交际　　　　　　　　6. 上网消费
　　7. 其他
C3. 你赞成下列哪些看法(　　)。
　　1. "勤俭节约"完全是一种美德，永远不会过时
　　2. 在一定范围内可以提倡"勤俭节约"
　　3. 在全社会提倡"勤俭节约"以前曾经有用，现在已经过时
　　4. 只要我喜欢，价格再贵的东西我都会想办法买下来

【简答题】
D1. 你觉得目前大学生消费有哪些现象？你对这些现象又有何看法？

案例思考：
1. 该调查问卷由哪几部分构成？
2. 分别举例说明问卷中的提问方式有哪几种？
3. 你认为该调查问卷设计还存在哪些问题？

习　　题

一、名词解释
统计报表　定类尺度　普查　抽样调查

二、判断题
1. 定类尺度是对事物最粗略的计量尺度，它的作用在于对事物进行分类。　　(　　)
2. 产品的质量等级用一等品、二等品、三等品表示，这是一种定量数据。　　(　　)
3. 气温和考试成绩均为定比尺度。　　(　　)
4. 调查时间是进行调查工作所需的时间。　　(　　)
5. 普查是专门组织的经常性的全面调查。　　(　　)
6. 统计调查是统计工作的基础环节，是统计数据汇总和分析的前提。　　(　　)
7. 由定类和定序尺度计量形成的数据称为定量数据，只能以数值表示。　　(　　)
8. 统计调查是获取统计数据的直接来源。　　(　　)
9. 统计报表制度是我国收集国民经济和社会发展基本统计资料的主要方式。(　　)
10. 抽样调查是相对最科学的调查组织方式，可以根据样本特征值推断总体指标。
　　(　　)
11. 经常性调查适用于时期现象的调查，一次性调查适用于时点现象的调查。(　　)
12. 对大多数信息使用者而言，主要的数据来源是第二手数据。　　(　　)

三、单项选择题

1. 商品的品牌是一种( )。
   A. 定类尺度　　　B. 定序尺度　　　C. 定距尺度　　　D. 定比尺度
2. 高速公路里程是一种( )。
   A. 定类尺度　　　B. 定序尺度　　　C. 定距尺度　　　D. 定比尺度
3. 以下属于数值变量的是( )。
   A. 年龄　　　　　B. 学历　　　　　C. 职称　　　　　D. 居住地
4. 对某市餐饮业人员的健康状况进行调查,调查对象是( )。
   A. 该市所有的餐饮企业　　　　　　B. 该市每一家餐饮企业
   C. 该市餐饮业所有的从业人员　　　D. 该市餐饮业每一个从业人员
5. ( )计量形成的统计量表现为数值且没有绝对零点。
   A. 定类尺度　　　B. 定序尺度　　　C. 定距尺度　　　D. 定比尺度
6. 某市拟对全市储蓄额80%以上的几家大的商业银行进行调查,以了解全市储蓄的一般情况,这种调查方式是( )。
   A. 普查　　　　　B. 抽样调查　　　C. 典型调查　　　D. 重点调查
7. ( )是应用最广、相对最科学的一种调查方式。
   A. 普查　　　　　B. 抽样调查　　　C. 典型调查　　　D. 重点调查
8. 有意识地选择三个有代表性的居民小区调查居民的消费支出情况,这种调查方式是( )。
   A. 普查　　　　　B. 抽样调查　　　C. 典型调查　　　D. 重点调查
9. 某市组织一次物价大检查,要求在9月1日至10日之间全部完成,这一时间规定是( )。
   A. 登记时间　　　B. 标准时间　　　C. 调查时间　　　D. 调查时限
10. 对统计数据最基本的要求是( )。
    A. 客观性　　　　B. 及时性　　　　C. 完整性　　　　D. 经济性
11. 以下属于连续变量的是( )。
    A. 职工人数　　　B. 冰箱库存量　　C. 销售收入　　　D. 汽车产量
12. 对河水水质检测、流水线上产品质量控制等,一般采取( )方式。
    A. 普查　　　　　B. 抽样调查　　　C. 典型调查　　　D. 重点调查

四、多项选择题

1. 由( )计量形成的数据称为定性数据。
   A. 定类尺度　　　B. 定序尺度　　　C. 定距尺度　　　D. 定比尺度
2. 由( )计量形成的数据称为定量数据。
   A. 定类尺度　　　B. 定序尺度　　　C. 定距尺度　　　D. 定比尺度
3. 统计数据的直接来源有( )。
   A. 统计调查　　　B. 科学实验　　　C. 统计出版物　　D. 计算机网络
4. 定序尺度可以( )。
   A. 对事物分类　　　　　　　　　　B. 对事物排序
   C. 计算事物之间差距大小　　　　　D. 计算事物数值之间的比值

5. 普查是(　　)。
   A. 经常性调查　　B. 专门调查　　C. 一次性调查　　D. 全面调查
   E. 非全面调查
6. 以下属于非全面调查方式的是(　　)。
   A. 普查　　B. 统计报表制度　　C. 重点调查　　D. 抽样调查
   E. 典型调查
7. 以下属于连续变量的有(　　)。
   A. 国土面积　　B. 人口总数　　C. 年龄　　D. 总产值
8. 统计数据的间接来源主要有(　　)。
   A. 统计调查　　B. 统计出版物　　C. 报纸杂志　　D. 计算机网络

五、简答题

1. 数据的计量尺度有哪几种？不同的计量尺度各有什么特点？
2. 列举一些日常生活中常见的数据计量尺度。
3. 统计数据有几种类型？不同类型的数据各有什么特点？
4. 举例说明数据和变量之间的关系。
5. 从使用者的角度看，统计数据的来源有哪些？
6. 统计调查方案的设计包括哪些内容？
7. 调查时间和调查时限有什么区别？为什么在普查中要规定统一的调查时间和调查时限？
8. 非全面调查方式有哪几种？说明它们各自的特点及应用场合。

六、实践与讨论题

1. 某高校拟对在校生的消费观念、消费支出进行调查，以获取大学生消费支出的数据资料，你认为可采取什么调查组织方式？说明你的理由，并尝试设计调查方案和调查问卷。
2. 某市乡镇企业局欲推广先进的生产管理经验，要选择部分乡镇企业进行调研，请问采取哪种调查方式较好？为什么？

第 3 章　统计整理

【学习目标】

系统学习统计整理的概念,统计分组方法,变量数列的编制方法,统计表的制作及统计图的绘制等内容。

【学习要求】

➢ 了解:统计整理的概念及作用,统计表的设计原则。
➢ 理解:统计分组的概念及作用,分组标志的选择原则。
➢ 掌握:统计分组方法,变量数列的编制方法,统计表的制作,统计图的绘制。

导入案例

随着物质生活水平的提高,汽车越来越普遍地进入我们的生活。你考虑过一个问题吗:是男性驾驶员开车快,还是女性驾驶员开车快?

这个问题在其他领域也许我们会进行定性分析,但是在统计学中我们会进行量的分析。我们会运用在统计调查中学到的方法去搜集数据,数据如图 3-1、图 3-2 所示。

87 名男性驾车速度(公里/小时)　　102 名女性驾车速度(公里/小时)

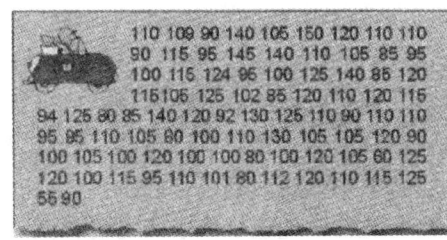

图 3-1　87 名男性驾车速度原始数据(公里/小时)　　图 3-2　102 名女性驾车速度原始数据(公里/小时)

【分析与思考】

你能通过这样的数据看出究竟是男性驾车速度快,还是女性驾车速度快吗?尽管我们通过统计调查得到了数据,但这些数据还是杂乱的、不系统的,你甚至找不出恰当的方法去分析它。这时候就需要我们统计整理出马了,通过统计整理,使得数据条理化、系统化,使得现象的分布特征浮出水面。

3.1 统计整理概述

3.1.1 统计整理的概念和作用

在统计调查阶段搜集到大量的原始资料,这些资料是分散的、零乱的、不系统的、不规范的,只能反映统计总体中每个具体单位的特征,不能反映总体的综合数量特征。因此,需要将调查资料加以分组汇总,使之系统化、条理化、规范化、科学化,得出能反映客观现象总体特征的综合资料。

1. 统计整理的概念

统计整理就是根据统计研究的目的和任务,将统计调查阶段所搜集到的分散的、零乱的、不系统的、不规范的大量原始资料,进行科学的分类、汇总,为统计分析提供系统化、条理化综合统计资料的工作过程。

它一般包括狭义的统计整理和广义的统计整理。狭义的统计整理也称为初级整理,仅指对统计调查所取得的原始统计资料的整理;而广义的统计整理也称为次级整理,除了对原始调查资料的整理外,还包括对某些已经加工过的综合(或历史)资料的整理。

2. 统计整理的作用

统计整理的作用包括以下三个方面:

(1) 统计整理在统计工作中起着承上启下的作用。统计整理是统计工作的第三个阶段,既是统计调查的继续,又是统计分析的基础和前提条件。统计调查所搜集到的资料,只有通过科学的审核、分类、汇总等整理工作,才能使统计在认识社会的过程中,实现由个别到全体、由特殊到一般、由现象到本质、由感性到理性的转化,才能从整体上反映出事物的数量特征。否则统计调查所得的资料再丰富、再完备,其作用也发挥不出来,统计调查就将徒劳无益,统计分析也将无法进行。

(2) 通过统计调查可以取得第一手资料,但这种资料只能反映总体各单位的具体情况,是分散的、零碎的、表面的。要说明总体情况,揭示出总体的内在特征,还需要对这些资料进行加工整理,使之系统化,以便通过综合指标对总体做出概括性的说明。

(3) 统计整理还是积累历史资料的必要手段。统计研究中经常要用动态分析,这就需要有长期累积的历史资料,而根据积累资料的要求,对已有的统计资料进行筛选,以及按历史的口径对现有的统计资料重新调整、分类和汇总等,都必须通过统计整理工作来完成。

3. 统计整理的内容

在手工整理的条件下,统计整理一般是为了单一目的而进行的,因计算条件的限制,统计整理的主要内容是汇总、分组,整理后的资料主要贮存在纸介质上,然后按既定目的使用。

而在计算机整理的条件下,对统计资料的整理不再强调既定的单一目的,而是把统计调查搜集得到的大量原始资料输入计算机,通过建立数据库而加以有序的排列,可以根据多方面、多层次、多种目的的需要,对统计调查所取得的原始资料进行汇总、加工处理,从而实现统计数据的一源多用,信息共享。由此,统计整理的内容可概括为统计数据的处理与统计数据的管理。

3.1.2 统计整理的步骤

统计整理是一项细致而周密的工作,必须有组织、有计划地进行。统计整理由于手工整理、计算机整理的技术条件不同,具体步骤有差异,其基本步骤是一致的,主要包括以下几个方面。

1. 设计统计整理方案

统计整理方案包括以下两个方面的内容:
(1) 按照统计设计确定的统计指标和统计指标体系,结合统计分组体系设计统计整理表和统计综合表,并详细规定整理、综合的方法。
(2) 根据统计调查所取得的原始资料的多少和统计整理表、综合表的要求,仔细计算工作量,制订出具体可行的工作计划,如人力的组织培训、技术设备和财力的保证,每个工作环节的责任及其相互衔接的办法等。

2. 对原始资料进行审核

为了保证统计资料的质量,必须在统计整理之前做好对调查资料的审核工作。审核的内容主要包括:
(1) 审核资料的完整性。主要是审核应调查的单位是否有遗漏或重复,调查表中应填的项目填写是否齐全,应该收到的调查表是否按规定已经收齐等。
(2) 审核资料的准确性。准确性的审核主要包括以下两个方面:
① 计算检查。计算检查就是审核资料的统计口径和范围、计算方法和计量单位等是否符合要求,计算结果是否准确、是否符合实际情况。
② 逻辑检查。首先,从理论上或根据常识来判断调查资料的内容是否合情合理,有无不切实际或不符合逻辑的地方。例如,一张调查表中,年龄是9岁,职业是教师,其中必有一个是错误的。其次,检查各项目之间有无相互矛盾的地方。例如,在人口调查表中,"与户主关系"填"父子",而在"性别"一栏中却填"女",这其中必有一栏填错。
(3) 审核资料的及时性。及时性审核就是审核资料是否按规定时间上报,如果迟报则需要分析迟报的原因。
(4) 审核资料的适用性。适用性审核就是审核资料是否满足各地区、各部门的需要,是否具有现实意义。

3. 统计分组

只有按照最基本的、最能说明问题本质特征的统计分组和相应的统计指标对统计资料进行加工整理,才能对被研究的社会经济现象进行准确的数量描述和数量分析,因此,统计分组是统计整理的基础。分组科学与否直接影响到统计整理工作的质量。

4. 统计汇总

统计汇总是选择适当的汇总组织形式和技术方法,按分组要求对原始资料进行汇总,计算各组及总体的单位数和标志总量。统计汇总是统计整理的中心内容。

5. 编制统计表

编制统计表是指以简明扼要的表格形式表述统计汇总的结果,反映社会经济现象在数量方面的具体表现和有关联系。统计表成为统计整理的有效表现形式。

3.2 统计分组

3.2.1 统计分组的概念和作用

1. 统计分组的概念

统计分组是根据统计研究的目的、任务和研究对象总体的内在特点,将总体按某一标志划分为若干个性质不同但又有联系的部分或组别。

统计分组包括两层含义:第一层含义是"分",就是把性质上有差异的单位分开;第二层含义是"组",就是把性质上差异不明显的单位归并在一起。例如,对人口普查结果进行分析时,只有一个"人口总数"指标是不够的。若分析的目的是了解人口的民族构成,就得按"民族"这个标志,将人口分成汉族、藏族、回族、蒙古族、维吾尔族等56个组,每个组内都是同一民族的人口;若研究的目的是了解人口的性别构成,就要分成男性和女性两组;若研究的目的是了解人口的文化程度,则要分成文盲、小学、初中、高中(中专)、大专、本科、硕士研究生、博士研究生以及博士后等组。通过统计分组,能够达到组间差别性、组内同质性。因此,分组相对于总体来说是"分",相对于个体来说是"组"。

> **注意**:分组资料的组间差别性、组内同质性,是对分组标志而言的。而分组标志以外的其他标志,则在同一组内也有差异。例如,人口按性别划分为男性和女性两组,即使在同一组中,各个总体单位在民族、年龄、身高、体重、文化程度等方面都具有差异。

2. 统计分组的作用

统计分组是统计研究的基本方法之一,它在统计资料的整理中有着尤为突出的作用。统计分组的基本作用,就是把大量原始资料加以系统化、条理化、规范化和科学化,把调查对象的种种特征反映出来,以便于研究客观现象总体数量的规律性。

其具体作用主要表现在如下三个方面。

1)区分总体现象的类型

客观现象是错综复杂的,客观上存在着各种不同类型。各种不同类型的现象在规模、水平、速度、结构、比例关系等方面的数量表现有所不同或具有差异性。利用统计分组就能根据统计研究的目的,把总体区分为各个性质不同的类型,来研究各类现象的数量特征及其差异。

2) 研究总体内部结构及其特征

反映总体内部构成的统计分组,也叫结构分组,它是将总体单位按照所研究的某一标志或某几个标志分成若干组,并计算各组单位数占总体单位数的比重以反映客观现象内部的构成及其特征,进一步研究总体内部结构的变化及其发展过程。例如,按性别分组的人口数可以研究人口性别比例的状况及其变化。

3) 研究总体现象之间的依存关系

分析客观现象之间依存关系的统计分组,叫作分析分组。客观现象是个复杂的整体,尽管各种现象之间存在着多种多样的差别,但它们不是孤立的,而是相互联系、相互制约的。例如,工人的劳动生产率与产品成本,原材料消耗量与产品单位成本都存在着一定的依存关系。利用统计分组,可以研究这种现象之间的依存关系,找出影响某一现象发展的主要原因。

以上统计分组的三方面的作用是相互联系、相互补充的,同时也可以看出统计分组在统计研究中的重要地位,它是一切统计工作的基础,应用于统计工作的全过程,是统计研究的基本方法之一。

3.2.2 统计分组的种类

1. 按分组标志的性质不同,统计分组有品质标志分组和数量标志分组

品质标志是反映现象的属性或特征的标志,其总体单位之间的差异表现为性质上的差异。例如,企业的职工,按性别、工种、文化程度等标志分组,可以说明企业职工中男性与女性的差别,可以说明车工、钻工、刨工、铣工、磨工等工种的差别,可以说明文盲、小学、初中、高中、大学等不同文化程度的差别。这种分组能直接反映现象性质的不同,给人以具体明确的概念。

按品质标志分组,概念、界限比较明确,区分容易,分组相对比较稳定,如人按性别分组,企业按所有制形式分组等。但在某些情况下,这类分组相当复杂,因为涉及的组数较多,而且组与组之间的界限不容易划分,如人口按职业分组。在统计工作实践中,对重要的品质标志分组编有标准的分类目录,如《工业部门分类目录》、《主要商品目录》等,作为全国统一的分类口径,便于各部门掌握和使用。

数量标志是反映客观现象的数量特征的,其总体单位之间的差异表现为数量上的差异,如人口按年龄分组,职工按工资额分组,商店按销售额分组等。按数量标志分组,就形成变量数列。

2. 按分组标志的多少,统计分组有简单分组和复合分组

只按一个标志进行分组,称为简单分组。如表3-1所示,就是工人只按一个标志(性别)进行的分组。

表3-1 某企业工人性别构成情况表

企 业	人数(人)	比例(%)
男职工	320	64
女职工	180	36
合 计	500	100

若按两个或两个以上的标志进行层叠分组,叫作复合分组。复合分组与简单分组相比,能对现象进行更深入的分析,能更详细地研究现象之间的依存关系。如表3-2所示,对企业职工在按性别分组的基础上,又按文化程度进行了分组。

表3-2 某企业职工基本情况统计表

分 组	人 数	初中以下	高 中	中 专	大 专	本科以上
男职工	320	50	80	120	65	5
女职工	180	20	60	90	10	0
合 计	500	70	140	210	75	5

进行复合分组,应注意:

(1) 分清分组标志的主次,先按主要标志分组,再按次要标志分组。

(2) 分组标志不宜过多,比较表3-1和表3-2就会发现,多按一个标志分组,则组数增加数倍,各组单位数很分散,现象的规律性也就难于呈现出来了。

3.2.3 统计分组的原则、步骤和方法

1. 统计分组的原则

为保证统计分组的科学性,统计分组应遵循以下几个原则:

(1) 科学性原则。统计分组首先应强调的是科学性原则,即统计分组首先要根据统计研究的目的,突出反映客观现象在各个方面存在的差异。

(2) 完整性原则。统计分组要具备完整性,即总体任何一个单位或任何一个原始数据都能归属于某一个组,不能遗漏。

(3) 互斥性原则,也称为不相容性原则。统计分组要求组与组之间具有互斥性,任何一个总体单位或任何一个原始数据,只能归属于某一个组,而不能归属于两个或两个以上的组。

2. 统计分组的步骤和方法

1) 选择分组标志

统计分组的一个重要问题就是如何选择分组标志。分组标志是进行统计分组最直接的依据,是进行正确分组的关键。选择分组标志应遵循以下原则:

(1) 要依据研究的目的和任务选择分组标志。选择一定的标志对总体分组,是为了达到一定的研究目的,完成一定的研究任务。研究目的的不同,选用的分组标志也有所不同。例如,以某地区全部居民为总体,如果要研究其生活水平情况,则应将户平均收入或人均收入作为分组标志;如果要研究其居住的情况,则用人均居住面积等作为分组标志。

(2) 要选择能够反应事物本质或主要特征的标志。在一定的研究目的下,往往会有若干个与研究目的有关联的标志供我们选择,这时,就应选择与研究目的最密切、最能反映现象本质特征的标志作为分组标志。例如,研究职工生活水平情况,可以用职工的收入水平作为分组标志,也可以用职工家庭成员平均收入水平作为分组标志。究竟选用哪个分组标志更能充分反映职工的生活水平呢? 我们知道,职工的收入水平并不能确切反映职工的生活水平,还要看其赡养的家庭人口数以及其他家庭成员的收入。因此,选用职工收入水平作为分组标志不够恰当,而应选用职工家庭成员平均收入水平作为分组标志。

(3) 要根据现象的历史条件及经济条件来选择。例如,在研究职工生活水平时,要划分出困难户有多少,应选用什么作为划分标准? 显然要根据当时的物价水平及经济条件来确定,而且各个年代的标准也是不同的。又如,解决温饱问题的标准、贫困县的标准、达到小康水平的标准等都要依据所处的历史、经济条件来确定。

2) 确定组间界限

在正确选择了分组标志后,就要将总体按标志来分组,这涉及把总体分为多少组、组与组之间的界限怎样确定等一系列问题。选择的分组标志性质不同,对这些问题的处理方法也有所不同。

(1) 按品质标志进行分组。一般情况下,按品质标志对总体进行分组比较简单,只要列举现象的品质标志的表现就可以将总体划分为若干个组。分组标志一经确定,组与组之间的界限也比较容易确定。

(2) 按数量标志进行分组,是指选择反映事物数量差异的数量标志作为分组标志,并在数量标志的变异范围内划定各组界限,将总体划分为若干个组成部分。例如,企业按固定资产价值分组、人口按年龄分组、学生按学习成绩分组等。

在一个统计总体中,品质标志的标志表现基本上是可以一一列举的。但数量标志的标志表现(变量值)可能同总体单位数是一致的,即有多少个总体单位就有多少个数量标志表现,这些变量值可以反映现象在数量上的差异,却不能明确地反映现象性质的区别。因此,在按数量标志进行统计分组时,应当根据研究的目的,首先确定总体在已选定的数量标志下有多少种性质不同的组成部分,然后再研究确定各组成部分的数量界限,使分组的数量界限能够区分现象性质上的差别。

3) 确定分组体系

统计分组体系有平行分组体系和复合分组体系两种。

(1) 平行分组体系。这是针对简单分组而言的。同一总体的几个简单分组按某一规定排列起来就形成一个平行分组体系。例如,大学生总体分别按性别、年龄、民族等标志进行分组,这些简单分组排列起来,就是一个平行分组体系。

大学生总体
按性别分组
- 男生
- 女生

按年龄分组
- 16 岁以下
- 17 岁

- 18岁

按民族分组
- 汉族
- 藏族
- 满族
- ……

(2) 复合分组体系。这是针对复合分组而言的。由复合分组形成的分组系列就称为复合分组体系。例如,对高校学生总体可先按学制分组,在此基础上再按学科、性别等标志进行分组,就形成一个复合分组体系,如图3-3所示。

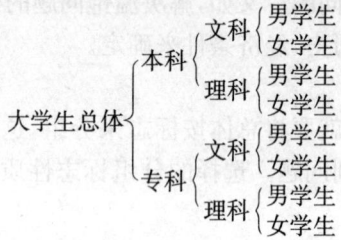

图3-3 高校学生总体按学制、学科、性别分组的复合分组体系

3.3 分配数列

3.3.1 分配数列的概念与种类

1. 分配数列的概念

在统计分组的基础上,将总体的所有单位按组归类整理,按一定顺序排列,就形成总体上各个单位在各组中的分布,称之为次数分布或分配数列。分布在各组中的总体单位数叫次数,又叫频数。将各组次数与总次数之比叫频率。将各组组别与频数依次编排而成的数列叫作频数分布数列,简称分布数列,有时也可把频率列入分布数列中。由此可见,分配数列有两个组成要素:一个是分组,另一个是次数或频率。

次数分配是统计整理的一种重要形式,也是统计描述和统计分析的一种重要方法。它可以说明总体的分布特征、结构情况,并据以研究总体某一标志的平均水平及其变动的规律性。

2. 分配数列的种类

根据分组标志的特征不同,分配数列可以分为品质数列和变量数列两种。

1) 品质数列

按品质标志分组形成的分布数列称为品质数列。例如,某企业职工按性别分组形成的分布数列。所有品质数列都有两个要素构成:组的名称和各组的频数。

品质数列的编制比较简单,但要注意在分组时,应包括分组标志的所有表现,不能有遗漏,各种表现要相互独立,不能相融。

2) 变量数列

按数量标志分组形成的分布数列称为变量数列。例如,某小学四年级学生按身高分组,可编成变量数列,如表3-3所示。

表3-3 某小学四年级学生身高分组表

身高(cm)	人数(人)
120以下	5
120~130	12
130~140	20
140~150	15
150以上	8
合计	60

所有的变量数列,也都有两个要素构成:变量值形成的组和各组的单位数。

3.3.2 变量数列的编制

变量数列又分为单项变量数列和组距变量数列。

单项变量数列又称单项数列,是指变量数列中每个组只用一个变量值表示的形式。当变量值的变化幅度很大时,如果采用单项变量数列,就会造成组数太多,不便于分析问题,也难以反映总体单位在各组的分布趋势,就需要采用组距数列。单项数列一般是在分组的数量标志是离散变量且变量值的变动范围不大的情况下才使用。

组距变量数列又称组距数列,是指变量数列中每个组用一个变量值区间表示的形式。组距数列使用于连续变量分组或变量值的变动范围较大的离散变量的情况。

1. 计算全距

将原始资料按数值大小的顺序排列,找出最大值和最小值,计算全距。

$$\text{全距} = \text{最大值} - \text{最小值} \tag{3-1}$$

例如,对某车间工人年龄作调查,就可能得到一批分散零乱的原始资料,将它由小到大排列,可得如下数列,如表3-4所示。

表3-4 某车间工人年龄调查表

年 龄	人 数	年 龄	人 数	年 龄	人 数	年 龄	人 数
19	2	26	8	36	4	45	2
20	4	28	3	37	1	48	1
21	3	29	4	39	3	50	3
22	2	30	7	40	3	52	1
23	5	33	5	41	2	53	2
25	7	35	5	44	1	55	1

从上表可以看出,该车间工人最大年龄 55 岁,最小年龄 19 岁,故:
全距＝55－19＝36(岁)

2. 确定变量数列的类型

要确定编制单项数列还是组距数列,主要取决于所研究变量的类型和变量的变动幅度。对于连续变量,只能编制组距数列;对于离散变量,则根据其变量值的多少和变动幅度的大小来确定。如果变量值较少,而且变动幅度较小,可编制单项数列;如果变量值较多,而且变动幅度较大,可编制组距数列。在组距数列中,有等距数列和异距数列两种。采用等距还是异距,主要取决于现象的特点和研究目的。从现象特点来说,一般在变量分布均匀的情况下,应采用等距式;从研究目的来说,如果为了便于分组比较,便于计算总体平均数和绘制统计图,一般也采用等距式。例如,通过对表 3－4 中的数据分析,可以确定采用组距数列。

3. 确定组数和组距

组距是每组中最大变量值与最小变量值之间的距离或差数。其中,最大的变量值称为上组限,简称上限;最小的变量值称为下组限,简称下限。组距的计算公式为:

$$组距＝上限－下限 \quad (3-2)$$

在全距一定的情况下,组距与组数成反比关系,即:

$$组数＝\frac{全距}{组距} \quad (3-3)$$

若组距大,则组数就少;组距小,则组数就多。组数与组距的确定,原则上应该力求符合现象的实际情况,能够将总体分布的特点反映出来。如果组距过小,组数过多,容易将同质的单位划分在不同的组内,显示不出资料类型的特征;如果组距过大,组数过少,会使不同性质的单位同处一组,掩盖质的差异。因此,必须科学地确定组数和组距。

一般来讲,组距应尽可能取 5 或 10 的倍数,而组数则必须是整数。

根据表 3－4 中的数据特点,可将数据分为 5 组。

4. 确定组限和组中值

从根本上说,组限应是区分事物质的差别的数量界限。组限确定得好,就能充分体现分组的功能,分清组与组之间的差别,否则,就有可能混淆现象之间的本质区别。

由于变量有离散变量与连续变量两种,故其组限的确定也有所不同。对于离散变量,由于其变量值可以一一列举,且相邻两个数值之间没有中间数值,所以可用相邻两组组限不重叠的方式设置组限。例如,对工人人数这一变量,可按以下形式设置组限:1～10 人,11～20 人,21～30 人,31～40 人等。

对于连续变量,由于变量值可以无限分割,数值之间不能断开,因此可用相邻两组组限重叠的方式设置组限。例如,对产值变量,就可以按以下形式设置组限:50 万元～150 万元,150 万元～250 万元,250 万元～350 万元等。

确定了一个组的上限和下限之后,就界定了变量在这一组的取值范围。但这样各单位的具体标志值就看不见了,为了反映分布在各组中个体单位变量值的一般水平,统计工作中往往用组中值来代表。组中值是各组变量值范围的中间数值,通常可根据各组上限、下限计

算出来,即:

$$组中值 = \frac{下限 + 上限}{2} \tag{3-4}$$

有时,组距数列的第一组和最后一组要采用开放式。即第一组用"××以下",最后一组用"××以上"来表示。这样的组称为"开口组"。对于开口组的组距和组中值,原则上以相邻组的组距来确定,或按下面的公式计算:

$$缺少下限组的组中值 = 该组上限 - 邻组组距的一半 \tag{3-5}$$
$$缺少上限组的组中值 = 该组下限 + 邻组组距的一半 \tag{3-6}$$

根据表3-4中的数据特点,各组组限确定为20以下,20～30,30～40,40～50,50以上。

5. 计算各组单位数,编制变量数列

经过统计分组,确定了全距、组距和组限以后,就可以把变量值按组归类得出各组单位数,最后各组单位数填入相应的各组次数栏中,得出所要编制的变量数列。在归类汇总时,要遵循"不重复不遗漏"的基本原则。对于单项数列和不重叠设置的离散型组距数列来说,上述原则容易做到。对于重叠设置的连续型组距数列来说,应处理好恰好是组限的标志值的总体单位的归类问题,一般应按"上组限不在内"原则,即本组下限的次数属于本组,本组上限的次数归于临近的较大组。因此,对表3-4中数据进行分组,最终得到如下变量数列,如表3-5所示。

表3-5 某车间工人年龄分组表

按年龄分组	频数(人)	频率(%)
20以下	2	2.5
20～30	36	45.6
30～40	25	31.6
40～50	9	11.4
50以上	7	8.9
合 计	79	100

3.3.3 次数分布的主要类型

由于社会经济现象性质不同,各种统计总体各有不同的频数分布,形成各种不同类型的分布特征。描述统计总体的分布特征,除了采用分配数列的形式以外,还可以采用曲线图进行描述。通过这些图形,可以明显表明不同类型现象的分布特征。

各种不同性质的社会经济现象的次数分布类型,概括起来,根据曲线形状的特点,大致有三种类型:钟形分布、U形分布和J形分布。

1. 钟形分布

钟形分布的特征是"两头小,中间大",即越靠近中间的变量值,分布次数越多,越远离变量值的中点,分布次数越少,形态如钟或山丘。根据两侧的次数分布是否对称,钟形分布可分为对称分布和非对称分布。对称分布又称正态分布,它是以变量值的中点为对称轴,两侧变量值分布的次数随着离变量值中点距离增大而逐渐减小,减小的次数基本相等,如图 3-4 所示。例如,居民收入的分布属于正态分布。

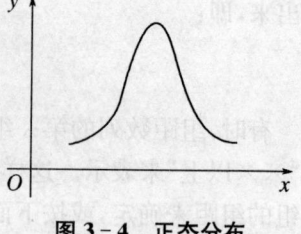

图 3-4 正态分布

非对称分布又称偏态分布,图形有不同方向和程度的偏斜,如向右偏斜的右偏分布,如图 3-5 所示;向左偏斜的左偏分布,如图 3-6 所示。

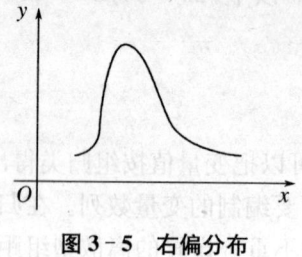

图 3-5 右偏分布

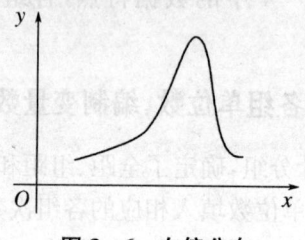

图 3-6 左偏分布

2. U 形分布

U 形分布的形状与钟形分布相反,较大和较小的变量值出现的次数都偏大,而中间变量值出现的次数偏小,表现出"两头大,中间小"的次数分布特征。其次数分布曲线形如 U 字,如图 3-7 所示。例如,人口按年龄分布的死亡率分布呈 U 形分布。

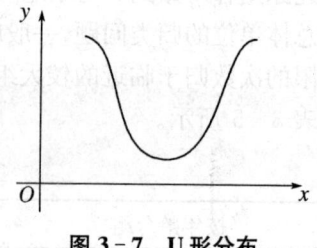

图 3-7 U 形分布

3. J 形分布

J 形分布的特征是"一边大,一边小",即次数随着变量值的变化大多数集中在某一端的分布。其曲线形如英文字母"J",具体有两种类型。

(1) 正 J 形分布,表现为次数随着变量值的增大而增多,大部分变量值集中分布在右边,如图 3-8 所示。例如,投资按利润率大小分布呈正 J 形分布。

(2) 反 J 形分布,变现为次数随着变量值的增大而减少,如图 3-9 所示。例如,随着产品产量的增加产品单位成本分布呈反 J 形分布。

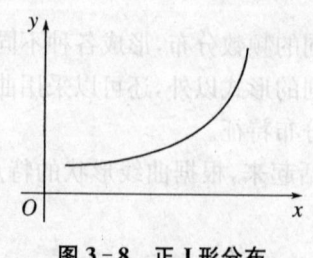

图 3-8 正 J 形分布

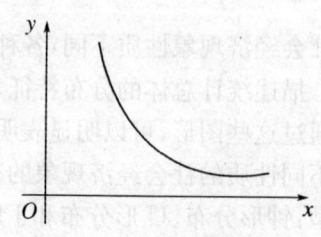

图 3-9 反 J 形分布

3.3.4 累计次数和频率

累计次数和频率也是说明总体中各单位分布特征的指标,用以说明总体中在某一变量值水平上下总共包含的总体单位次数和频率。累计次数和频率的计算方法有以下两种:

(1) 向上累计。它是将各组次数和频率由变量值低的组向变量值高的组逐组累计。在组距数列中,说明各组上限以下总共包含的总体单位次数和频率有多少。

(2) 向下累计。它是将各组次数和频率由变量值高的组向变量值低的组逐组累计。在组距数列中,说明各组下限以上总共包含的总体单位次数和频率有多少。

对表 3-5 进行向上累计和向下累计次数和频率,结果如表 3-6 所示。

表 3-6 某车间工人年龄分组表

按年龄分组	次数(人)	频率(%)	向上累计		向下累计	
			次数(人)	频率(%)	次数(人)	频率(%)
20 以下	2	2.5	2	2.5	79	100
20~30	36	45.6	38	48.1	77	97.5
30~40	25	31.6	63	79.7	41	51.9
40~50	9	11.4	72	91.1	16	20.3
50 以上	7	8.9	79	100	7	8.9
合 计	79	100	—	—	—	—

累计次数和频率可以更简便地概括总体各单位的分布特征。以表 3-6 为例,通过累计,可以看出车间里的工人年龄 30 岁以下的 38 人,占比 48.1%;30 岁以上的 41 人,占比 51.9%。这说明同一数值的向上累计和向下累计次数之和等于总体单位总数,而累计频率之和等于 100%。

3.4 统计表和统计图

统计资料通过分组整理和汇总整理后,就得以一定形式表现出来。表现统计资料的主要形式有统计图和统计表两种形式。

3.4.1 统计表

1. 统计表的概念和作用

统计表是表示统计资料的一种重要形式。把整理汇总得出的统计数据资料,按照一定的结构和顺序排列在一定的表格之内,就形成统计表。简而言之,统计表就是用纵横垂直交叉的直线所绘制的表格来表现统计资料的形式。

统计表的作用在于可以科学合理地显示统计资料,便于人们阅读,为分析研究客观现象之间的关系,如现象的规模、结构、比例、发展速度等提供便利条件。在实际应用中,统计表是统计资料最广泛的表现形式。

2. 统计表的结构

(1) 统计表从表式结构看,包括总标题、横行标题、纵栏标题和指标数值四部分,如表3-7所示。

表3-7 某企业工人性别构成情况表

按性别分组	人数(人)	比例(%)
男职工	320	64
女职工	180	36
合 计	500	100

总标题是统计表的名称,应该简明扼要、清楚地表明全表统计资料的内容,一般位于表的上端中部,如上表的"某企业工人性别构成情况表"。

横行标题是横行的名称,一般用来表明各组的名称,代表统计表所要说明的对象,一般列在表的左方,如上表的"男职工"、"女职工"。

纵栏标题即纵栏的名称,一般用来表明统计指标的名称,列于表的上方,如上表的"人数"、"比例"。

指标数值即统计指标的具体数值表现,一般列于横行标题和纵栏标题的交叉处。

(2) 统计表从内容上看,由主词和宾词两部分组成。

主词是指统计表所要说明的总体及其各组成部分,一般列在表的左方,即横行标题所在的列。宾词是用来说明总体数量特征的各项统计指标,通常列在表的右方,即纵栏标题和指标数值所在的列。

3. 统计表的种类

统计表按主词的结构情况,即按照主词是否分组以及分组程度,可分为简单表、简单分组表和复合分组表。

1) 简单表

简单表是指表的主词未经任何分组,仅列出总体各单位的名称或按时间顺序排列的统计表,如表3-8所示。简单表一般可以用来比较各单位、地区、国家的社会经济现象和情况,或者说明某些现象的发展情况。

表3-8 某地区工农业总产值统计表

	2013年	2014年	2015年	2016年	2017年
工农业总产值 (万元)	123 872	134 155	140 848	172 733	242 750

2) 简单分组表

简单分组表是指统计表主词按某一标志进行简单分组的统计表,如表3-9所示。其主词可按品质标志分组,也可按数量标志分组,利用分组表可以揭示不同类型现象的特征,分析现象的内部结构和现象之间的依存关系。

表 3-9 某班 50 名学生期中测验成绩分组表

按成绩分组	学生数(人)	比重(%)
60 以下	3	6
60~70	9	18
70~80	12	24
80~90	20	40
90 以上	6	12
合　计	50	100

3) 复合分组表

复合分组表是指统计表的主词按两个以上标志进行复合分组的统计表,如表 3-10 所示。利用复合分组表可以揭示被研究对象因受多个因素的共同影响而产生的变化情况,用来分析复杂的特征及其规律性。

表 3-10 某地区固定资产投资额

项　目	投资额(亿元)	比重(%)
一、国有资产 　　基本建设 　　更新改造		
二、民营企业 　　基本建设 　　更新改造		
三、合资企业 　　基本建设 　　更新改造		
合　计		

4. 统计表设计的原则

运用统计表表述资料时应力求做到简明、清晰、准确、醒目,便于人们阅读、比较和分析。在编制统计表时应注意:

(1) 统计表的格式要规范、统一,即"上下粗线,中间细线,两边开口"。

(2) 总标题、栏行标题应简明扼要,纵横各栏应按合乎逻辑的顺序依次排列,反映现象的内在联系。若栏数较多时,则要加以编号,说明其相互关系。主词栏及计量单位栏常用(甲)、(乙)等文字编号,宾词指标栏则用(1)、(2)、(3)等数字编号。

(3) 表中的数值要注明计量单位,若全表只有一种计量单位,可以标列在表的右上方;若各栏计量单位不同,可以标列在栏目内,各行计量单位不同,还应增设"计量单位"栏。

(4) 表中的数字必须填列清楚,所有数字要以个位为准对齐。没有内容时应标出"—"号。应该有内容,但无法收集到时,以符号"…"表示。若数字为0或因数值太小略而不计时要写上"0",以免使人误认为漏项。

(5) 统计表的资料来源以及附加说明,可以列在表的下端,以备查考。

3.4.2 统计图

统计图也是统计资料的一种表现形式,是将已整理的资料用简明的图形表达出来,借以直观、鲜明地表明总体单位的分布状况和规律性,具有活泼、鲜明醒目和望图知义的特点,因此绘制统计图也是统计整理的一项重要内容。常用的统计图有直方图、条形图、折线图、饼图和曲线图。

1. 直方图

以各组组距为宽,各组的频数或频率为高,绘制代表各组的直方块,便形成直方图,如图3-10所示。

直方图各矩形通常是连续排列,主要用于展示数值型数据。

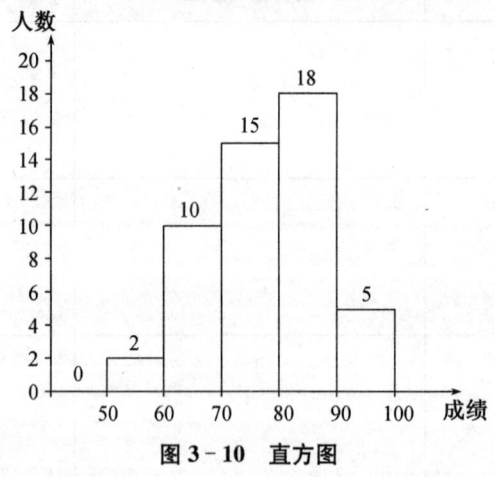

图 3-10 直方图

2. 条形图

用宽度相同的条形的长度来表示各类别数据的图形,主要用于反映分类数据的频数分布。绘制时,各类别可以放在纵轴,称为条形图,如图3-11所示。也可以放在横轴,称为柱形图。

条形图各矩形通常是分开排列。

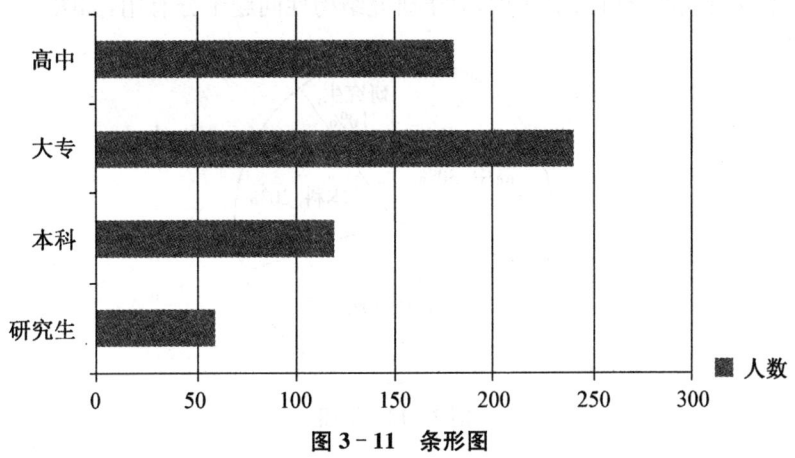

图 3-11 条形图

> **直方图和条形图的区别**：条形图是用条形的长度（横置时）表示各类别频数的多少，其宽度（表示类别）则是固定的；直方图是用矩形的高度表示每一组的频数，宽度则表示各组的组距，其高度与宽度均有意义。直方图的各矩形通常是连续排列，条形图则是分开排列。条形图主要用于展示分类数据，直方图则主要用于展示数值型数据。

3. 折线图

在直方图的基础上，将每个直方块的顶端中点以直线相连，即形成折线图，也称多边形图。折线图的两个终点要与横轴相交。具体的做法是：第一个矩形顶部中点（即该组频数一半的位置）连接到横轴，最后一个矩形顶部中点与其竖边中点连接到横轴。折线图下所围成的面积与直方图的面积相等，两者所表示的频数分布是一致的，如图 3-12 所示。

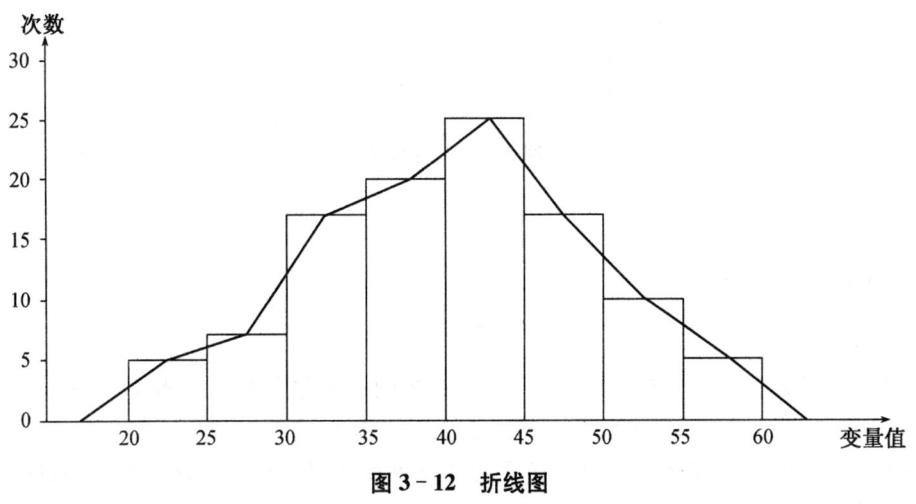

图 3-12 折线图

4. 饼图

饼图也称圆形图，是用圆形及圆内扇形的面积来表示数值大小的图形。主要用于表示总体或样本中各组成部分所占的比例,对于研究结构性问题十分有用,如图3-13所示。

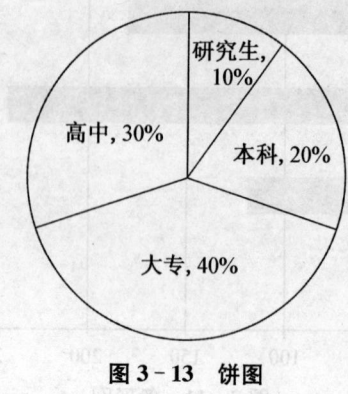

图3-13 饼图

5. 曲线图

从上述次数分布折线图中可以看出,当变量数列的组数无限增多时,折线近似地表现为曲线,作为次数分析折线图的极限描述,这样的图形称为次数分布曲线图,又称平滑图。它通过曲线的升降起伏,显著地反映现象总体的分布特征和规律性,如图3-14所示。

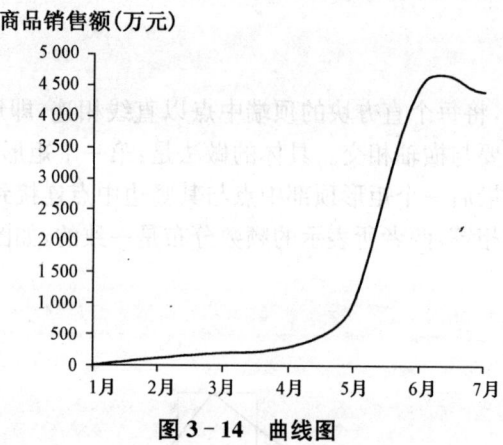

图3-14 曲线图

本章小结

统计整理就是根据统计研究的目的和任务,将调查所取得的大量原始资料进行科学的分类(或分组)、汇总,为统计分析提供条理化、系统化统计资料的工作过程。统计整理按以下程序进行:设计统计整理方案;对原始资料进行审核;统计分组;统计汇总;编制统计表。

正确选择分组标志,是统计分组的核心问题。按分组标志的性质可分为品质标志分组和数量标志分组。按分组标志的多少可分为简单分组和复合分组。对同一总体选择多个标志分别进行简单分组就形成平行分组体系。对同一总体选择多个标志层叠起来进行复合分组,形成了复合分组体系。

分布数列可分为品质分布数列和数量分布数列(简称为变量数列)。变量数列的编制步骤:计算全距;确定变量数列的类型;确定组距和组数;确定组限和组中值;计算各组单位数,编制变量数列。

统计表是用纵横垂直交叉的直线所绘制的表格来表现统计资料的形式,一般由总标题、横行标题、纵栏标题和指标数值四个部分组成。统计表按其主词是否分组以及分组程度可分为简单表、简单分组表和复合分组表。

统计图就是将已整理的资料用简明的图形予以表达,能直观清晰地表明总体单位的分布状况和规律性,避免冗长的文字叙述,便于比较分析。常用的统计图有直方图、条形图、折线图、曲线图和饼图。

本章案例

统计整理的具体应用

金雁有限公司对其 40 名推销员业绩考核并打分,60 分为及格。40 名推销员业绩考核具体得分如下:

94	80	75	68	55	50	72	82	90	65
95	87	54	73	69	64	86	75	70	60
85	84	70	73	99	61	81	76	46	88
94	87	80	78	80	76	67	65	74	79

第一步,将原始资料的数值按从小到大的顺序排列,并确定最大值和最小值。其排列结果如下:

46	50	54	55	60	61	64	65	65	67
68	69	70	70	72	73	73	74	75	75
76	76	78	79	80	80	80	81	82	84
85	86	87	87	88	90	94	94	95	99

最大值为 99 分,最小值为 46 分。最大值和最小值之差称为全距。即:

全距=最大值—最小值=99—46=53(分)

第二步,确定组数和组距。组数的多少和组距的大小互为制约,组数越多,组距就越小;反之,组数越少,组距就越大。对于组数和组距,应确定哪一个,不能作机械规定。从原则上讲,统计分组应该尽量反映出总体分布情况及集中趋势,同时要考虑到组内的同质性。本例中,对推销员按业绩分组时,要考虑到不应把及格和不及格的人员分在一组。由于"组距=全距÷组数",如果确定分为 6 组,则组距 53÷6≈9(分)。为计算方便,组距一般取 5 或 10 的倍数,这样就可以确定各组的组距为 10 分,按此整理得到的数列称为等距数列。也可根据变量值分散或集中的程度,将某个组距适当扩大或缩小,这样各组的组距就不相同了,这样所形成的变量数列称为不等距数列或异距数列。采用等距分组,还是不等距分组,主要取决于现象的特点和所研究的目的。不过,在一般情况下,采用等距分组好,等距分组便于直接比较各组的次数,也便于绘制统计图。

第三步,确定组限和组中值。组限就是每组两端的数值,每组的起点数值称为下限,每组的终点数值称为上限。在一个组内既具有上限也具有下限的组称为闭口组,只有上限没有下限或只有下限没有上限的组称为开口组。

在具体确定组限时,要考虑以下问题:如果最小组下限小于最小变量值或最大组上限大于最大变量值,则所有变量值均应包括在内,但组距不应过于悬殊;如果组距为 5,10,…,100,…,则每组的组限最好和它们成倍数关系。

进行组距分组后,各组上限和下限只能表示组内变量值的变动区间,但组内各单位的具体变量值却看不见了,这时要计算各组的组中值来代表各组变量值的一般水平。组中值是各组变量值变动范围的中间数值,组中值在统计分析中经常应用,具体计算方法如下:

$$闭口组组中值 = \frac{下限+上限}{2}$$

$$缺下限开口组组中值 = 上限 - \frac{邻组组距}{2}$$

$$缺上限开口组组中值 = 下限 + \frac{邻组组距}{2}$$

由于变量有连续型和离散型之分,因此,组限的划分也有所不同。由于离散变量可以一一列举,而且相邻两个数值之间没有中间数值,因此,各组的上、下限都可以用确定的数值表示。例如,对人口总体分组,可表示为:100 人以下,101~200 人,201~300 人,301~400 人……

连续变量在两个数值之间有无限多个中间数值,不可能也无法一一列举,在这种情况下,下一组的上限同时也是上一组的下限。例如,人的身高可表示为:150 cm 以下,150~160 cm,160~170 cm,等等。在这些分组中,相邻的组限是重合的,如 160 cm 既是第二组的上限,也是第三组下限。在分组时,凡遇到这种情况,一般按"上限不在内"原则处理,把身高 160 cm 的人划分到 160~170 cm 一组。

在实际工作中,为了保证不遗漏总体单位,对于离散变量的分组,下组的上限也可以作为上一组的下限。这样不仅简明,而且在计算组中值时,不至于出现有除不尽的小数的现象。本例中,分组如下:60 分以下,60~70 分,70~80 分,80~90 分,90 分以上。

第四步,编制变量数列。根据以上确定的组距、组数和组限,就可以编制等距数列并由其表示总体的分布情况,如表 3-11 所示。

表 3-11 某公司推销员业绩分组分布表

按业绩分组/分	推销员数(人)	比重(%)
60 分以下	4	10.00
60~70 分	8	20.00
70~80 分	12	30.00
80~90 分	11	27.50
90 分以上	5	12.50
合计	40	100.00

习　　题

一、名词解释

频率　全距　组中值　分配数列　统计表

二、判断题

1. 统计整理只包括对第一手数据的整理,不包括对第二手数据的整理。　　（　　）
2. 统计整理的关键在于统计分组。　　（　　）
3. 统计分组的关键在于选择分组标志和划分各组界限。　　（　　）
4. 统计分组是统计整理最基本的方法。　　（　　）
5. 在组距式分组中,若某一总体单位标志值等于相邻组的上下限数值,则把这一总体单位归在上限组。　　（　　）
6. 离散型变量可以作单项式或组距式分组,连续型变量只能作组距式分组。（　　）
7. 按一个标志分组形成的统计表称为简单表。　　（　　）
8. 折线图是将条形图中各柱状的中点连接起来形成的。　　（　　）
9. 向上累计是由变量值大的组向变量值小的组累计次数或频数。　　（　　）
10. 统计表格的上下端用粗线,左右两端不封口。　　（　　）

三、单项选择题

1. 统计分组的结果应具有(　　)。
   A. 组内同质性,组间差异性　　　　B. 组内差异性,组间同质性
   C. 组内同质性,组间同质性　　　　D. 组内差异性,组间差异性
2. 在组距数列中,组距与组数之间的关系是(　　)。
   A. 组距越大,组数越大　　　　B. 组距越大,组数越小
   C. 组距越小,组数越小　　　　D. 组数与组距没有关系
3. 在分组时,如遇到某个个体的数值刚好等于相邻两组上下限数值时,归组原则是(　　)。
   A. 将此数值单列一组
   B. 将此数值归入作为上限的那一组
   C. 将此数值归入作为下限的那一组
   D. 将此数值归入作为上限的组或下限的组均可
4. 企业按固定资产总额分组(　　)。
   A. 只能使用单项式分组
   B. 只能使用组距式分组
   C. 可以单项式分组,也可以用组距式分组
   D. 无法分组
5. 划分连续变量的组限时,相邻的组限必须(　　)。
   A. 重叠　　　　B. 相近　　　　C. 间断　　　　D. 不等
6. 以商品价格为变量值,以商品销售量为次数,则价格和销售量之间的次数分布符合(　　)的特征。

A. 正态分布　　　　　　　　　B. U形分布
C. 正J形分布　　　　　　　　D. 反J形分布

7. 某考生考试成绩为70分,这个变量值应归入(　　)。
A. 60～70组　　　　　　　　B. 70～80组
C. 60～70或70～80都行　　　D. 单列一组

8. 某一离散型的统计资料,变量值少、变化幅度小,适于作(　　)。
A. 单项式分组　　　　　　　B. 组距式分组
C. 相邻的组限重叠式分组　　D. 异距式分组

9. 某连续变量数列,最后一组为500以上,又知其邻近组的组中值为480,则最后一组的组中值为(　　)。
A. 520　　　　B. 510　　　　C. 530　　　　D. 540

10. 次数分配中,靠近中间的变量值分布的次数少,靠近两端的变量值分布的次数多,这种次数分布的类型是(　　)。
A. 钟形分布　　　　　　　　B. U形分布
C. J形分布　　　　　　　　　D. 洛伦兹分布

11. 按人口年龄分布的死亡率符合(　　)的特征。
A. 钟形分布　　　　　　　　B. U形分布
C. J形分布　　　　　　　　　D. 洛伦兹分布

12. 大多数社会经济现象的分布符合(　　)的特征。
A. 正态分布　　　　　　　　B. U形分布
C. J形分布　　　　　　　　　D. 洛伦兹分布

四、多项选择题

1. 正确选择分组标志是统计分组的关键,选择分组标志的原则是(　　)。
A. 根据不同的研究目的,选择最必要的标志
B. 根据对事物内部特征的分析,选择最本质的标志
C. 根据事物性质的不同,选择保持组内同质性、组间差异性的标志
D. 根据事物所处的具体历史条件不同,选择最有现实意义的标志
E. 正确把握决定事物性质差异的数量界限

2. 常见的次数分布有以下(　　)类型。
A. 钟形分布　　　　　　　　B. U形分布
C. T形分布　　　　　　　　　D. J形分布
E. S形分布

3. 按数量标志分组时,以下(　　)是正确的。
A. 离散型变量且变量个数较少时,可进行单项式分组
B. 离散型变量且变量个数较多时,可进行组距式分组
C. 连续型变量变化幅度较小时,可进行单项式分组
D. 连续型变量变化幅度较大时,可进行组距式分组
E. 连续型变量只能进行组距分组

4. 下列分组中,按数量标志分组的有(　　)。

A. 企业按所有制分组　　　　　　B. 企业按产值分组
C. 企业按工人数分组　　　　　　D. 企业按计划完成程度分组
E. 企业按隶属关系分组

5. 下述( )符合 J 形分布的特征。
    A. 考试成绩与学生人数之间的关系
    B. 商品销售量与广告费投入之间的关系
    C. 商品销售量与销售价格之间的关系
    D. 商品供给量与价格之间的关系

6. 统计分组的作用是( )。
    A. 划分现象的类型　　　　　　B. 说明总体的基本情况
    C. 研究同质总体的内部结构　　D. 说明总体单位的特征
    E. 分析现象之间的联系和依存关系

7. 在组距数列中,组中值是( )。
    A. 上限和下限之间的中点数值
    B. 用来代表各组标志值的平均水平
    C. 在开放式分组中无法确定
    D. 在开放式分组中,可以参照相邻组的组距来确定
    E. 就是组平均数

8. 在次数分配数列中,( )。
    A. 总次数一定,频数和频率呈反比
    B. 各组的频数之和等于100
    C. 总次数一定,频数和频率呈正比
    D. 各组频数之和等于总体(样本)单位总数
    E. 各组频率之和等于100%

9. 对分配数列叙述正确的是( )。
    A. 各组的频率必须大于0　　　　B. 各组的频率总和大于1
    C. 各组的频率总和等于1　　　　D. 各组的频数总和等于1
    E. 频数越大,则该组的标志值在计算平均值时所起的作用越大

10. 下列说法正确的是( )。
    A. 统计整理的关键是汇总
    B. 统计整理的关键是统计分组
    C. 统计分组的关键是选择分组标志
    D. 统计分组是把总体划分为一个个性质相同、范围更小的总体
    E. 统计分组是把总体划分为一个个性质不相同、范围更小的总体

五、简答题

1. 统计分组的作用体现在哪里?
2. 数据分组的关键是什么?如何选择分组标志?
3. 简述变量数列编制的原则和步骤。

六、综合训练题

1. 某车间有 30 个工人看管机器数量的资料如下：

    5 4 2 4 3 4 3 4 4 5 4 3 4 2 6
    4 4 2 5 3 4 5 3 2 4 3 6 3 5 4

要求：根据以上资料，编制变量分配数列。

2. 某班 40 名学生统计学考试成绩分别为：

    68 89 88 84 86 87 75 73 72 68
    75 82 97 58 81 54 79 76 95 76
    71 60 90 65 76 72 76 85 89 92
    64 57 83 81 78 77 72 61 70 81

学校规定：60 分以下为不及格，60～70 分为及格，70～80 分为中，80～90 分为良，90～100 分为优。

要求：

(1) 将该班学生分为不及格、及格、中、良、优五组，编制一张次数分配表。

(2) 指出分组标志及类型、分组方法的类型，分析本班学生的考试情况。

3. 某市统计局对该市城镇居民采取抽样调查方法收集收入资料，得到如下分组资料，如表 3-12 所示。

表 3-12 城镇居民的收入资料

年收入（元）	人数（人）	组中值（元）	次数密度（人/元）
10 000 以下	120		
10 000～20 000	280		
20 000～50 000	360		
50 000～100 000	150		
100 000 以上	90		
合 计	1 000		

要求：

(1) 说明该数列为离散变量数列还是连续变量数列，是等距数列还是异距数列？

(2) 计算各组组中值。

(3) 计算各组的次数密度，并说明在哪个收入段人群分布得相对最稠密。

第4章 综合指标

【学习目标】

系统学习总量指标、相对指标、平均指标和标志变异指标等综合指标的概念、计算方法及应用原则,并通过学习培养运用各种相对指标、平均指标、变异指标对经济现象进行计算和分析的能力。

【学习要求】

> 了解:总量指标的种类,平均指标与变异指标的关系。
> 理解:总量指标、相对指标、平均指标和变异指标的概念、意义、特征和作用。
> 掌握:相对指标、平均指标和变异指标的计算方法及应用原则。

导入案例

2012年,党中央、国务院进一步加大对农业,特别是粮食生产的支持力度,粮食生产投入继续增加,农业科技对粮食生产的支撑作用明显增强,粮食生产获得了好收成。根据国家统计局对全国31各省(区、市)的抽样调查和农业生产经营单位的全面统计,2012年全国粮食总产量58 957万吨,比2011年增产1 836万吨,增长3.2%。

2012年,全国粮食播种面积111 267千公顷,比2011年增加694千公顷,增长0.6%,多数地区粮食播种面积保持稳定或略有增长,个别地区播种面积有所下降。主要粮食作物品种中,稻谷、玉米分别达到30 297千公顷和34 949千公顷,分别比2011年增加240千公顷和1 407千公顷;小麦和大豆播种面积分别为24 139千公顷和7 177千公顷,分别比2011年减少131千公顷和712千公顷。因播种面积增加,增产粮食358万吨。

2012年,全国粮食作物平均单产5 299千克/公顷,比2011年每公顷增产133千克,提高2.6%。其中,稻谷、小麦、玉米每公顷产量分别达到6 743千克、4 995千克和5 955千克,分别增产55千克、158千克和207千克。因单产提高,增产粮食约1 478万吨。

2012年,13个粮食主产省(区)粮食产量合计为44 610万吨,比2011年增产1 188万吨,增长2.7%,增产量占全国总增产量的64.7%。

从三大粮食品种看,2012年全国玉米产量20 812万吨,增产1 534万吨;稻谷产量20 429万吨,增产328万吨;小麦产量12 058万吨,增产318万吨。玉米产量超过稻谷产量383万吨,成为我国第一大粮食作物品种。

【分析与思考】

对于这份2012年经济统计报告中提到的数据我们经常听到,你了解它们是怎么得出来的吗？报告中提到的"粮食总产量各种粮食作物增加值的绝对数、相对数"等反映的实际经济意义是什么呢？它们就是本项目要讲解的统计指标，相信你学完统计指标的内容后，对这些问题都会有一个清晰的认识，并且你可以对身边涉及的经济现象做出类似的统计和计算。

4.1 总量指标

4.1.1 总量指标的概念和作用

1. 总量指标的概念

总量指标是指统计汇总后得到的具有计算单位的总和指标，是反映社会经济现象在一定时期或时点的规模、水平，或性质相同总体规模的数量差异。总量指标一般用绝对数表示，又称绝对数指标。例如，一个国家的人口数、土地面积、某年的国民生产总值、工业企业的总产值、某学校学生总人数、某地区工业企业个数等都是总量指标。

2. 总量指标的作用

总量指标是综合指标中最基本的统计指标，在社会经济统计工作中具有重要作用，主要概括为以下三点。

1) 总量指标是社会经济现象总体认识的起点

总量指标可以反映一个国家或地区的基本情况和实力的强弱，反映某部门、单位的人、财、物的基本数据。通过掌握一个国家在一定时间的人口总数、劳动力数量、社会总产值、国民收入等总量指标，就可以对这个国家的国情有基本的认识。

2) 总量指标是进行宏观调控、编制计划、制定决策的基本依据

社会经济计划的基本指标通常以总量指标的形式规定，同时计划的执行情况和各项管理工作，也都建立在客观事实正确认识的基础上，并通过实际资料的分析，制定出切实可行的方针、政策和措施。例如，某高校2017年计划招生2 870人，某企业计划销售总额为4 600万元等。

3) 总量指标是计算相对指标和平均指标的基础

总量指标是最基本的统计指标，而相对指标和平均指标是由两个有联系的总量指标对比计算出来的，是总量指标的派生指标。总量指标是否科学、合理，将会直接影响相对指标、平均指标的计算结果。

4.1.2 总量指标的种类

1. 按所反映的经济现象不同，总量指标分为总体单位总量指标和总体标志总量指标

总体单位总量指标即总体单位数，它是用来反映总体中总体单位数的多少，说明总体本身规模大小的总量指标。而总体标志总量指标是用来反映总体中标志值总和的总量指标。

例如,对某地区居民粮食消费情况进行研究,该地区的居民人口数是总体单位总量指标,粮食消费总量则是总体标志总量指标;对某地区工业企业产值情况进行研究,该地区的企业个数是总体单位总量指标,所有的工业企业的总产值就是总体标志总量指标。

但是需要注意的是,一个总量指标究竟是总体单位总量指标还是总体标志总量指标,并不是固定不变的,是随着统计研究目的和被研究对象的变化而变化的。例如,研究该地区粮食消费价格,粮食消费总量变为总体单位总量指标,粮食消费总额变为总体标志总量指标。

2. 按所反映的时间状况分类,总量指标分为时期指标和时点指标

时期指标是反映社会经济现象在一定时期内发展变化过程总量的指标,如商品销售额、工业总产值、基础建设投资总额等。时点指标是反映社会经济现象在某一时点上状况的数量指标,如库存额、人口数、房屋的居住面积等。

时期指标和时点指标各具不同的特点。

1) 时期指标可以累加,时点指标则不可以

性质相同的时期指标的数值可以累计相加,累计结果表示更长一段时间内事物发展过程的总数量。例如,一个月的销售额是每天的销售额之和。而时点指标则不能累计相加,相加结果毫无意义。例如,每天的库存额相加后并不是月末的库存额。

2) 时期指标与时间长短有关,时点指标则无关

同类时期指标数值的大小与时期长短有直接关系。时间间隔越长,指标数值越大或越小。如果是正指标,时间间隔越长,指标值越大。例如,全年的工业产值肯定比任何一个季度(或月份)的产值要多。如果是逆指标,时间间隔越长,指标值越小。例如,固定成本的消耗额,随着时间越长,生产的产品数量越多,那么每件产品消耗的固定成本在逐渐的变小。而时点指标的数值大小与时间间隔长短没有关系。例如,某企业的每天出勤人数不一定大于(或小于)月末的出勤人数,1月的出勤人数是209人,2日的出勤人数是199人,31日的出勤人数192人。

3) 时期指标数值是经常登记取得,而时点指标则不是

时期指标需要经常登记累计起来,确定最后的总量,而时点指标不需要经常登记就可以确定其中某一时间点的总量。例如,某年的工业产值是将每月的产值登记出来累计起来的;月初、月末的出勤人数只是登记两个时间的人数,而不是用一个月每一天的人数,去估算月末的出勤人数的。

区分时期指标和时点指标决定了统计处理与应用上的不同,在运用时期和时点指标时,注意同一指标若从不同的角度考虑,则总量指标的性质也不同。例如,年末人口数和年初人口数是时点指标,但"年末人口数－年初人口数＝人口净增数",则为时期指标。

3. 按采用的计量单位的不同,总量指标分为实物指标、价值指标和劳动量指标

实物指标表明现象总体的使用总量,它是根据现象的自然属性和特点采用实物单位计量的总量指标。实物指标的单位有自然单位、度量衡单位、标准实物量单位、复合单位,如某地区企业数量、人口数量、粮食产量等。

价值指标表明现象总体的价值总量,它是以货币单位计量总量指标的,如某地区工业企业的产值、企业的销售收入额、上缴的税收等。价值指标代表一定的社会必要劳动量,具有

广泛的综合性和概括性。但是,如果价值指标脱离了具体的经济内容,就比较抽象,所以在运用时应将价值指标与实物指标结合起来,才能全面认识社会经济现象。

劳动量指标是以劳动过程中消耗的劳动时间为计量单位计算的总量指标,如产品消耗的工时、工日、人工数等。劳动量指标主要为企业成本核算和计量劳动生产率提供重要依据,但是不同类型、不同经营水平的企业劳动量指标不具有可比性。

4.1.3 计算和运用总量指标应注意的问题

1. 正确确定总量指标的含义和计算范围

正确统计总量指标的主要问题是明确规定总量指标的计算范围,如计算国民生产总值、国内生产总值、工业总产值等总量指标时,首先,要明确这些指标的含义、性质,才能据以确定统计范围,统计的方法,才能准确地计算总量指标。又如,根据研究目的的不同,在计算国内生产总值时,有支出法、生产法和收入法三种计算方法,每一种计算方法确认的国内生产总值的结果也不一样,所以在计算总量指标时,一定要有明确的计算范围,确认统一计算口径,然后才能准确得出总量指标的结果。

2. 计算实物总量指标时要注意产品的同类性

只有相同类型的经济现象才能进行总量计算,同质性是由事物的性质和用途决定的。例如,在统计粮食产量时,就可以把小麦、水稻和玉米的产量作为一类来计算它们的总量,但是如果研究土地对各种作物的影响时,就不能把它们三者作为一类来进行计算。

3. 正确规定总量指标的计量单位

对于核算总量指标时,应该根据被研究现象的性质、特点以及研究的目的,确定采用哪种计量单位,但是为了保证在不同时间和不同空间下的可比性,一定要保持计量单位的一致性。

4.2 相对指标

4.2.1 相对指标的概念和表现形式

1. 相对指标的概念

相对指标是指两个有联系的指标数值之比,以反映经济现象之间的数量对比关系,通常又称相对数指标。相对指标把用来对比的两个指标的数值抽象化,深刻地说明经济现象间的依存关系,弥补总量指标在分析经济现象时缺少的对比关系,从而更深入地分析经济现象存在的数量关系。

2. 相对指标的表现形式

相对指标的表现形式主要有两种:一种是无名数,另一种是有名数。

1）无名数

相对指标一般表现为无名数,它是一种抽象化的数值,多用倍数或系数、成数、百分数、千分数和翻番数来表示。倍数或系数是将对比基数抽象化为1来计算的相对数。将两个指标进行对比计算时,如果分子数值比分母数值大很多时,常用倍数表示。如果分子数值和分母数值差别不大时,常用系数表示,如恩格尔系数、积累系数等。成数是将对比基数抽象为10而计算的相对数,如今年的工业产值比去年增长了三成,就是增加了3/10。百分数是将对比基数抽象化为100来计算的相对数,是相对指标中运用最常见的表现形式,如农民的消费指数、物价指数等。千分数是将对比基数抽象化为1 000作为对比基数而计算的相对数,当对比的分母很大时,会运用千分数或万分数表示,如人口出生率。翻番数是当两个相比较的数值中,一个数是另一个数的2^n倍,则n是番数。例如,某学校2016年在校学生人数为3 000人,计划2018年翻一番,则该校2018年在校学生人数应达到6 000人。

2）有名数

有名数是指对比的两个指标的性质不相同,即计量单位不相同时得出的以分子分母指标数值表示的双重计量单位。有名数主要用于计算强度相对指标,表示事物的强度、密度和普遍程度,如人口密度用"人/平方公里"表示,居民人均通信使用费用"元/人",人均粮食产量用"千克/人"表示等。

4.2.2 相对指标的作用

1. 反映现象的内部结构、比例关系、普遍程度和速度

相对指标能够全面地反映现象总体的相对水平、普遍程度、比例关系、内部结构等。例如,国民经济发展速度、投入与产出的关系、产业结构等都可应用相对指标加以反映和研究。同总量指标相比,相对指标揭示了现象内涵方面的特征,它对总体数量特征的描绘是动态的和深入的。

2. 实现指标的可比性

相对指标可以使一些不能直接对比的现象找到共同的比较基础,从而判断事物之间的差别程度。例如,企业由于生产的产品不同、生产条件不同或生产规模的不同,企业之间无法直接进行生产情况的对比,但以各自的计划指标为依据,计算计划完成程度相对指标,那么不同企业的工作成绩就可以加以比较了。

3. 能够确切而有效地反映企业的经济效益

经济效益是经济活动中投入和产出的比较关系,无论是对宏观经济效益还是微观经济效益进行评价,既要看输出量,还要考虑投入量,将输出量与投入量进行比较,通过相对数的大小可以反映经济效益的高低。

4.2.3 相对指标的种类和计算方法

1. 结构相对指标

结构相对指标是总体内各组成部分在总体中所占比重的相对指标,也称比重相对数,一一般用半分数表示。其计算公式为：

$$结构相对指标 = \frac{总体中某一部分的数值}{总体总量} \times 100\% \quad (4-1)$$

结构相对指标是描述总体特征的重要指标，可以用来分析总体内部构成状况，是分析总体分布的基础。由于结构相对指标是总体的部分数值与全部数值之比，因此，结果相对指标是一个大于0小于1的数值，而总体中所有结构相对数之和等于100%或者1。

【例4-1】某企业职工人数基本情况如表4-1所示，根据资料计算结构相对指标。

表4-1　某企业职工人数基本情况

分　组	人数（人）	结构相对指标（%）
男职工	360	60
女职工	240	40
合　计	600	100

男职工比重 $= \frac{360}{600} = 60\%$

女职工比重 $= \frac{240}{600} = 40\%$

2. 比例相对指标

比例相对指标是反映总体内部各个组成部分之间的数量对比关系的相对指标。其计算公式为：

$$比例相对指标 = \frac{总体中某一部分的数值}{总体中另一部分的数值} \times 100\% \quad (4-2)$$

如上例中，男女职工人数比例为360∶240＝3∶2。

利用比例相对指标可以分析国民经济中各种比例关系和平衡状况，调整不合理的比例，促使社会主义市场经济稳步协调发展。

比例相对指标与结构相对指标都是在统计分组的基础上计算的，但是两者之间存在着以下区别：

第一，结构相对指标是以总体总量为比较标准，计算各组总量占总体总量的比重，来反映总体内部组成情况的综合指标；比例相对指标是总体不同部分数量对比的相对数，用以分析总体范围内各个局部之间比例关系和协调平衡状况。

第二，结构相对指标表现为一种包含关系，分子是分母的一部分；比例相对指标的分子分母是一种并列关系，因而分子与分母可以互换。

3. 比较相对指标

比较相对指标是同一时期（或时点）同类现象在不同地区、部门之间的对比，用来表明同类现象在不同空间条件下的数量对比关系，一般用百分数、系数、倍数表示。其计算公式为：

$$比较相对指标 = \frac{某一空间的某项指标数值}{另一空间的同项指标数值} \times 100\% \quad (4-3)$$

比较相对指标之间做比较时，可依研究的目的将分子与分母相互对换，以便从不同的出发点说明问题。运用比较相对指标对不同国家、不同地区、不同单位的同类指标进行对比,有助于揭露矛盾、找出差距、促进事物的进一步发展。

【例 4-2】 2011 年广东省的生产总值为 53 210.28 亿元,江苏地区的生产总值为 49 110.27 亿元,试求比较相对指标(数据来源于《2011 年统计年鉴》)。

$$比较相对指标 = \frac{53\ 210.28}{49\ 110.27} \times 100\% = 108\%$$

在运用比较相对指标时注意:

第一,对比的分子与分母必须是同质现象。

第二,子与分母可以互换,根据分析说明的目的和方式不同,比较相对指标的分子与分母可以互换位置。

比较相对指标与比例相对指标存在以下区别:

第一,子项与母项的内容不同。比例相对指标是同一总体内,不同组成部分的指标数值的对比;比较相对指标是同一时间同类指标在空间上的对比。

第二,说明问题不同。比例相对指标说明总体内部的比例关系;比较相对指标说明现象发展的不均衡程度。比较相对指标是不同单位的同类指标对比而确定的相对数,用以说明同类现象在同一时期内各单位发展的不均衡程度。

4. 强度相对指标

强度相对指标是反映两个性质不同但有一定联系的总量指标对比关系的相对指标。其计算公式为:

$$强度相对指标 = \frac{某一总量指标指数}{另一性质不同而有联系的总量指标指数} \times 100\% \quad (4-4)$$

强度相对指标一般用复合单位表示,即表现为有名数,是由指标的分子与分母原有单位共同组成,如人口密度用"人/平方公里"表示等。

【例 4-3】 2011 年我国国内生产总值为 471 564 亿元、全年粮食产量为 57 121 万吨、全年粮食种植面积为 11 057 万公顷,年末人口总数为 133 972 万人,则:

$$人均国内生产总值 = \frac{国内生产总值}{人口数} = \frac{471\ 564\ 亿元}{133\ 972\ 万人} = 35\ 199(元/人)$$

$$人均粮食产量 = \frac{粮食产量}{人口数} = \frac{57\ 121\ 万吨}{133\ 972\ 万人} = 426.36(千克/人)$$

$$人均平均产量 = \frac{粮食产量}{土地面积} = \frac{57\ 121\ 万吨}{11\ 057\ 万公顷} = 5.17(吨/公顷)$$

$$人均拥有的种植面积 = \frac{土地面积}{人口数} = \frac{11\ 057\ 万公顷}{133\ 972\ 万人} = 0.082(公顷/人)$$

有些强度相对指标的分子和分母可以相互对换,这就产生了强度相对指标的正指标和逆指标两种形式。强度相对指标的数值大小与现象的发展程度或密度呈正比例的叫正指标,与现象的发展程度或密度呈反比例的叫逆指标。例如,每万人拥有的商业网点为正指标,每商业网点服务人口数为逆指标。

强度相对指标应用十分广泛,它可以反映一个国家或地区的经济实力;反映事物的密度和普遍程度;反映社会生产活动的效果。

强度相对指标与其他的相对指标存在一定的区别。

第一,其他相对指标都属于同一总体内的数量进行对比,而强度相对指标是两种性质不同的但又有联系的属于不同总体的总量指标之间的对比。

第二,计算结果表现形式不同。其他相对指标用无名数表示,而强度相对指标主要是用有名数表示。

第三,当计算强度相对指标的分子与分母的位置互换后,会产生正指标和逆指标,而其他相对指标不存在正、逆指标之分。

5. 动态相对指标

动态相对指标是说明同类现象在不同时期数量对比关系的相对指标,一般用百分数表示。其计算公式为:

$$动态相对指标 = \frac{报告期指标数值}{基期指标数值} \times 100\% \qquad (4-5)$$

【例 4-4】 我国移动电话用户 2006 年为 46 108.2 万户,2005 年为 39 342.8 万户,则:

$$动态相对指标 = \frac{报告期指标数值}{基期指标数值} \times 100\% = \frac{46\,108.2}{39\,342.8} \times 100\% \cong 117.20\%$$

6. 计划完成程度相对指标

计划完成程度相对指标是某一时期实际完成的指标数值与计划任务规定指标数量对比的结果,反映完成计划情况的相对数,一般用百分数表示,也称为计划完成百分比。其计算公式为:

$$计划完成程度相对指标 = \frac{实际完成指标数值}{计划任务规定指标数值} \times 100\% \qquad (4-6)$$

由于计划有长期计划,也有短期计划,考核计划执行情况也就可以分为短期计划完成情况和长期计划完成情况的检查。

1) 短期计划完成情况的检查

计划任务规定数是计划完成程度的基数,由于在制订计划任务时,可以采用总量指标、相对指标和平均指标几种不同的形式,因此计算计划完成程度的计算方法也不同。

(1) 根据绝对数计算的计划完成相对指标。计划指标为绝对数时,计划完成情况相对指标的具体计算方法又分为两种情况。

① 当计划任务数和实际任务数为同一时期时,一般适用于考核实际完成计划的总规模或总水平,可以用基本公式计算计划完成程度相对指标。

【例 4-5】 某企业拟定 2016 年度实现利润 500 万元,实际实现利润 540 万元,则:

$$该企业利润的计划完成程度相对指标 = \frac{540}{500} \times 100\% = 108\%$$

计算结果表明,该企业年度利润超额完成计划 8%。

② 当实际完成数所包含的时期只是计划期的一部分时,计算计划完成情况的检查实际变成计划执行进度的检查。其计算公式为:

$$计划完成程度相对指标 = \frac{累计至报告期止指标数值}{计划期全期累计数} \times 100\% \qquad (4-7)$$

【例 4-6】 某企业计划规定 2016 年度利润要达到 1 200 万元,其中第一季度完成 300 万元、第二季度完成 400 万元、第三季度完成 450 万元,则:

该企业前三季度完成计划程度相对指标 $=\dfrac{300+400+350}{1\,200}\times 100\%=87.5\%$

计算结果表明前三季度超额完成了计划的 12.5%,按计划规定前三季度应达到 75%。

(2) 根据相对数计算的计划完成相对指标。在实际工作中,当计划任务数是用提高或降低的百分比来表示时,计划完成情况的相对指标为实际完成的百分数与计划任务百分数对比的结果。这时计算计划完成程度相对指标的公式为:

$$\text{计划完成程度相对指标}=\dfrac{\text{实际完成百分数}}{\text{计划任务规定百分数}}\times 100\% \qquad (4-8)$$

或

$$\text{计划完成程度相对指标}=\dfrac{1\pm\text{实际升降百分数}}{1\pm\text{计划升降百分数}}\times 100\% \qquad (4-9)$$

【例 4-7】 某企业计划规定 2016 年产品的单位成本要比上年下降 5%,而实际却比上年下降了 3%,则:

该企业单位成本的计划完成程度相对指标 $=\dfrac{1-3\%}{1-5\%}\times 100\%=102.1\%$

计算结果表明,该企业产品单位成本未完成计划,超额 2.1%。

【例 4-8】 2016 年某学校计划规定招生人数比上年增加 6%,实际比上年增加 4%,则:

该校招生人数计划完成程度相对指标 $=\dfrac{1+4\%}{1+6\%}\times 100\%=98.11\%$

说明该学校的招生人数下降了 1.89%。

(3) 根据平均数计算的计划完成相对指标。当计划任务数是以平均数规定时,则以实际达到的平均数除以计划规定的平均数。因此,这时计算计划完成程度相对指标的公式为:

$$\text{计划完成程度相对指标}=\dfrac{\text{实际平均数}}{\text{计划任务规定平均数}}\times 100\% \qquad (4-10)$$

【例 4-9】 某企业计划规定 2016 年产品的单位成本为 150 元,实际消耗额为 148 元,则:

该企业单位成本的计划完成程度相对指标 $=\dfrac{148}{150}\times 100\%=98.67\%$

计算结果表明,该企业产品单位成本超额完成计划,节约了 1.33%。

2) 长期计划完成情况的检查

在考核长期计划(如"十三五"规划)的执行情况时,由于计划指标有两种不同的制定方式,长期计划完成程度的检查方法就分为水平法和累计法两种。

(1) 水平法。如果计划任务(指标)为期末那一年规定应达到的水平时,则应采用水平法来检查计划的完成程度。其计算公式为:

$$\text{计划完成程度相对指标}=\dfrac{\text{计划期最后一期实际指标}}{\text{计划期任务最后一期规定指标}}\times 100\% \qquad (4-11)$$

计划提前完成的时间是根据连续一期的实际水平与计划规定的最后一期的水平相等来确定的,只要连续一期的实际水平达到计划规定最后一期应达到的水平就算完成计划,则之后余下的时间就是提前完成计划的时间。

【例 4-10】 某产品根据五年计划规定,在五年计划最后一年的产量要达到 803 万吨,该产品在五年计划最后两年的每月实际产量如表 4-2 所示。

表 4-2 某产品五年计划最后两年的每月实际产量

月 年	1	2	3	4	5	6	7	8	9	10	11	12	合计
第四年	50	50	54	55	58	59	62	63	63	63	72	75	724
第五年	75	76	78	79	81	81	84	85	86	89	90	93	997

则该五年计划完成程度为:

$$\text{计划完成程度相对指标} = \frac{997}{803} \times 100\% = 124.16\%$$

即超额 24.16% 完成计划。

(2) 累计法。如果计划任务(指标)按计划期内各期总和应达到的水平规定时,则用累计法来检查计划的完成程度。累计法就是整个长期计划期间实际完成的累计数与同期计划数相比较,来计算计划完成程度相对指标。其计算公式为:

$$\text{计划完成程度相对指标} = \frac{\text{计划期实际累计完成指标数值}}{\text{计划任务规定累计指标数值}} \times 100\% \qquad (4-12)$$

累计法实际提前完成计划时间的计算是将计划期的全部时间减去完成计划任务所用的时间。

【例 4-11】 某地区五年计划规定固定资产投资额要达到 500 万元,其实际资料如表 4-3 所示。

表 4-3 某地区五年固定资产投资额

时 间	第一年	第二年	第三年	第四年	第五年	
					上半年	下半年
投资额	100	110	110	120	60	66

$$\text{计划完成程度相对指标} = \frac{100+110+110+120+60+66}{500} \times 100\% = 113.2\%$$

该企业超额完成计划规定投资额的 13.2%,超额完成的投资额为 66 万元,即 566-500=66 万元,100+110+110+120-60=500 万元,提前半年完成计划。

无论是采用上述哪种计算方式,在计算和应用计划完成程度相对指标时都应注意:

第一,对比的分子、分母必须为同一总体。计划完成程度相对指标的分母是计划数,分子是实际达到的指标值。为了保持分子、分母的可比性,要求分子、分母在指标含义、计算口径、计算方法、计算单位即空间范围等方面都要一致,且分子、分母不能互换位置。

第二,计算结果视指标性质而定。计划完成程度相对指标的结果根据经济指标的含义不同,结果反映的含义也不同。如果计划指标是以最低限额指标规定的,也就是指标表现为越高越好,如产值(量)、利润、劳动生产率值,则计算的计划完成程度的结果值大于 100% 为超额完成,等于 100% 为刚好完成,小于 100% 为未完成,也就是指标值越大越好;如果计划指标是以最高限额指标规定的,也就是指标表现为越低越好,如单位成本、消耗额、误差率等,则计算的计划完成程度的结果值小于100%为超额完成,等于100%为刚好完成,大于100%为未完成,也就是指标值越小越好。

4.2.4 运用相对指标的原则

统计相对数是一种抽象化的指标数值,是对现象进行对比分析的一个重要手段,要使这种对比分析准确地、深刻地反映出现象之间的联系,充分发挥统计相对数的作用。在计算应用统计相对数时必须注意以下几个问题。

1. 必须注意相对指标分子、分母的可比性

相对指标的关键问题是要求分子、分母具有可比性,这是进行对比分析的前提条件。这个可比性指的是用来对比的分子、分母的性质。在计算范围、计算方法、计算单位以及资料所属时间等方面的一致。

2. 要正确地选择作为比较标准的基数

相对指标的基数是进行对比的依据和标准,对比基数选择是否合理,直接影响着对比的结论。因此,在选择对比的基数时,应从现象的性质、特点出发,并结合分析研究的目的来考虑所选择的对比基数的时期、范围、对象等。

3. 需要把各种相对数结合起来使用

为了从各方面分析和研究问题,需要把各种相对数结合起来使用。因为不同的相对数都是从某一个侧面说明现象间的数量对比关系的,而现象间及现象内部的相互关系往往是错综复杂的,而且这些关系随时都在发生变化。因此,在实际统计工作中,只利用某一种相对指标对现象总体进行分析研究是不能满足需要的,必须根据多掌握的资料灵活运用各种相对指标,从不用的角度去观察和分析,才能对所研究的对象总体有一个比较全面的认识。

4. 相对指标与总量指标结合起来运用

无论是哪种统计指标,都有各自的优点与缺点,总量指标能够反映经济现象发展的总规模和总水平,却不能比较现象之间的差别程度;相对指标能够反映现象之间的数量对比关系和差异程度,却不能将现象的具体规模和具体水平抽象化。因此,想要全面地认识经济现象,就必须把相对指标与总量指标结合起来使用。

4.3 平均指标

4.3.1 平均指标的概念和作用

1. 平均指标的概念

平均指标是反映总体各单位某一数量标志值一般水平的综合指标,又称为平均数。总体各单位在客观上存在着数量差异,而统计研究的目的是认识总体的综合特征,这就需要找出一个将数量差异抽象化,代表各单位一般数量水平的指标。平均指标就是将总体各单位某一数量标志差异抽象化,反映现象在一定时间、地点、条件下达到的一般水平。

平均指标的特点有两个:平均指标把总体各单位标志值的差异抽象化了,是一个抽象化的数值,它可能与各单位所有标志值都不相同;平均指标是总体各单位的代表值,代表总体各单位标志值的一般水平,而不是某一单位的具体数值。

2. 平均指标的作用

平均指标是统计分析常用的综合指标,它在实际统计工作中,应用十分广泛,具有非常重要的作用:

(1) 利用平均指标可以比较同一时期的同类现象在不同地区、不同部门的一般水平,以说明生产水平的高低或经济效果的好坏。例如,要比较城乡居民的居住状况,如果用全部居住面积进行比较,由于人口规模不同,难以说明城乡居民的居住状况,但如果用人均居住面积比较,就可以较好地说明城乡居民居住水平的差异。

(2) 利用平均指标可以比较不同时期同类现象水平的变化,以说明现象的发展趋势和规律。例如,通过对我国城市职工各年度的人均收入进行比较,可以看出我国城市职工生活水平不断提高的趋势。

(3) 利用平均指标可以分析现象之间的依存关系。例如,商业企业规模的大小和商品流通费用率之间存在着依存关系,一般来说商业企业规模越大,商品流通费用率越低,因此可将商业企业按规模大小进行分组,然后再计算不同规模商业企业的平均商品流通费用率,从而可以看出商业企业规模大小与流通费用率之间的相互依存关系。

(4) 利用平均指标估算、推算其他指标。例如,利用抽样调查中样本的平均指标推算总体的平均指标。

4.3.2 平均指标的种类和计算方法

平均指标是对同质总体各单位某一数量标志值进行平均的基础上计算的。在统计中,平均指标种类很多,常用的主要有五种:算术平均数、调和平均数、几何平均数、众数和中位数。根据数学上的特点,前三种称作数值平均数,后两种称作位置平均数。在不同的经济现象中,由于各种平均指标的含义、计算方法及应用条件各不相同,在计算和应用这些平均数时要理解并掌握其特点和计算方法。

1. 算术平均数

算术平均数是对总体各单位的某一数量标志进行的平均,即总体各单位某一标志值的算术和除以总体单位数。其计算公式为:

$$算术平均数 = \frac{总体单位标志总量}{总体单位总量} = \frac{总体各单位某一数量标志值之和}{总体单位数} \quad (4-13)$$

【例 4-12】 某车间有 20 个工人,一天生产 360 个零件,则:

$$该车间工人一天生产零件的个数 = \frac{360}{20} = 18(个)$$

在计算算术平均数时需要注意:首先,计量单位的名数应当和标志总量的计量单位一致;其次,必须保证分子、分母的口径及所包含的内容严格一致,即各标志值与各单位之间必须一一对应,否则计算平均指标就失去了意义;最后,算术平均数针对的是数量标志的各总体单位求平均数,而品质标志的各总体单位是不能求平均数的。

在实际工作中,根据基本公式计算算术平均数时,由于依据的资料不同,计算方法有所不同,可以分为简单算术平均数和加权算术平均数,但是不管采用哪一种算式都离不开算术平均数的基本公式。

1) 简单算术平均数

若掌握的资料是总体单位数与总体各单位的标志值时,则可先将各单位的标志值相加得出标志总量,然后再除以总体单位数,求出的算术平均数称为简单算术平均数。其计算公式为:

$$\overline{X} = \frac{X_1 + X_2 + \cdots + X_n}{n} = \frac{\sum X}{n} \quad (4-14)$$

式中:X——变量值,即各单位标志值;

n——总体单位个数,即总体单位总量;

$\sum$——求和符号。

【例 4-13】 某企业某一生产组 5 个工人的日产量分别为 60、62、63、65、67 件。则人均日产量为:

$$\overline{X} = \frac{60+62+63+65+67}{5} = \frac{317}{5} = 63.4(件)$$

简单算术平均数比较简单,一般是在各个变量值出现次数相同的条件下采用。总体如经过分组,各个变量值出现的次数不同,这时就要用加权算术平均数的方法来计算。

2) 加权算术平均数

在总体经过分组并形成变量数列的情况下,若已知各组的标志值及次数,则可用各组标志值乘以相应的次数求得各组的标志总量,然后把各组标志总量相加除以各组次数总和,即可得加权算术平均数。其计算公式为:

$$\overline{X} = \frac{X_1 f_1 + X_2 f_2 + \cdots + X_n f_n}{f_1 + f_2 + \cdots + f_n} = \frac{\sum Xf}{\sum f} \quad (4-15)$$

式中:X——各组变量值;

f_n——各组单位数(次数或频数)。

从上式可以看出,加权算术平均数的大小,不仅受变量值大小的影响,而且受各组次数多少的影响。一般来说,次数多的变量值对平均数的影响大,而次数少的变量值对平均数的影响小。正因为各组次数的多少对于各组变量值在平均数中的影响有权衡轻重的作用,所以,统计中把次数称作权数。用权数乘以各个变量值,叫作加权。很显然,加权算术平均数与简单算术平均数不同,后者不存在权数问题。但当各组变量值出现的次数相等时,权数将失去意义,这时仍可用简单算术平均数形式。因此,简单算术平均数是加权算术平均数的一种特殊形式。

【例 4-14】 某工厂有 52 名技术人员,他们的工资水平如表 4-4 所示。

表4-4 某工厂52名技术人员的工资水平

人员类别	工资水平 X(元)	人数 f(人)	Xf
初级技术人员	3 200	15	48 000
中级技术人员	3 600	20	72 000
高级技术人员	4 500	17	76 500
合 计		52	196 500

试计算该工厂人员的平均工资水平。

根据表中的资料,计算平均工资水平为:

$$\overline{X} = \frac{X_1f_1 + X_2f_2 + \cdots + X_nf_n}{f_1 + f_2 + \cdots + f_n} = \frac{\sum Xf}{\sum f} = \frac{196\ 500}{52} = 3\ 778.85(元)$$

由于分组资料有单项分组数列和组距分组数列,下面分别举例说明不同情况下加权算术平均数的计算。

(1) 单项式分组计算的平均数。在单项式分配数列的条件下,计算加权算术平均数的方法直接运用公式计算即可。

(2) 组距式分组计算的平均数。如果掌握的资料是组距式分配数列,计算平均数的方法与单项式数列基本相同,只是需要计算组中值,用组中值代替各组标志值进行计算。

【例4-15】 某班学生上学期期末成绩分组统计资料,如表4-5所示。

表4-5 某班学生上学期期末成绩分组统计资料

成 绩	人数(人)	计算栏	
		组中值 x	Xf
60分以下	4	55	220
60~70	13	65	845
70~80	18	75	1 350
80~90	12	85	1 020
90分以上	3	95	285
合 计	50		3 720

则该班学生的平均成绩为:

$$\overline{X} = \frac{X_1f_1 + X_2f_2 + \cdots + X_nf_n}{f_1 + f_2 + \cdots + f_n} = \frac{\sum Xf}{\sum f} = \frac{3\ 720}{50} = 74.4(分)$$

这里需要说明的是,用组中值代替各组标志值是具有假定性的。因此,计算的平均数只是近似值,而不是准确数值。

另外,权除了用总体各组单位数,即频数形式表示外,还可以用比例即频率形式表示。因此,当各组单位个数以频率形式出现时,则计算加权算术平均数,就是将各组的标志值乘以相应的比例然后求和,从而得到加权算术平均数。其计算公式为:

$$\overline{X} = x_1 \cdot \frac{f_1}{\sum f} + x_2 \cdot \frac{f_2}{\sum f} + \cdots + x_n \cdot \frac{f_n}{\sum f} = \sum x \cdot \frac{f}{\sum f} \qquad (4-16)$$

式中：$\frac{f}{\sum f}$——权数，表示各组的单位数在总体中所占的比例。

【例 4-16】 某公司职工的月工资资料如表 4-6 所示，试计算该公司职工的月平均工资水平。

表 4-6 某公司职工的工资资料

按月工资分组/元	各组人数所占比重(%)	计算栏	
		组中值 x	$x \cdot \frac{f}{\sum f}$
2 500 以下	10	2 250	225
2 500~3 000	25	2 750	687.5
3 000~3 500	35	3 250	1 137.5
3 500~4 000	18	3 750	675
4 000 以上	12	4 250	510
合　计	100		3 235

根据公式 $\overline{X} = x_1 \cdot \frac{f_1}{\sum f} + x_2 \cdot \frac{f_2}{\sum f} + \cdots + x_n \cdot \frac{f_n}{\sum f} = \sum x \cdot \frac{f}{\sum f}$，得到：

$\overline{X} = 2\,250 \times 10\% + 2\,750 \times 25\% + 3\,250 \times 35\% + 3\,750 \times 18\% + 4\,250 \times 12\% = 3\,235$（元）

计算结果为，职工的平均工资水平在 3 000~3 500 元。

算术平均数的实质：

(1) 权数的意义。加权算术平均数的重要意义在于权数。权数起着权衡标志值对平均数影响程度大小的作用。

(2) 在总体一经确定后，简单平均数只受各变量值本身大小这一因素的影响，而加权平均数则受变量值和权数两个因素的影响。

(3) 采用加权平均法，关键在于正确地确定权数。确定权数的依据是：各组的变量值与其出现的次数乘积等于各组的标志总量，并具有实际的经济意义。一般来说，在变量数列中，变量值出现的次数就是权数。

3) 算术平均数的性质

性质一：总体各单位标志值与其算术平均数的离差之和等于零；反之，平均数与次数和的乘积等于所有变量值的总和，即：

对于简单算术平均数有 $\sum(x - \overline{x}) = 0$；

对于加权算术平均数有 $\sum(x - \overline{x})f = 0$。

这个性质说明算术平均数用来代表总体各单位或分布数列的一般水平，它与总体各单位标志值的正负离差恰好相互抵消，从而使得离差总和等于零。

性质二：总体各单位标志值与算术平均数的离差平方和为最小值，即：

对于简单算术平均数有 $\sum(x-\bar{x})^2$ 为最小值;

对于加权算术平均数有 $\sum(x-\bar{x})^2 \cdot f$ 为最小值。

2. 调和平均数

在实际工作中,有时由于缺乏总体的单位数资料,而不能直接计算平均数,这时就可以采用调和平均数计算。调和平均数是各变量值倒数的算术平均数的倒数,也被称为倒数平均数。根据给定的资料不同,调和平均数有简单调和平均数和加权调和平均数。

1) 简单调和平均数

简单调和平均数,是各变量值倒数的简单算术平均数的倒数。其计算公式为:

$$\bar{x}_H = \frac{n}{\frac{1}{x_1}+\frac{1}{x_2}+\cdots+\frac{1}{x_n}} = \frac{n}{\sum \frac{1}{x}} \qquad (4-17)$$

式中:$\bar{x}_H$——调和平均数;

n——标志总量。

【例 4-17】 某商品在三个商场的价格分别为 100 元、105 元、108 元,假设分别在三个商场购买金额相等的这种商品,求购得商品的平均价格。

根据公式 $\bar{x}_H = \dfrac{n}{\frac{1}{x_1}+\frac{1}{x_2}+\cdots+\frac{1}{x_n}} = \dfrac{n}{\sum \frac{1}{x}}$,该商品的平均价格为:

$$\bar{x}_H = \frac{3}{\frac{1}{100}+\frac{1}{105}+\frac{1}{108}} = \frac{3}{0.0288} = 104.17(元)$$

2) 加权调和平均数

加权调和平均数是各变量值倒数的加权算术平均数的倒数。其计算公式为:

$$\bar{x}_H = \frac{m_1+m_2+\cdots+m_n}{\frac{m_1}{x_1}+\frac{m_2}{x_2}+\cdots+\frac{m_n}{x_n}} = \frac{\sum m}{\sum \frac{m}{x}} \qquad (4-18)$$

式中:m——调和平均数的权数。

【例 4-18】 某食堂购买某种蔬菜,相关资料如表 4-7 所示,求这种蔬菜的平均价格。

表 4-7 某食堂购买某种蔬菜的相关资料

	价格(元/千克) x	购买金额(元) m	购买量(克) $\frac{m}{x}$
早	1	10	10
午	1.2	15	12.5
晚	1.1	20	18.2
		45	40.7

根据上表计算食堂购买这种蔬菜的平均价格为:

$$\bar{x}_H = \frac{m_1 + m_2 + \cdots + m_n}{\dfrac{m_1}{x_1} + \dfrac{m_2}{x_2} + \cdots + \dfrac{m_n}{x_n}} = \frac{\sum m}{\sum \dfrac{m}{x}} = \frac{10 + 15 + 20}{40.7} = 1.106(\text{元}/\text{千克})$$

调和平均数与算术平均数比较,所依据的现象内在联系是一致的,各适用于不同形式下的统计资料。因此,从这个意义上讲,调和平均数是算术平均数的一种变形形式。

在运用调和平均数计算平均指标时需注意:调和平均数容易受极端值的影响,尤其是当数分布不够集中时,极容易受极大值或极小值的影响,这时计算的调和平均数缺乏代表性;特别是标志值为零时,无法计算调和平均数,与算术平均数一样,是根据组距式数列计算的调和平均数的一个近似值。

3. 几何平均数

几何平均数是若干项变量值的连乘积开若干次项数的方根,主要用于计算比率或速度的平均。当所掌握的变量值本身是比率的形式,而且各比率的乘积等于总的比率时,就应采用几何平均法计算平均比率。根据所掌握的资料不同,几何平均数分为简单几何平均数和加权几何平均数。

1) 简单几何平均数

简单几何平均数是 n 个变量值连乘积的 n 次方根。其计算公式为:

$$\bar{x}_G = \sqrt[n]{x_1 \cdot x_2 \cdots x_n} = \sqrt[n]{\prod x} \tag{4-19}$$

式中:x——各个变量值;

n——变量值个数;

$\prod$——连乘符号。

【**例 4-19**】 设某工业企业有 5 个流水作业的车间。某日各车间制品合格率分别为 92%、98%、95%、94%、88%。要求计算五个车间的平均合格率。

根据公式,平均合格率为:
$$\bar{x}_G = \sqrt[5]{92\% \times 98\% \times 95\% \times 94\% \times 88\%} = 0.9334$$

2) 加权几何平均数

如果呈几何级数变化的变量值的次数不同,则采用加权几何平均数。其计算公式为:

$$\bar{x}_G = \sqrt[f_1+f_2+\cdots f_n]{x_1^{f_1} \cdot x_2^{f_2} \cdots x_n^{f_n}} = \sqrt[\sum f]{\prod x^f} \tag{4-20}$$

式中:f——各组变量值的次数;

$\sum f$——次数之和。

【**例 4-20**】 假设张先生在银行存一笔 10 年的长期存款,在这 10 年里,利率如下:前 3 年的利率为 4%,中间 5 年的利率为 5%,后 2 年的利率为 7%。求:如果按复利计算,张先生这笔投资的在 10 年里的平均年利率。

计算的平均年利率,必须先将各年的利率加上 100%,还原为各年的本利率,然后按加权几何平均数的算法,计算平均年本利率,再减去 100%,得出平均年利率。

$$\bar{x}_G = \sqrt[\sum f]{\prod x^f} = \sqrt[2+5+3]{1.04^2 \cdot 1.05^5 \cdot 1.07^3} = 105.39\%$$

该笔存款在银行 10 年的平均本利率为 105.39%,所以其年平均利率为 5.39%。

4. 众数

众数是指总体中出现次数最多的标志值,是总体各单位一般水平的代表值,反映现象的集中趋势。在单位数不多或一个无明显集中趋势的资料中,众数的测定没有意义。众数根据未分组资料、单项分组资料和组距分组资料中分别计算。

(1) 未分组资料或单项分组资料确定众数。当收集的资料为未分组的原始资料或者已经整理的单项式数列的资料时,可以通过直接观察找出次数最多的变量值,即该变量值为众数。

(2) 根据组距分组资料计算众数,在假定众数组次数分布均匀的前提下,用插值法计算。其计算公式为:

下限公式为:

$$M_0 = L + \frac{\Delta_1}{\Delta_1 + \Delta_2} \cdot d \qquad (4-21)$$

上限公式为:

$$M_0 = U - \frac{\Delta_2}{\Delta_1 + \Delta_2} \cdot d \qquad (4-22)$$

式中:M_0——众数;

L——众数所在组的下限;

U——众数所在组的上限;

Δ_1——众数所在组次数与前一组次数之差;

Δ_2——众数所在组次数与后一组次数之差;

d——众数所在组的组距。

众数只有在总体单位数比较多,而且变量值又没有明显的集中趋势的条件下,才能用它来说明问题,否则,众数的代表性差,从而失去了反映现象一般水平的意义。

【例 4-21】某班 50 名学生的身高资料如表 4-8 所示,计算这班学生身高的众数。

表 4-8 某班 50 名学生的身高资料

身高(cm)	人数(人)
140 以下	1
140~150	5
150~160	10
160~170	20
170~180	10
180 以上	4
合 计	50

首先确定众数组。在此例中次数最多的组是 160~170,按照下限公式 $M_0 = L + \frac{\Delta_1}{\Delta_1 + \Delta_2} \cdot d$,众数值近似确定为:

$$M_0 = 160 + \frac{10}{10+10} \times 10 = 165 \text{(cm)}$$

5. 中位数

将总体各单位标志值按大小顺序排列,居于中间位置的变量值就是中位数。中位数将数列分为相等的两个部分,一部分标志值小于中位数,一部分标志值大于中位数。在许多的情况下,不易计算平均值时,可用中位数代表总体的一般水平。

1) 由未分组资料确定中位数

在资料未分组情况下,中位数的确定比较简单。首先,把标志值按大小顺序排列起来,然后计算中位数所在的位置找出中位数。如果总体单位数是奇数,处于 $\frac{n+1}{2}$(n 代表总体单位数)位置的标志值就是中位数;如果总体单位数是偶数,那么用 $\frac{n+1}{2}$ 的公式计算中位数所在的位置,这个位置相邻两项变量值的简单平均数就是中位数。

【例 4-22】 计算 20,22,24,26,28 的中位数。

因为 $n=5$,为奇数,所以 $\frac{5+1}{2}=3$ 处的变量值就是中位数,即 24。

【例 4-23】 计算 20,22,24,26,28,30 的中位数。

因为 $n=6$,为偶数,所以中位数的位置在 $\frac{6+1}{2}=3.5$ 处,即 $\frac{24+26}{2}=25$。

2) 由单项式分组资料确定中位数

根据单项式分组资料确定中位数,根据公式 $\frac{\sum f}{2}$ 确定中位数的位置,再根据位置用较小累计次数或较大累计次数的方法将次累计次数刚超过中位数位次的组确定为中位数组,该组的标志值即为中位数。

【例 4-24】 某工厂对生产的食用盐包装重量进行抽样检查,从中抽取了 50 袋,每袋的重量如表 4-9 所示,确定其中位数。

表 4-9

重量(克)	490	495	496	498	500	502
数量(袋)	2	4	7	10	20	9

数列的项数 $\frac{\sum f}{2}$ 为 25,中位数的位置在第 25 个,则为 500 克。

3) 由组距分组资料确定中位数

根据组距分组资料确定中位数的方法分为两步。首先确定中位数所在组的位置 $\frac{\sum f}{2}$,然后在假设组内分布均匀的前提下,用插值法求出中位数。其计算公式为:

下限公式为: $$M_e = L + \frac{\frac{\sum f}{2} - S_{m-1}}{f_m} \cdot d \tag{4-23}$$

上限公式为: $$M_e = U - \frac{\frac{\sum f}{2} - S_{m+1}}{f_m} \cdot d \tag{4-24}$$

式中:L—— 中位数组的下限;

U——中位数组的上限；

f_m——中位数组的次数；

S_{m-1}——中位数所在组以前各组的累计次数；

S_{m+1}——中位数所在组以后各组的累计次数；

$\sum f$——总次数；

d——中位数所在组的组距。

【例 4-25】 从某学校中抽取 100 名学生调查生活水平，月消费资料如表 4-10 所示。

表 4-10　100 名学生月消费资料

按消费额分组（元）	人数（人）	累计频数	
		向上累计	向下累计
500 以下	3	3	100
500～600	15	18	97
600～700	18	36	82
700～800	45	81	64
800～900	10	91	19
900～1 000	8	99	9
1 000 以上	1	100	1
合　计	100		

根据表中的资料，试计算中位数。

第一步：计算累计学生人数。

第二步：确定中位数的位置和中位数所在的组。

$$\text{中位数位置} = \frac{\sum f}{2} = \frac{100}{2} = 50$$

根据向上累计次数，第 50 个学生包含在累计次数 81 中，说明中位数在累计学生人数为 81 人的组，即变量值为 700～800 元的组；根据向下累计次数，第 50 个学生包含在累计次数 64 中，说明中位数在累计学生人数为 64 人的组，该组对应的变量值也为 700～800 元的组。这说明 700～800 元就是中位数所在的组。

第三步：根据公式计算中位数的近似值。

根据下限公式计算：$M_e = L + \dfrac{\dfrac{\sum f}{2} - S_{m-1}}{f_m} \cdot d = 700 + \dfrac{\dfrac{100}{2} - 36}{45} \cdot 100 = 731.11（元）$

根据上限公式计算：$M_e = U - \dfrac{\dfrac{\sum f}{2} - S_{m+1}}{f_m} \cdot d = 800 - \dfrac{\dfrac{100}{2} - 19}{45} \cdot 100 = 731.11（元）$

可见，对于同一资料，不论是按上限公式还是下限公式，其计算的中位数结果是一致的。

4.4 标志变异指标

4.4.1 标志变异指标的概念和作用

平均指标反映的是某种经济现象的一般水平,要求必须在同质中来反映总体内部各总体单位之间的差距,平均指标是无法反映出总体各单位标志值的差异程度的。为了同时综合反映总体各单位数量标志值的差异性,就得借助于标志的变异指标,它反映的是总体各单位与平均数的离中趋势。

1. 标志变异指标的概念

标志变异指标也称为标志变动度,它是以平均数为中心,说明总体单位标志值的差异大小或离中程度的指标。标志变异指标通常用来反映总体各单位标志值与平均数的离中趋势。在统计研究中,标志变异指标一方面要计算平均数,用以反映总体各单位标志值的一般水平;另一方面也要测定标志变动度,用以反映总体各单位标志值的差异程度。同时,平均数的代表性还必须用标志变动度指标来测量,标志变动度大,平均数的代表性就小;相反,标志变动度小,平均数的代表性就大。如果标志变动度等于零,则说明平均数具有完全的代表性。所以,为了全面、准确地反映总体特征,在计算了平均数后,还要进一步计算标志变动指标,以便于对平均数做出补充说明。

2. 标志变异指标的作用

1) 反映单位指标值分布的离中趋势

现象总体各单位的标志值总是围绕自身的平均值上下波动,所以平均指标反映总体各单位标志值的集中趋势。而标志变异指标则是表明总体各单位标志值的离中趋势,即变异指标值越大,说明标志值的分布越分散,总体的同质性一般地说也越差;反之,变异指标值越小,说明标志值的分布越集中,总体数据的离中趋势就越小。

2) 衡量平均指标代表性的尺度

平均指标作为总体各单位指标值一般水平的代表性指标,其代表性的大小与标志变异指标的大小呈反比。即标志变异指标越大,平均指标的代表性就越小;反之,标志变异指标越小,平均指标的代表性就越大。

3) 说明现象变动的均衡性和稳定性

标志变异指标越大,说明标志值之间的差异程度越大,反映为总体均衡性、稳定性差,节奏性不强;标志变异指标越小,说明标志值之间的差异程度越小,反映为总体均衡性、稳定性好,节奏性强。

4) 用来确定统计推断的准确程度

在抽样调查中,利用样本指标来判断总体指标时,标志变异指标数值的大小是确定统计推断准确程度及计算抽样误差大小不可缺少的重要资料。

4.4.2 标志变异指标的种类和计算

1. 极差

极差也称为全距,是指总体各单位标志值中最大值与最小值之差。极差用来说明标志值的变动范围。其计算公式为:

$$R = 最大的标志值 - 最小的标志值 = X_{max} - X_{min} \tag{4-25}$$

式中:X_{max}——数列中最大的变量值;

X_{min}——数列中最小的变量值。

极差的优点是根据变量数列中的最大值与最小值计算,方法简便,意义清楚。但极差指标只是总体中两个极端标志值的差异,不是根据全部标志值来计算的,容易受极端值的影响。所以它只是一种比较粗糙的分析方法。

2. 平均差

平均差是指总体各单位标志值与其平均数的离差的绝对值的算术平均数。常用符号 $A.D.$ 表示。平均差越大,说明各标志值与算术平均数的差异越大,该算术平均数的代表性越弱;平均差越小,说明各标志值与算术平均数的差异程度越小,该算术平均数的代表性越强。其计算方法有简单平均法和加权平均法两种。

1) 简单平均差

根据未分组资料计算平均差用简单平均法。其计算公式为:

$$A.D. = \frac{\sum |X - \overline{X}|}{n} \tag{4-26}$$

【例 4-26】 某厂有一个车间甲,车间有 7 名工人,工人生产零件的个数如下(单位:件)

100　110　120　130　140　150　160

计算其平均差。

甲车间平均生产零件个数为:

$$\overline{X} = \frac{\sum X}{n} = \frac{100+110+120+130+140+150+160}{7} = 130(件)$$

其平均差为:

$$A.D. = \frac{\sum |X - \overline{X}|}{n}$$

$$= \frac{|100-130|+|110-130|+|120-130|+|130-130|+|140-130|+|150-130|+|160-130|}{7}$$

$$= 17.14(件)$$

2) 加权平均差

根据分组资料计算平均差用加权平均差。其计算公式为:

$$A.D. = \frac{\sum |x - \overline{x}| \cdot f}{\sum f} \tag{4-27}$$

【例 4-27】 某企业 50 名工人生产量资料及其平均差计算过程,如表 4-11 所示。

表 4-11 某企业 50 名工人生产量资料及其平均差

生产量 x	工人数 f	$x-\bar{x}$	$|x-\bar{x}|$	$|x-\bar{x}|f$	$(x-\bar{x})^2$	$(x-\bar{x})^2 f$
20	8	-4	4	32	16	128
22	10	-2	2	20	4	40
24	15	0	0	0	0	0
26	12	2	2	24	4	48
28	5	4	4	20	16	80
合　计	50		12	96	40	296

根据公式 $A.D. = \dfrac{\sum |x-\bar{x}| \cdot f}{\sum f}$,计算结果为:

$$A.D. = \frac{\sum |x-\bar{x}| \cdot f}{\sum f} = \frac{96}{50} = 1.92(件)$$

平均差比极差更进了一步,它考虑了总体各单位标志值的变动的影响,对整个变量值的离散程度的测定更具代表性。但平均差的计算需要离差的绝对值,这不符合实际情况的处理方法。所以,测定离散程度更常用的是标准差。

3. 标准差

标准差也称为均方根差,它是总体各单位标志值与其平均数离差的平方的平均数的平方根。它是反映标志变异程度的最重要指标。它的意义与平均差的意义基本相同,但标准差是采用先平方然后开方的还原方式消除离差的正负号的,因此,标准差在数学性质上要比平均差优越。更重要的是,各标志值对算术平均数的离差的平方和为最小。所以,在反映标志变动度大小时,一般都采用标准差。其计算的方法分为简单标准差和加权标准差。

1) 简单标准差

对未分组资料,采用简单平均法计算标准差。其计算公式为:

$$\sigma = \sqrt{\frac{\sum (x-\bar{x})^2}{n}}$$

【例 4-28】 某厂有一个车间甲,车间有 7 名工人,工人生产零件的个数如下(单位:件):

$$100 \quad 110 \quad 120 \quad 130 \quad 140 \quad 150 \quad 160$$

计算其平均差。

甲车间平均生产零件个数为:

$$\bar{X} = \frac{\sum X}{n} = \frac{100+110+120+130+140+150+160}{7} = 130(件)$$

工人平均生产零件的标准差为:

$$\sigma = \sqrt{\frac{\sum(x-\overline{x})^2}{n}} = 20(件)$$

2) 加权标准差

对分组资料,采用加权平均法计算标准差。其计算公式为:

$$\sigma = \sqrt{\frac{\sum(x-\overline{x})^2 \cdot f}{\sum f}} \qquad (4-28)$$

【例 4-29】 某班级 50 名学生的期末考试成绩资料,如表 4-12 所示。

表 4-12 某班级 50 名学生的期末考试成绩资料

成绩(分)	人 数	组中值 x	$x-\overline{x}$	$(x-\overline{x})^2$	$(x-\overline{x})^2 \cdot f$
60 以下	4	55	−19.4	376.36	1 505.44
60~70	13	65	−9.4	88.36	1 148.68
70~80	18	75	0.6	0.36	6.48
80~90	12	85	10.6	112.36	1 348.32
90 以上	3	95	20.6	424.36	1 273.08
合 计	50				5 282

试计算其成绩标准差。

经计算该班的平均成绩为 74.4 分,则成绩的标准差为:

$$\sigma = \sqrt{\frac{\sum(x-\overline{x})^2 \cdot f}{\sum f}} = \sqrt{\frac{5\ 282}{50}} = 10.28(分)$$

4. 离散系数

现象的变异程度,不仅取决于总体各单位标志值的离散程度,还取决于数列水平的高低。离散系数是用标志变异指标(平均差或标准差等)与相应的平均数指标对比,来反映总体各单位标志值之间离散程度的指标,是以相对数表示的标志变异指标。它是一个相对数,用以消除具有不同的平均水平、不同性质、不同计量单位的变量数列不能比较的影响,用 V 表示。

离散系数主要有平均差系数和标准差系数。

1) 平均差系数

平均差系数是指平均差与其相应的平均数的比值,用来说明标志值差异的相对程度,还可以用来比较平均指标不同的各个标志变异程度的大小。其计算公式为:

$$V_{A.D} = \frac{A.D}{\overline{x}} \qquad (4-29)$$

2) 标准差系数

标准差系数是指标准差与其平均数的比值。其计算公式为:

$$V_{\sigma} = \frac{\sigma}{\overline{x}} \qquad (4-30)$$

在上面的例子中,通过计算得知全班的平均成绩为 74.4 分,平均差为 7.99 分,标准差为 10.28 分,试求平均差系数、标准差系数。

根据公式,平均差系数为:

$$V_{A.D} = \frac{A.D}{\bar{x}} = \frac{7.99}{74.4} = 10.74\%$$

标准差系数为:

$$V_{\sigma} = \frac{\sigma}{\bar{x}} = \frac{10.28}{74.4} = 13.82\%$$

本章小结

1. 总量指标又称统计绝对数,是以绝对数形式反映社会经济现象在一定时间、地点和条件下的总规模、总水平的统计指标。总量指标是认识社会经济现象的起点、编制计划、实行管理的主要依据,也是计算相对指标和平均指标的基础。

2. 总量指标按其反映总体内容的不同,可分为总体单位总量和总体标志总量。总体单位总量是总体内所有单位数的总和,即总体本身规模的大小;总体标志总量是总体中各单位标志值的总和,是说明总体特征的总数量。总体单位是标志的直接承担者,标志总量不会独立于单位总量而存在。

3. 总量指标按其反映的时间状态的不同,分为时期指标和时点指标。时期指标是反映某种社会经济现象在一段时间内所达到的总规模、总水平或工作总量,其大小与时期长短有直接关系,不同时期的指标可以相加,其数值是连续登记、累计的结果。时点指标是反映社会经济现象在某一时刻(瞬间)所达到的数量状态,其大小与时间长短无直接关系,各指标数值相加没有实际意义,其数值是间断登记的。

4. 相对指标又称相对数,它是两个相互联系的统计指标数值对比的结果,用以反映社会经济现象的发展程度、结构、强度、普遍程度或比例关系。相对指标的表现形式有两种:一种是无名数,另一种是有名数。常用的相对指标主要有:结构相对指标、比例相对指标、比较相对指标、强度相对指标、计划完成程度相对指标和动态相对指标。

5. 结构相对指标是在统计分组的基础上,将总体区分为性质不同的各个部分,以某部分指标数值与总体全部数值相比所得的相对数,各部分占总体的比重之和必须等于 100% 或 1。比例相对指标是同一总体内不同组成部分的指标数值对比的结果,用以反映总体范围内各个局部、各个组成部分之间的比例关系和协调平衡状况。比较相对指标是将两个不同单位的同类指标在不同空间之间对比而得出的相对指标,用以说明某一同类现象在同一时间内发展的不平衡程度。计划完成程度相对指标是社会经济现象在某一段时间内实际完成数与相应计划完成数对比的结果,用以表明计划完成的程度,检查、监督计划执行情况的相对指标。

6. 强度相对指标是同一时期内两个性质不同而又有一定联系的总量指标对比的结果,用来表明社会经济现象的强度、密度和普遍程度的综合指标。它和其他相对指标根本不同的特点,就在于它不是同类现象指标的对比;与平均指标相比,其指标含义、所属总体以及计算方法都不同。

7. 平均指标又称平均数,用以反映社会经济现象总体各单位某一数量标志值在一定时间、地点和条件下所达到的一般水平和代表性水平。它能够反映总体各单位分布的集中趋势,对现象在不同空间、时间上进行比较分析,分析现象之间的依存关系,作为评价事物的参考依据,以及进行总体数量上的推算。

8. 平均指标按其所属总体的时间范围不同,可分为静态平均数和动态平均数两种。静态平均数主要包括数值平均数和位置平均数两种。凡根据总体各单位标志值计算的平均数称为数值平均数。常见的主要有算术平均数、调和平均数和几何平均数等。凡根据总体标志值在分配数列中的位置确定的平均数,称为位置平均数。常见的主要有众数和中位数等。

9. 标志变异指标又称标志变动度,是反映总体各单位标志值差异程度的综合指标。它以平均指标为基础,从另一个侧面反映总体各单位标志值的差别大小、变动范围和离散程度。标志变异指标越大,说明标志值的分布越分散,平均指标的代表性就越小;标志变异指标越小,平均指标的代表性就越大。常用的标志变异指标主要有全距、平均差、标准差和标志变异系数。

10. 标志变异系数又称离散系数,是用标志变异指标与相应的算术平均数对比,来反映总体各单位标志值之间离散程度的指标。标志变异系数有全距系数、平均差系数、标准差系数等,其中比较常用的是标准差系数。适用于对比分析平均水平不同或计量单位不同的两组数据的离散程度的大小。标准差系数大的,说明数据的离散程度越小,平均指标的代表性就越小;标准差系数越小的,说明数据的离散程度越大。

本章案例

2012年调查得出某企业所属甲、乙两个车间职工月工资水平,如表4-13所示。

表4-13 甲、乙两个车间职工月工资水平

月工资(元)	甲车间	乙车间
	工人人数	工人比例(%)
2 000元以下	5	8
2 000~2 200	12	14
2 200~2 400	20	25
2 400~2 600	30	38
2 600~2 800	10	11
3 000元以上	3	4
合 计	80	100

试计算有关的指标,并比较甲、乙两个车间月平均工资的代表性。

甲车间的计算内容,如表4-14所示。

表 4-14 甲车间的计算内容

月工资(元)	甲车间(人)	组中值 x	$x-\bar{x}$	$x \cdot f$	$(x-\bar{x})^2 \cdot f$
2 200 元以下	5	1 900	−500	9 500	1 250 000
2 200～2 400	12	2 100	−300	25 200	1 080 000
2 400～2 600	20	2 300	−100	46 000	200 000
2 600～2 800	30	2 500	100	75 000	300 000
2 800～3 000	10	2 700	300	27 000	900 000
3 000 元以上	3	3 100	700	9 300	1 470 000
合　计	80			192 000	5 200 000

甲车间的平均工资为：$\bar{x}_甲 = \dfrac{19\,200}{80} = 2\,400$(元)

甲车间的标准差为：$\sigma_甲 = \sqrt{\dfrac{\sum (x-\bar{x})^2 \cdot f}{\sum f}} = \sqrt{\dfrac{2\,500\,000}{80}} = 254.95$(元)

甲车间的标准差系数为：$V_\sigma = \dfrac{\sigma}{\bar{x}} = \dfrac{254.95}{2\,400} = 10.62\%$

乙车间的计算内容，如表 4-15 所示。

表 4-15 乙车间的计算内容

月工资(元)	乙车间/(人)	组中值 x	$x \cdot \dfrac{f}{\sum f}$	$x-\bar{x}$	$(x-\bar{x})^2 \cdot \dfrac{f}{\sum f}$
2 200 元以下	8	1 900	152	−492	19 365.12
2 200～2 400	14	2 100	294	−392	21 512.96
2 400～2 600	25	2 300	575	−192	9 216
2 600～2 800	38	2 500	950	8	24.32
2 800～3 000	11	2 700	297	208	4 759.04
3 000 元以上	4	3 100	124	608	14 786.56
合　计	100		2 392		69 664

乙车间的平均工资为：$\bar{x}_乙 = \sum x \cdot \dfrac{f}{\sum f} = 2\,392$(元)

乙车间的标准差为：$\sigma_乙 = \sqrt{\sum (x-\bar{x})^2 \cdot \dfrac{f}{\sum f}} = \sqrt{69\,664} = 263.94$(元)

乙车间的标准差系数为：$V_\sigma = \dfrac{\sigma}{\bar{x}_乙} = \dfrac{263.94}{2\,392} = 11.03\%$

通过上面的计算可以看出，甲车间的平均工资高于乙车间的，但是甲车间的标准差、标准差系数都小于乙车间，说明甲车间职工的平均工资差别较小，平均工资的代表性强。

习 题

一、名词解释

总量指标 相对指标 平均指标 调和平均数 几何平均数 中位数 变异指标 离散系数 众数 中位数

二、单项选择题

1. 研究某公司职工的工资情况时,得知该公司的职工人数为200人,其中,男职工为130人,女职工为70人,职工的月平均工资是2 860元,则总体单位总量为(   )。

   A. 200   B. 130   C. 70   D. 2 860

2. 如果一批数据中有少数极端数值,则描述其集中趋势时不宜采用(   )。

   A. 众数   B. 中位数   C. 简单平均数   D. 加权平均数

3. 某公司工人数及每人看管机器台数,如表4-16所示。

表4-16 某公司工人数及每人看管机器台数

看管台数/人	4	5	6	7	8	9	合 计
工人数(人)	20	25	35	30	15	5	130

则中位数为(   )。

   A. 65   B. 65.5   C. 6   D. 35

4. 相对指标的数值一般会(   )。

   A. 随研究范围的扩大而增加   B. 随研究范围的扩大而减少
   C. 与研究范围的大小无直接关系   D. 以上说法都不对

5. 时期指标和时点指标数值的大小一般与时期或实践间隔长短(   )。

   A. 前者有关   B. 后者有关
   C. 前者有关,后者无关   D. 都无关

6. 两个总体的标准差相等、平均数不等,若比较两总体的差异程度,以下说法正确的是(   )。

   A. 两总体的差异程度相同   B. 平均数大的总体差异程度大
   C. 平均数小的总体差异程度大   D. 平均数小的总体差异程度小

7. 可用有名数表现的相对数是(   )。

   A. 比例相对数   B. 结构相对数   C. 比较相对数   D. 强度相对数

8. 标志变异指标中易受极端值影响的是(   )。

   A. 标准差系数   B. 标准差   C. 全距   D. 平均差

9. 2005年的国内生产总值为上年的109.7%,这个相对数是(   )。

   A. 结构相对数   B. 动态相对数   C. 比较相对数   D. 强度相对数

10. 像性别、文化程度、民族这样的概念,在统计学中称为(   )。

    A. 数量指标   B. 质量指标   C. 品质标志   D. 数量标志

三、多项选择题

1. 总量指标（　　）。
   A. 反映现象在具体时间、空间条件下的总规模或总水平的指标
   B. 可以表现为总量之间的绝对差额
   C. 是认识现象总体特征的起点
   D. 计算相对指标或平均指标的基础
   E. 可以表现为相对水平或平均水平

2. 下列指标中属于时期指标的有（　　）。
   A. 全年出生人数　　　　　　　　B. 固定资产价值
   C. 耕地面积　　　　　　　　　　D. 全国中等专业学校数量
   E. 商品销售额

3. 下列属于时点指标的有（　　）。
   A. 年末人口数　　B. 粮食产量　　C. 钢材库存量
   D. 工业增加值　　E. 高等学校招生人数

4. 我国于 2010 年 11 月 1 日进行了第六次人口普查，祖国大陆人口数为 13.40 亿元，比 2000 年第五次人口普查时的 12.66 亿人增加了 7 390 万人，年增长率为 0.57%。这些数字中有（　　）。
   A. 总量指标　　B. 相对指标　　C. 时期指标
   D. 时点指标　　E. 质量指标

5. 不同总体间的标准差不能简单进行对比，是因为（　　）。
   A. 平均数不一致　　B. 标准差不一致　　C. 计量单位不一致
   D. 总体单位数不一致　　E. 与平均数的离差之和不一致

6. 由于研究目的的变化，总体单位总量指标和总体标志总量不是固定不变的，所以（　　）。
   A. 总体单位总量指标有可能转化为总体标志总量
   B. 总体标志总量指标有可能转化为总体单位总量
   C. 只能是总体单位总量指标转化为总体标志总量
   D. 只能是总体标志总量指标有可能转化为总体单位总量
   E. 只能是总体标志总量有可能转化为总体单位总量

7. 易受极端值影响的平均指标是（　　）。
   A. 算术平均数　　B. 调和平均数　　C. 几何平均数
   D. 众数　　　　　E. 中位数

8. 众数和中位数（　　）。
   A. 都是平均数　　　　　　　　B. 都是代表值
   C. 都受极端变量值的影响　　　D. 都不是代表值
   E. 都不受极端值的影响

9. 下面几个关于集中趋势测量方法的陈述中，正确的是（　　）。
   A. 众数是数据中出现次数最多的数值
   B. 中位数可用来反映分类数据的集中趋势
   C. 均值适用于任何类型的数据

D. 中位数和众数具有统计上的稳健性
E. 均值提供的信息比中位数和众数多

四、简答题

1. 什么是总量指标？它在社会经济统计中有何作用？
2. 统计分析中常用的相对指标有哪几种？各有什么作用？
3. 什么是平均指标？它有哪些特点和作用？
4. 什么是标志变异度？测定标志变异度的指标有哪些？
5. 平均指标与强度相对指标有什么区别？
6. 平均指标包括哪几种？各自的适用条件是什么？
7. 什么是众数和中位数？其值是如何确定的？

五、计算题

1. 根据我国有关部门最近进行的薪金调查，某地区职业学院毕业生工作收到的平均起薪为每年 34 500 元。30 名 2015 年毕业的毕业生组成了一个样本，其起薪数据如表 4-17 所示。

表 4-17 30 名毕业生的起薪数据

学 生	薪资(千元)	学 生	薪资(千元)
1	36.8	16	35
2	35.8	17	36.5
3	37.3	18	36.4
4	38.3	19	37.2
5	38.3	20	36.7
6	38.8	21	36.4
7	34.9	22	36.7
8	36.8	23	38.4
9	38.2	24	37
10	36	25	36.2
11	36.4	26	36.6
12	35.4	27	39
13	35.2	28	37.9
14	36.1	29	39.4
15	36.3	30	36.4

要求：

(1) 计算起薪的平均数是多少？
(2) 计算起薪的中位数、众数各是多少？
(3) 计算起薪的平均差、标准差各是多少？

2. 某公司下属三个分公司 2016 年上半年销售资料，如表 4-18 所示。

表4-18 某公司下属三个分公司2016年上半年销售资料

分公司名称	第一季度销售额（万元）	第二季度				销售计划完成程度(%)	第二季度销售额与第一季度之比(%)
		销售额（万元）		销售额比例(%)			
		计划	实际	计划	实际		
甲公司	420	550					130
乙公司	820	830				120	
丙公司	260		270	15			
合 计							
指标种类							

要求：

（1）根据表中资料填写所缺的数字。

（2）说明各栏指标属于何种指标。

微信扫码查看

第5章 动态数列分析

【学习目标】

系统学习动态数列的概念和种类,动态数列的水平指标和速度指标的含义和计算方法,长期趋势分析和季节变动分析。

【学习要求】

➢ 了解:各类时间序列分析的意义和基本内容。
➢ 理解:时间序列的含义、编制的原则。
➢ 掌握:动态分析指标的计算,长期趋势的测定方法,季节变动的测定和分析方法。

导入案例

中国指数研究院2016年7月8日发布的《2016年上半年中国房地产市场研究报告》——2016年上半年中国房地产市场形势总结(部分摘选)

1. 价格:百城整体累计上涨7.61%,核心一、二线及其周边城市轮番领涨

新房方面,上半年百城住宅均价累计上涨7.61%,其中一季度上涨2.94%,二季度上涨4.54%。上半年一、二、三线城市分别累计上涨12.79%、5.33%、4.27%;二季度分化趋势明显放缓,一线城市涨幅收窄,二线城市涨幅扩大显著。二手房方面,上半年十大城市二手住宅价格累计上涨12.62%,涨幅较去年同期扩大8.23个百分点,为近5年同期最大累计涨幅,其中一季度大幅上涨7.20%,二季度上涨5.05%;与新房相比,二手住宅价格累计涨幅超过新房3.77个百分点。

2. 供求:各类需求释放推动市场高位运行,二季度增速有所回落

新房方面,政策及货币环境持续宽松推动成交增长,上半年50个代表城市住宅月均成交约3 570万平方米,同比增长近四成,绝对量为历史同期最高水平,其中3月创单月历史新高,二季度增速有所收窄。各级城市来看,上半年各类城市同比均增长,二线城市成交同比增幅最高。二手房方面,十大城市二手住宅累计成交77.59万套,同比增长42.5%,其中二季度各月成交持续环比下降,6月同比亦下降。库存与去化方面,受益于成交快速增长,20个代表城市可售面积约12 800万平方米,同比下降25.3%,绝对量处近2年最低水平,库存消化时间缩短至7.7个月。

3. 土地：一线及重点二线城市频现地王，苏州、南京等城市地价翻倍

供求方面，上半年全国 300 个城市各类用地推出及成交面积同比分别下降 3.9% 和 0.9%，绝对水平均创近 6 年同期新低。一线城市住宅土地成交面积大幅下降，二线城市整体成交面积微增。价格方面，高价土地成交致各类用地成交楼面价同比上涨 33.9%，溢价率达 40.9%。各线城市楼面均价同比上涨、溢价率均提高，其中，二线城市土地出让金占比明显提升，楼面均价同比涨幅在各级城市中最显著，特别是苏州、南京、杭州等城市地价翻倍。

4. 企业：品牌房企业绩大幅增长，大型房企加速整合，重塑行业格局

业绩方面，上半年，房企销售业绩大幅提升，115 家房企销售业绩突破 50 亿元，重点监测的 20 家品牌房企销售额同比增长 59.8%，代表企业目标完成率达六成。拿地方面，市场回暖激发品牌房企补仓热情，代表房企累计拿地面积同比增长 49.1%，其中二线城市拿地占比显著提高。融资方面，融资成本维持低位，房企融资规模创新高。企业整合方面，大型房企兼并重组压力增大，行业洗牌将进一步加剧。

【分析与思考】

这份市场统计报告你能读懂吗？上例中提到了"同比下降"、"同比增长"、"增长百分之……"、"同比下降百分之……"、"环比增长"、"增速下行"等词语，它们的具体含义是什么？通过这份统计报告，你对我国房地产运行情况怎么看？学习了动态数列的内容就会真正读懂它，而且还会知道很多与此相关的知识。

5.1 动态数列概述

5.1.1 动态数列的概念

任何社会经济现象总是随着时间的推移在不断变化和发展着，因此，在统计研究中不仅要对社会经济现象在一定时期内的数量表现、数量关系进行静态分析，还要对现象在不同时间上的发展过程及其变化趋势进行动态分析。动态数列也称时间序列或时间数列，它是将社会经济现象在不同时间上的指标数值，按其发生的时间先后顺序排列而形成的统计数列。

表 5-1 是某企业 2011—2016 年若干经营指标的动态数列。从中可以看出，动态数列一般由两个基本要素构成：一是被研究对象所属的时间；二是反映该现象的统计指标数值。

表 5-1 某企业 2011—2016 年若干经营指标

指标年份	工业产值(万元)	年末职工人数(人)	产值计划完成程度(%)	职工平均工资(元)
2011	3 000	500	101	2 500
2012	3 200	510	105	2 670
2013	4 000	540	110	2 950
2014	4 850	555	118	3 300
2015	5 900	595	125	3 450
2016	7 000	650	130	3 600

编制和分析动态数列具有非常重要的作用,具体来说有以下四个方面:
(1) 描述总体现象的发展状态和结果。
(2) 研究总体现象变化的方向、速度和幅度。
(3) 揭示总体现象发展变化的规律性,从而对未来的发展做出科学的预测。
(4) 对同一现象在不同企业、地区以及国家之间进行比较分析。

5.1.2 动态数列的种类

按照构成动态数列的基本要素——统计指标表现形式的不同,动态数列可以分为总量指标动态数列、相对指标动态数列和平均指标动态数列三种类型。其中,总量指标动态数列也称绝对数动态数列,它是基本的动态数列,相对指标动态数列和平均指标动态数列是在其基础上派生出来的。

1. 总量指标动态数列

所谓总量指标动态数列,就是同一总体现象的总量指标按其发生的时间先后顺序排列而成的数列。根据总量指标反映的社会经济现象时间状况的不同,又可分为时期指标动态数列和时点指标动态数列。在表 5-1 中,工业产值是时期数列,它的每一指标值反映的是现象在一段时间内发展过程的总量。年末职工人数是时点数列,它的每一指标值反映的是现象在某一时点所达到的水平。

1) 时期数列的特点

(1) 可加性。时期数列中,各个时间上的指标值可以相加,所得数值表明现象在更长一个时期的"过程总量"。例如,月度工业产值、季度工业产值和年度工业产值指标所属的时间长短不同,把 1 月份、2 月份、3 月份的工业产值加总,得到第一季度的工业产值,把一年四个季度的工业产值加总,即得到年度的工业产值。

(2) 指标值的大小与其所属的时间长短有直接关系。由于时期数列具有可加性,故每一指标值所属的时间越长,其指标值越大。如上面所说的季度工业产值总是大于月度工业产值,年度工业产值也总是大于季度工业产值。

(3) 指标值采用连续登记的方式获得,由于时期指标是反映现象在一段时间内的发展过程总量,因而必须在这段时间内把现象发生的数量逐一登记,并进行累计,这样才能得到所需的指标值。

2) 时点数列的特点

时点指标虽然反映某一时刻上的数量,但统计上不可能每一时刻都连续登记,习惯上以"天"作为瞬间单位,如月末、年末的最后一天等。时点数列主要有以下特点:

(1) 不可加性。时点数列中,不同时点上的指标值不可相加,因为各时点上的指标值只表明现象在该时点上所处的状态,相加后的数值并不能代表现象在这几个时点上的状态,故指标值的相加是没有意义的。例如,把表 5-1 的 2015 年年末职工人数 595 人和 2016 年年末人数 650 人相加得到 1 245 人,但 1 245 人这个数据无法说明属于哪个具体时间,因此也没有意义。

(2) 指标数值的大小与时点间隔的长短一般没有直接关系。在时点数列中,相邻两个指标所属时间的差距为时点间隔。因为时点指标的时间单位是瞬间,因而许多现象时间间隔的长短与指标值的大小没有直接联系。例如,企业年底的库存不一定比各月底的库存量大;企业12月底的职工人数也未必比11月底的职工人数多。但如果现象本身存在着长期变化趋势,如呈现长期增长或长期下降趋势,则指标数值的大小与时间间隔的长短就有一定关系了。例如,我国总人口变动呈现长期增长趋势,因此,时点间隔越长,指标的数值就越大。

(3) 指标值采用间断登记的方式获得。因为时点指标是反映现象在某一时刻上状况的数量,只需要在某一时点上进行统计,取得该时点资料,不必连续统计。

2. 相对指标动态数列

所谓相对指标动态数列,就是将同一相对指标数值按时间先后顺序排列而成的数列,它反映客观现象对比关系的发展过程和趋势。例如,表5-1的产值计划完成程度动态数列就是相对指标动态数列。在相对指标动态数列中,由于各个指标值的计算基础不同,因此不能直接相加。

3. 平均指标动态数列

所谓平均指标动态数列,就是将某一总体现象的平均指标按时间先后顺序排列而成的数列,它反映客观现象一般水平的发展过程和趋势。

相对指标动态数列或平均指标动态数列反映了社会经济现象之间相互联系的发展过程,在经济统计分析中,往往把总量指标动态数列、相对指标动态数列和平均指标动态数列结合起来,以便从多方位对社会经济现象进行分析。

5.1.3 动态数列的编制原则

编制动态数列的目的是要通过数列中各指标的比较,研究社会经济现象的发展变化及其规律。因此,保证数列中各个指标数值的可比性,是编制动态数列的基本原则,具体有以下几点要求。

1. 时间一致

为了正确把握现象的发展规律,时期数列的指标值所属时期长短应尽可能一致,时点数列的指标时点间隔长度应尽可能一致。

> **提示**:时期的长短直接决定了时期指标指标值的大小,时期长短不同,指标值便不可比了。

2. 口径一致

动态数列编制要做到口径一致,具体说有以下几点:

(1) 现象总体范围一致。无论是时期指标动态数列还是时点指标动态数列,指标值的大小都与现象总体范围有密切关系,若指标的总体范围不一致,则失去了比较的意义。

(2) 计算价格一致。价值指标有不变价、现行价,而不变价又有不同时期的不变价,编制价值指标的动态数列要保证各指标的计算价格相同,才具有比较意义。

（3）计量单位一致。实物量指标度量单位有吨、千克以及标准实物量和混合实物量等，编制实物量指标动态数列要保证各指标的计量单位相同。

（4）经济内容一致。随着社会经济条件的变化，同一名称的指标其经济内容也会发生改变。编制动态数列时应对经济内容发生变化的指标值加以区别和调整。例如，1993年以前的产品成本是指生产产品的完全成本，而1993年以后的产品成本是指产品的制造成本。

3. 计算方法一致

指标名称、总体范围、计算价格和计量单位及经济内容都一致的指标，有时因计算方法不一致，也会导致数值上的差异。例如，GDP指标，可以用生产法、分配法和支出法来计算，从理论上讲，三种方法的计算结果应一致，但由于资料来源的渠道不同，这三种方法计算的结果往往存在差异。因此，在编制时间序列时，应注意各指标的计算方法是否统一，以确保指标的可比性。

5.2 动态数列的水平指标

5.2.1 发展水平与平均发展水平

1. 发展水平

发展水平是指动态数列中的各项指标数值，它反映社会经济现象在一定时期内或时点上所达到的规模水平。如表5-1中所示的各项指标数值都是发展水平。它一般是总量指标，也可以是相对指标或平均指标。

在动态数列中，第一项指标值称为期初水平，一般用符号a_0表示；最后一项指标值称为期末水平，用符号a_n表示；其余各项指标值称为中间水平，用符号$a_1,a_2,a_3,\cdots,a_{n-1}$来表示。在动态对比分析中，用来作为对比基准的水平称为基期水平，被研究考察那一期的水平称为报告期水平。如果将2016年的工业产值与2015年的工业产值进行对比，那么，2015年的工业产值就是基期水平，2016年的工业产值就是报告期水平。基期和报告期是相对的，可随研究时间和目的的改变而改变。

对发展水平的文字说明，通常用"增加到"或"降低为"来表述。例如，我国粮食产量2015年总产量增加到62 143.5万吨，比2014年增加1 440.8万吨，2004年至2015年，中国粮食生产实现"十二连增"；全国棉花产量2010年为626万吨，2015年棉花总产量降低为560.5万吨。应当注意，这里在"增加"后面应该有个"到"字，以示与"增加了"相区别；在"降低"后面应该有个"为"字，以示与"降低了"相区别。

2. 平均发展水平

平均发展水平，又称为序时平均数或动态平均数，是对动态数列中各发展水平加以平均而得到的平均数，它用来综合说明客观现象在一段时期内的一般发展水平，一般用$\bar{a}$表示。

> 序时平均数和静态平均数既有共同之处,又有区别。共同之处是两者都抽象了现象的个别差异,以反映现象总体的一般水平。两者的区别是:序时平均数是将现象在不同时间上的数量差异抽象化了,是从动态上说明现象在一段时间内发展变化达到的一般水平,是依据动态数列来计算的;而一般平均数是将总体单位在同一时间内某个标志值的数量差异抽象化了,从静态上说明现象在某个具体时间条件下达到的一般水平,是依据变量数列来计算的。

由于发展水平可以是绝对数、相对数或平均数,而绝对数又有时期指标和时点指标,因此,用它们计算序时平均数时方法各不相同。

1) 根据时期数列计算序时平均数

时期数列具有可加性,其计算序时平均数的方法就比较简单,常用简单算术平均法将各时期指标数值的总和除以时期项数。其计算公式为:

$$\bar{a} = \frac{a_1 + a_2 + a_3 + \cdots + a_n}{n} = \frac{\sum a}{n} \tag{5-1}$$

式中:$\bar{a}$——序时平均数;

a_n——各时期的发展水平;

n——发展水平的项数。

【例 5-1】 根据表 5-2 数据,计算某市"十二五"时期年平均社会消费品零售总额。

表 5-2 某市"十二五"时期社会消费品零售总额

年　份	2011	2012	2013	2014	2015
社会消费品零售总额(亿元)	2 690.22	3 165.19	3 864.84	4 201.46	4 697.23

解 某市"十二五"时期年平均社会消费品零售总额为:

$$\bar{a} = \frac{\sum a}{n} = \frac{2\,690.22 + 3\,165.19 + 3\,864.84 + 4\,201.46 + 4\,697.23}{5}$$

$$= \frac{18\,618.94}{5} = 3\,723.79(亿元)$$

2) 由时点数列计算序时平均数

要计算时点数列的序时平均数,就应掌握现象在每一时点的资料。事实上,完整地获得主要资料不仅不经济,也是根本不可能的。在社会经济统计中一般是把一天看作一个时点,即以"天"作为最小时间单位,这样便有连续时点数列和间断时点数列的区别。如果时点数列中发展水平是按日排列的,或只在发生变动时登记变化的数据,称为连续时点数列。其中,前者称为间隔相等的连续时点数列;后者称为间隔不相等的连续时点数列。资料不是逐日登记,而是时间间隔较长一段时间(月、季或年)后再登记一次,然后依次排列的是间断时点数列。同样,根据其间隔期情况,分为间隔相等的间断时点数列或间隔不等的间断时点数列。不同类型的时点数列,计算序时平均数的方法也不相同。

(1) 根据间隔相等的连续时点数列计算序时平均数,可采用简单算术平均法计算。其计算公式同式(5-1)。例如,已掌握某企业某月每日出勤的职工人数,要计算该月的日平均职工人数,可将每日出勤的职工人数依次相加,再除以该月的日历天数。

（2）根据间隔不等的连续时点数列计算序时平均数。若时点数不是逐日变化，每次变动持续时间长短不等，可用每次变动持续的间隔长度（f）为权数，采用加权算术平均数法计算。其计算公式为：

$$\bar{a}=\frac{\sum af}{\sum f} \qquad (5-2)$$

【例5-2】根据表5-3资料，计算某企业2016年3月上旬平均出勤人数。

表5-3 某企业2016年3月上旬出勤人数统计

日 期	出勤人数（a）	时间间隔天数（f）	af
1～4	108	4	432
5～7	110	3	330
8～9	107	2	214
10	110	1	110
合 计	—	10	1 086

解 该企业3月上旬日平均出勤人数为：

$$\bar{a}=\frac{\sum af}{\sum f}=\frac{1\,086}{10}\approx 109（人）$$

（3）根据间隔相等的间断时点数列计算序时平均数，采用"首末折半法"计算，即可将分析期期初指标数值的一半加上中间各项指标数值，再加上期末指标数值的一半，然后除以时点数列项数减1。其计算公式为：

$$\bar{a}=\frac{\frac{1}{2}a_1+a_2+\cdots+a_{n-1}+\frac{1}{2}a_n}{n-1} \qquad (5-3)$$

式中：$\bar{a}$——序时平均数；

a_1——分析期期初的发展水平；

a_n——分析期期末的发展水平。

【例5-3】根据表5-4资料，计算某企业2016年第二季度各月和季度的平均职工人数。

表5-4 某企业2016年第二季度各月职工人数资料

月 份	3月	4月	5月	6月
月末职工人数（人）	150	148	152	156

解 该企业第二季度各月和季度的平均职工人数分别为：

4月份平均职工人数 $=\dfrac{150+148}{2}=149$（人）

5月份平均职工人数 $=\dfrac{148+152}{2}=150$（人）

6月份平均职工人数 $=\dfrac{152+156}{2}=154$（人）

第二季度平均职工人数 $= \dfrac{\dfrac{150}{2}+148+152+\dfrac{156}{2}}{4-1}=151(人)$

(4) 根据间隔不等的间断时点数列计算序时平均数,则应以间隔长度为权数,采用加权算术平均数方法计算。其计算公式为:

$$\bar{a}=\dfrac{\dfrac{a_1+a_2}{2}f_1+\dfrac{a_2+a_3}{2}f_2+\cdots+\dfrac{a_{n-1}+a_n}{2}f_{n-1}}{\sum f} \qquad (5-4)$$

【例 5-4】 根据表 5-5 资料,计算某企业 2016 年月平均职工人数。

表 5-5 某企业 2016 年职工人数资料

日 期	1月初	4月初	8月初	11月初	12月末
职工人数(人)	500	508	540	530	520

解 该企业 2016 年月平均职工人数为:

$$\bar{a}=\dfrac{\dfrac{a_1+a_2}{2}f_1+\dfrac{a_2+a_3}{2}f_2+\cdots+\dfrac{a_{n-1}+a_n}{2}f_{n-1}}{\sum f}$$

$$=\dfrac{\dfrac{500+508}{2}\times 3+\dfrac{508+540}{2}\times 4+\dfrac{540+530}{2}\times 3+\dfrac{530+520}{2}\times 2}{3+4+3+2}$$

$$=521.92(人)$$

3) 根据相对指标或平均指标动态数列计算序时平均数

由于这两种动态数列是由总量指标动态数列派生出来的,因此其计算序时平均数的方法也是由总量指标计算序时平均数的方法派生出来的。具体方法为:先根据资料分别计算出分子、分母两个总量指标动态数列的序时平均数,然后将两个序时平均数进行对比,从而得到相对指标或平均指标动态数列的序时平均数。基本公式为:

$$\bar{c}=\dfrac{\bar{a}}{\bar{b}} \qquad (5-5)$$

式中:$\bar{a}$——分子的总量指标动态数列的序时平均数;

$\bar{b}$——分母的总量指标动态数列的序时平均数;

$\bar{c}$——相对指标或平均指标动态数列的序时平均数。

注意:a 数列和 b 数列既可以是时期数列,也可以是时点数列。在具体计算时,首先要判别清楚分子数列和分母数列分别属于哪一种绝对数动态数列,再选择不同的计算方法求得其序时平均数。

【例 5-5】 某商厦 2016 年第一季度各月份有关商品销售资料如表 5-6 所示,求第一季度月平均商品流转次数。

表 5-6 第一季度有关商品销售资料

	1月	2月	3月	4月
商品销售额 a(万元)	120	143	289	200
月初商品库存额 b(万元)	60	65	75	80
商品流转次数 c(次)	2.0	2.2	3.4	2.5

解 第一季度商品

$$月平均流转次数=\frac{商品销售额}{平均库存额}=\frac{\bar{a}}{\bar{b}}=\frac{\frac{120+143+289}{3}}{\frac{\frac{60}{2}+65+75+\frac{80}{2}}{4-1}}=\frac{184}{70}\approx 2.63(次)$$

计算结果表明,该商厦第一季度商品月平均流转次数为 2.63 次。

4) 根据序时平均数组成的动态数列计算序时平均数

构成动态数列的各个指标值本身已经是按序时平均法计算的结果,因此,当时间间隔相等时,可以直接采用算术平均法计算其平均数。例如,已知一年四个季度的平均人数时,可以把四个季度的平均人数直接相加再除以 4 来求得年平均人数。而当时间间隔不相等时,则采用加权算术平均法计算其平均数,权数为相应的间隔期。

5.2.2 增长水平与平均增长水平

1. 增长水平

增长水平也称增长量,是报告期发展水平与基期发展水平之差。用公式表示为:

$$增长量=报告期水平-基期水平 \tag{5-6}$$

根据基期的不同,增长量有逐期增长量与累计增长量之分。

1) 逐期增长量

逐期增长量水平是报告期水平与前一期水平之差,说明报告期比前一期增长的绝对数量,用符号表示为:

$$a_1-a_0,a_2-a_1,\cdots,a_n-a_{n-1} \tag{5-7}$$

2) 累计增长量

累计增长量是报告期水平与某一固定基期的水平(通常为最初水平)之差,说明报告期比某一固定基期增长的绝对数量,即某一段较长时期内的总增长量,用符号表示为:

$$a_1-a_0,a_2-a_0,\cdots,a_n-a_0 \tag{5-8}$$

逐期增长量与累计增长量的关系为:

(1) 累计增长量等于相应时期的逐期增长量之和,即:

$$(a_1-a_0)+(a_2-a_1)+(a_3-a_2)+\cdots+(a_n-a_{n-1})=a_n-a_0 \tag{5-9}$$

(2) 相邻两期累计增长量之差等于相应时期的逐期增长量,即:

$$(a_i-a_0)-(a_{i-1}-a_0)=a_i-a_{i-1} \tag{5-10}$$

【例 5-6】 表 5-7 是我国"十二五"期间房地产投资的数据,通过计算逐期增长量与累计增长量,可以较详细地掌握我国"十二五"期间房地产投资的情况。

表 5-7 "十二五"时期房地产投资　　　　　（单位：亿元）

年　份	房地产投资额	逐期增长量	累计增长量
2011	61 740	—	—
2012	71 804	10 064	10 064
2013	86 013	14 209	24 273
2014	95 036	9 023	33 296
2015	95 979	943	34 239

表中：① 34 239＝10 064＋14 209＋9 023＋943
② 14 209＝24 273－10 064

3）年距增长量

在实际统计分析中，为了消除季节变动的影响，也常常计算年距增长量指标。

年距增长量是本期发展水平与上年同期发展水平的差数。其计算公式为：

$$\text{年距增长量} = \text{本期发展水平} - \text{上年同期发展水平} \tag{5-11}$$

【例 5-7】　某市 2016 年五一旅游"黄金周"接待游客 57 万人次，2015 年同期接待 43 万人次，求该市五一旅游"黄金周"接待游客的年距增长量。

解　年距增长量＝57－43＝14（万人次）

2. 平均增长水平

平均增长水平也称平均增长量，它是逐期增长量的序时平均数。平均增长量可以用简单算术平均法求得，即将各逐期增长量相加除以逐期增长量个数；也可以将累计增长量除以时间序列项数减 1，用公式表示为：

$$\text{平均增长量} = \frac{\text{逐期增长量之和}}{\text{逐期增长量个数}} = \frac{\text{累计增长量}}{\text{时间序列项数} - 1} \tag{5-12}$$

根据表 5-7 资料，计算我国"十二五"期间房地产投资额的平均增长量。

$$\text{平均增长量} = \frac{10\ 064 + 14\ 209 + 9\ 023 + 943}{4} = \frac{34\ 239}{5-1} = 8\ 559.75（亿元）$$

5.3　动态数列的速度指标

根据动态数列计算的速度指标主要有发展速度、增长速度、平均发展速度和平均增长速度。

5.3.1　发展速度与增长速度

1. 发展速度

发展速度是两个时期发展水平之比。它表明现象发展的程度和方向，通常用倍数或百分数表示，计算公式为：

$$\text{发展速度} = \frac{\text{报告期水平}}{\text{基期水平}} \times 100\% \tag{5-13}$$

由于计算时采用的基期不同,发展速度有环比发展速度和定基发展速度之分。

1) 环比发展速度

环比发展速度也称逐期发展速度,是报告期水平与前一期水平之比,用符号表示为:

$$\frac{a_1}{a_0}, \frac{a_2}{a_1}, \frac{a_3}{a_2}, \cdots, \frac{a_n}{a_{n-1}} \tag{5-14}$$

2) 定基发展速度

定基发展速度是报告期水平与某一固定基期水平(通常为最初水平或特定时期水平)之比,表明现象在较长时期内总的发展速度,也称为总速度,用符号表示为:

$$\frac{a_1}{a_0}, \frac{a_2}{a_0}, \frac{a_3}{a_0}, \cdots, \frac{a_n}{a_0} \tag{5-15}$$

3) 环比发展速度和定基发展速度之间的关系

(1) 环比发展速度的连乘积等于相应时期的定基发展速度。

$$\frac{a_1}{a_0} \times \frac{a_2}{a_1} \times \frac{a_3}{a_2} \times \cdots \times \frac{a_n}{a_{n-1}} = \frac{a_n}{a_0} \tag{5-16}$$

(2) 相邻时期的定基发展速度之比等于相应时期的环比发展速度。

$$\frac{a_i}{a_0} \div \frac{a_{i-1}}{a_0} = \frac{a_i}{a_{i-1}} \tag{5-17}$$

根据上述两个数量关系,可以进行环比发展速度和定基发展速度两者相互之间的推算。

【例 5-8】 某产品外贸进出口量各年环比发展速度资料显示,2011 年为 103.9%,2012 年为 100.9%,2013 年为 95.5%,2014 年为 101.6%,2015 年为 108%,试计算以 2011 年为基期 2015 年的定基发展速度。

解 以 2011 年为基期 2015 年的定基发展速度 = 103.9%×100.9%×95.5%×101.6%×108% = 109.9%

4) 年距发展速度

在实际统计分析工作中,为了消除季节变动的影响,类似于前面所学的年距增长量指标,也可以计算年距发展速度,用来说明报告期水平与上年同期水平变化的方向与程度。其计算公式为:

$$年距发展速度 = \frac{报告期发展水平}{上年同期发展水平} \times 100\% \tag{5-18}$$

根据【例 5-7】的资料计算,该市五一旅游"黄金周"接待游客人次的年距发展速度 = 57÷43 = 132.56%

2. 增长速度

增长速度是反映现象数量增长程度的动态相对指标,它是增长量与基期水平的比值。表明报告期水平比基期水平增长(或降低)了百分之几或若干倍。计算时可以用发展速度减 1(100%)求得。其计算公式为:

$$增长速度 = \frac{报告期水平 - 基期水平}{基期水平} = \frac{增长量}{基期水平} \tag{5-19}$$

或 $$增长速度 = 发展速度 - 1 \tag{5-20}$$

与发展速度类似,由于采用的基期不同,也有环比增长速度和定基增长速度之分。前者表示现象的逐期增长速度,后者表示在较长时期内总的增长速度。

环比增长速度和定基增长速度计算公式为:

$$环比增长速度 = 环比发展速度 - 100\% = \frac{逐期增长量}{前期水平} \times 100\% \quad (5-21)$$

$$定基增长速度 = 定基发展速度 - 100\% = \frac{累计增长量}{最初水平} \times 100\% \quad (5-22)$$

与发展速度有所不同的是,环比发展速度和定基发展速度之间可以相互推算,环比增长速度和定基增长速度之间则不能直接相互推算。

> **注意**:进行环比增长速度和定基增长速度之间的推算,首先要将环比增长速度还原成环比发展速度,再将各期环比发展速度连乘,得到定基发展速度,最后用定基发展速度减 1 得到定基增长速度。

5.3.2 平均发展速度与平均增长速度

1. 平均发展速度

平均发展速度是动态数列中各个环比发展速度的序时平均数,说明社会经济现象在较长时期内速度变化的平均程度。

平均发展速度有两种计算方法:一种是水平法(或称几何平均法),另一种是方程式法(或称累计法)。

1)水平法

水平法计算平均发展速度着眼于从最初水平 a_0 出发,在平均发展速度下,经过 n 期,达到最末水平 a_n,重点在于考察最末期水平。

设 $\bar{x}$ 为平均发展速度,水平法计算原理为:

$$a_0 \bar{x}^n = a_n \quad (5-23)$$

可得:

$$\bar{x} = \sqrt[n]{\frac{a_n}{a_0}} = \sqrt[n]{\frac{a_1}{a_0} \times \frac{a_2}{a_1} \times \frac{a_3}{a_2} \times \cdots \times \frac{a_n}{a_{n-1}}} = \sqrt[n]{x_1 \times x_2 \times x_3 \times \cdots \times x_n} = \sqrt[n]{\prod x_i} \quad (5-24)$$

式中:x_i——各环比发展速度;

$\prod$——连乘符号。

【例 5-9】 根据例 5-8 的数据,按水平法计算平均发展速度。

解 $\bar{x} = \sqrt[n]{\prod x_i} = \sqrt[n]{x_1 \cdot x_2 \cdot x_3 \cdots x_n}$
$= \sqrt[5]{103.9\% \times 100.9\% \times 95.5\% \times 101.6\% \times 108\%}$
$= 101.84\%$

2)方程式法

方程式法计算平均发展速度着眼于从最初水平 a_0 出发,各期按平均发展速度计算发展水平,经过 n 期,各期发展水平累计总和等于各期实际发展水平的总和。

设 $\bar{x}$ 为平均发展速度,方程式法计算原理为:

$$a_0\bar{x}+a_0\bar{x}^2+a_0\bar{x}^3+\cdots+a_0\bar{x}^n=a_1+a_2+a_3+\cdots+a_n \quad (5-25)$$

可得:

$$\bar{x}+\bar{x}^2+\bar{x}^3+\cdots+\bar{x}^n=\frac{\sum_{i=1}^{n}a_i}{a_0} \quad (5-26)$$

求解这个高次方程,即可得平均发展速度 $\bar{x}$。

2. 平均增长速度

平均增长速度是根据平均发展速度来计算的,反映某种现象在一个较长时期中逐期平均增长变化的程度。

平均发展速度与平均增长速度的关系为:

$$平均增长速度=平均发展速度-1(100\%) \quad (5-27)$$

3. 增长1%的绝对值

一般情况下,考察现象的发展程度通常用环比发展速度指标来衡量。由于各期环比发展速度的计算技术不同,而绝对数又是相对数的基础,因此,各期环比增长速度所反映的实际增长的绝对量效果就不相同,即每增长1%相对应的绝对增长量可能不同。因此,对现象发展进行动态分析时,必须注意速度背后的绝对增长量。通常用增长1%的绝对值来考察速度背后隐藏的绝对增长量。增长1%的绝对值是指逐期增长量与环比增长速度之比。其计算公式为:

$$增长1\%的绝对值=\frac{逐期增长量}{环比增长速度\times100}=\frac{a_n-a_{n-1}}{\frac{a_n-a_{n-1}}{a_{n-1}}\times100}=\frac{a_{n-1}}{100} \quad (5-28)$$

因而,增长1%的绝对值等于前期水平除以100。

【例5-10】 下面以某市2011—2015年外贸进出口总额为例计算各种动态指标,如表5-8所示。

表5-8 某市2011—2015年外贸进出口总额

时间(年)		2011	2012	2013	2014	2015
外贸进出口总额(亿美元)		410.7	444.2	489.7	534.2	591.9
增长量(亿美元)	逐期	—	33.5	45.5	44.5	57.7
	累计	—	33.5	79	123.5	181.2
发展速度(%)	环比	—	108.2	110.2	109.1	110.8
	定基	100	108.2	119.2	130.1	144.1
增长1%的对值(亿美元)	环比	—	8.2	10.2	9.1	10.8
	定基	—	8.2	19.2	30.1	44.1
增长1%的绝对值(亿美元)		—	4.11	4.44	4.90	5.34

5.3.3 速度分析与水平分析的结合与应用

动态数列的速度指标是由水平指标对比计算而来的,是以百分数表示的抽象化指标。由于速度指标把现象的具体规模或水平抽象掉了,因此不能反映现象的绝对量差别。在应用速度指标进行分析时,要注意以下几个问题:

(1) 要结合具体研究目的适当选择基期,并注意其所依据的基本指标在整个研究时期的同质性。如果资料中有几年的环比增长速度特别快,而有几年又是负增长,出现显著的悬殊和不同的发展方向,以及所选择的最初水平和最末水平受特殊因素的影响过高或过低,用这样的资料来计算平均发展速度,就会降低甚至失去指标的代表意义和实际分析意义。

(2) 要联系各个时期的环比发展速度来补充说明平均发展速度。例如,几何平均法名义上是各个时期环比发展速度的平均数,但实际上只计算最末水平和最初水平两个数字,把中间各个时期的具体变动抽象掉了,所以有必要补充各期的环比速度加以分析。

(3) 要结合基期水平进行分析。因为发展速度是报告期水平除以基期水平而得,从数量关系来看,基期水平低,速度就容易上;基期水平高,就难以高速度。因此,高速度可能掩盖低水平,低速度可能隐藏着高水平。增长1%的绝对量即前期水平的百分之一,是一个既考察速度又兼顾水平的指标。

(4) 平均速度指标应结合其所依据的各个基本指标,如发展水平速度、定基发展速度等进行分析研究,才能深入了解现象的全面发展,从而对研究现象具有比较确切和完整的认识。

5.4 长期趋势分析

5.4.1 影响动态数列因素的分析

编制时间数列,不仅是描述现象的发展变化过程,更重要的是探索现象发展变化规律,预测未来发展趋势。因此,在趋势分析过程中需要把动态数列受各种因素的影响分别测定出来,理清研究对象发展变化的原因及其发展规律,为预测未来和决策提供依据。构成时间数列各项水平变化的因素,按它们的性质和作用不同,归纳起来,可以分为以下四类。

1. 长期趋势

长期趋势是指客观现象在一个相当长的时期内,持续发展变化的总趋势,如持续向下或基本持平。例如,我国人口数时间序列呈现长期递增趋势。长期趋势变动是由于现象受各个时期普遍的、持续的、决定性的基本因素影响的结果。认识和掌握事物的长期趋势,可以把握事物发展变化的规律和基本特点。

2. 季节变动

季节变动是指客观现象受自然界季节更替影响而发生的年复一年的有规律的变化。例如,农产品的生产、某些消费品的销售都具有很典型的季节变动表现。在实际分析中,季节变动概念已有了扩展,一年内由于社会、政治、经济、自然因素影响形成的有规律的周期性的重复变动都称为季节变动。例如,学校寒暑假制度所带来的客运部门客流量在一年中的规律性变化,上下班制度对城市公交所带来的一天中客流量高峰的规律性变化等都称之为季节变动。季节变动的影响有以一年为周期的,也有以一日、一周、一月为周期的。认识和掌握季节变动,对于近期行动决策有重要的指导作用。

3. 循环变动

循环变动是指客观现象以若干年为周期的涨落起伏相同的变动。例如,商业周期的繁荣、衰退、萧条、复苏四个阶段的循环变动。测定循环变动、掌握变动规律对于人们认识事物,控制和克服其产生的影响具有重要的意义。

> **注意**:循环变动不同于长期趋势,它所表现的不是单一方向的持续运动,而是涨落相间的波浪式发展。循环变动也不同于季节变动,季节变动一般是以一年、一季度或一个月等为一个周期,其变动情况一般是可以预见的;而循环变动没有固定的循环周期,其变动周期较长,一般在数年以上,且各循环周期和幅度的规律性也较难把握。

4. 不规则变动

不规则变动亦称剩余变动或随机变动,它是动态数列中除了上述三种变动之外剩余的一种变动,是各种偶然的(或突发性的)因素,如自然灾害、战争以及无法预料和无法具体解释的随机性因素影响的结果。不规则变动与时间无关,是无法预知的。

上述四种因素,按照它们的影响方式的不同,可以设定不同的组合模型,其中最常见的有乘法模型和加法模型。乘法模型是假定四个因素对现象发展的影响是相互的,加法模型则假定各因素的影响是独立的,其公式为:

乘法模型: $$Y = T \cdot S \cdot C \cdot I \tag{5-29}$$

加法模型: $$Y = T + S + C + I \tag{5-30}$$

式中:Y——时间序列指标数值;

T——长期趋势;

S——季节变动;

C——循环变动;

I——不规则变动。

5.4.2 长期趋势的测定

1. 时距扩大法

时距扩大法是测定长期趋势最原始、最简单的方法。它是将原来时间序列中较小时距单位的若干个数据加以合并,得出较大时距单位的数据,以消除原数列中由于时距较短受季节变动和偶然因素影响所引起的变动,使现象变动的趋势和规律性明显地显示出来。

【例 5-11】 某企业 2013—2016 年各季度产品产量和季初库存量资料如表 5-9 所示。2017 年 1 月初的库存量为 12 万吨。

表 5-9　某企业 2013—2016 年各季度产品产量和季初库存量资料　　　　（单位：万吨）

年　份	2013				2014				2015				2016			
季　度	1	2	3	4	1	2	3	4	1	2	3	4	1	2	3	4
产　量	36	46	18	22	38	36	22	29	42	54	26	34	48	60	40	44
季初库存量	4	11	9	5	6	10	10	8	8	12	10	5	10	12	10	10

从表 5-9 中 2013—2016 年 16 个季度资料来看，该企业的产量和季初库存量有升有降，既有明显的季节变动，也有着逐年增长的趋势。为了显示长期趋势，必须将其他因素剔除。本例的变动周期为四季，把以季为单位的数据合并为以年为单位的数据，这时产量和季初库存量有升有降的周期变化就不见了，显示出来的是长期增长的趋势，如表 5-10 所示。

表 5-10　时距扩大法计算表　　　　　　　　　　（单位：万吨）

年　份	产　量	季平均产量	季平均库存量
2013	122	30.5	7.5
2014	125	31.25	8.75
2015	156	39	9.0
2016	192	48	10.75

时距扩大法的优点是简便直观。但它的缺点也很突出，表现在时距扩大之后所形成的新数列包含的数据减少，信息量大大流失，不便于做进一步的分析。

> **注意**：在应用时距扩大法时，应注意前后扩大的时距应当一致，以便相互比较。这种单纯扩大时距，用以增大指标数值的方法，只适用于时期数列，而不能用于时点数列。如对时点数列采用时距扩大法，要在扩大时距的基础上，求出序时平均数，才能反映现象发展的长期趋势。

2. 简单移动平均法

移动平均法是对时距扩大法的一种改良。它是采用逐期递推移动的办法对原数列按一定时距扩大，得出一系列扩大时距的序时平均数，并将其作为移动平均中项的趋势测定值，所以这种方法也称为中心化移动平均法。

应用简单移动平均法分析长期趋势时，有几点需要注意：

（1）凡采用奇数项求移动平均，只需移动平均一次。若采取偶数项移动平均，则必须进行两次移动平均。设时间序列的指标值为 y，其指标值顺次为 $y_1, y_2, y_3, \cdots, y_n$。如取四项移动平均，则所得的第一个移动平均数对应于原数列的第二项与第三项之间，第二个移动平均数对应于第三项与第四项之间，以此类推。因而尚需再进行一次移动平均，即将第一个移动平均数与第二个移动平均数再平均，求出一个新的平均数，对应于原数列的第三项。以后各项数字照此类推。

（2）逐项移动平均的一个关键的问题是取多长时间为宜。假如现象变动有周期性，一般要求扩大的时距与周期变动的时距相吻合或为它的整倍数。例如，对于具有季节变动的时期数列,经受每年的季节性的涨落,以运用 4 项或 8 项移动平均为宜。因为只有这样,才能消除周期变动,准确反映长期趋势。

(3)移动平均后所得的修匀数列,比原数列的项数更少,奇数项移动平均所形成的新数列,首尾各少(N－1)/2项(N 为移动项数);偶数项移动平均所形成的新数列,首尾各少 N/2 项(N 为移动项数)。如二项或三项移动平均,首尾各少一项;四项或五项移动平均,首尾各少二项。移动项数越大,失去的信息也越多,所以移动平均的项数不宜过大。

下面以表 5－11 为例,说明用移动平均法反映长期趋势的方法。

表 5－11 2016 年某商业企业商品销售额资料

日 期	商品销售额(万元)	3 项移动平均	4 项移动平均	4 项移正平均
1月	27			
2月	29	29.33		
			29.25	
3月	32	30.00		30.00
			30.75	
4月	29	31.33		31.875
			33.00	
5月	33	33.33		33.375
			33.75	
6月	38	35.33		34.375
			35.00	
7月	35	35.67		35.750
			36.50	
8月	34	36.00		36.625
			36.75	
9月	39	37.33		37.375
			38.00	
10月	39	39.33		39.000
			40.33	
11月	40	40.33		
12月	42			

3. 数学模型法

数学模型法是利用数学模型对原时间序列配合适当的趋势线进行修匀,以显示出数列长期趋势的一种方法。由于现象发展变化的差异,有的呈直线趋势,有的呈曲线趋势,因此,必须先了解现象变化类型,才能配以适当的趋势线。

判断现象变化类型的方法有两种:一是画散点图的方法,即直接在坐标系中作散点图,若散点图属直线形态,可以配合直线方程;若散点图属曲线形态,可以配合曲线方程。二是根据动态分析数据判断,若时间数列的逐期增长量近似于一个常量,则趋势线为直线;若各时间数列中二次增长量大体相同,则趋势线为抛物线;若时间数列中各期环比发展速度大体相等,则趋势线为指数曲线。

在实际工作中,有很多经济现象是呈直线趋势或近似呈直线趋势变化的,以时间因素作为自变量(t),把数列水平作为因变量(y_e),拟合的直线趋势方程为:

$$y_e = a + bt$$

参数 a、b 的求法,常用半数平均法和最小平方法。

1) 半数平均法

半数平均法是将呈现直线趋势的时间数列分为项数完全相等的前后两个部分(若为奇数项,可弃掉数列首项),分别计算其观察值和时间顺序的平均数,可以得到四个平均数。由此可在坐标系中绘出两个点,得到一条直线。

【例 5-12】 某水泥厂 2006—2016 年的水泥产量资料,如表 5-12 所示。

表 5-12 某水泥厂水泥产量　　　　　　　　　　　单位:万吨

年　份	2006	2007	2008	2009	2010	2011	2012	2013	2014	2015	2016
产量	2.1	2.3	2.5	2.6	2.4	2.3	2.6	2.8	3.0	3.2	3.1
逐期增长量	—	0.2	0.2	0.1	−0.2	−0.1	0.3	0.2	0.2	0.2	−0.1

(1) 计算逐期增长量。由表 5-12 可见,该现象的逐期增长量大体相等,应属于直线趋势模型。

(2) 测定直线方程。

根据表 5-12 的资料,数列为奇数项,因此将第一项去掉,就可以将数列分成完全相等的两个部分;2007—2011 年,时间顺序为 1～5;2012—2016 年,时间顺序 6～10。这样计算四个平均数,即:

$$\overline{y_1} = \frac{\sum_{1}^{5} y}{n} = \frac{2.3 + 2.5 + 2.6 + 2.4 + 2.3}{5} = 2.42$$

$$\overline{y_2} = \frac{\sum_{6}^{10} y}{n} = \frac{2.6 + 2.8 + 3.0 + 3.2 + 3.1}{5} = 2.94$$

$$\overline{t_1} = \frac{\sum_{1}^{5} t}{n} = \frac{1 + 2 + 3 + 4 + 5}{5} = 3$$

$$\overline{t_2} = \frac{\sum_{6}^{10} t}{n} = \frac{6 + 7 + 8 + 9 + 10}{5} = 8$$

将两个点的坐标值(2.42,3)和(2.94,8)代入方程 $y_e = a + bt$,可得:

$$\begin{cases} a = 2.108 \\ b = 0.104 \end{cases}$$

将 a、b 值代入直线方程,得到趋势直线为:

$$y_e = 2.108 + 0.104t$$

2) 最小平方法

最小平方法,也叫最小二乘法,最小平方法,也叫最小二乘法,是分析和预测现象长期趋势常用的方法之一。它的基本思想是:通过对原始数列的数字处理,拟合一条比较理想的趋势直线或趋势曲线,使原数列各实际值与趋势值的离差平方和为最小,即 $\sum(y-y_e)^2$ 为最小值。能够满足 $\sum(y-y_e)^2$ 为最小值的直线趋势方程 $y_e=a+bt$,其参数 a、b 的计算公式为:

$$b=\frac{n\sum ty-(\sum t)(\sum y)}{n\sum t^2-(\sum t)^2} \qquad (5-31)$$

$$a=\frac{\sum y-b\sum t}{n} \qquad (5-32)$$

为了简化计算,可用坐标移位的方法,使 $\sum t=0$。其具体方法是:当动态数列的项数为奇数时,可取中间一项序号等于0,中间以前的时间序号为负值,中间以后的时间序号为正值(见表5-13);当动态数列的项数为偶数时,中间以前的时间序号为负值,中间以后的时间序号为正值(见表5-14)。

表 5-13 动态数列项数为奇数

时 间	t
1	−2
2	−1
3	0
4	1
5	2

表 5-14 动态数列项数为偶数

时 间	t
1	−5
2	−3
3	−1
4	1
5	3
6	5

按表5-13、表5-14取值,$\sum t=0$,所以参数 a、b 可简化为:

$$a=\frac{\sum y}{n} \qquad (5-33)$$

$$b=\frac{\sum ty}{\sum t^2} \qquad (5-34)$$

下面以某海关口岸连续 9 年征收关税额(万元)资料为例,来说明最小平方法的具体应用。

【例 5-13】 某海关口岸征收关税额(万元)资料见表 5-15。

表 5-15 某海关口岸关税额最小二乘法计算表

年 份	时间 t	关税额 y(万元)	t^2	ty	预测值 y_e
第一年	-4	96	16	-384	92.56
第二年	-3	101	9	-303	99.87
第三年	-2	107	4	-214	107.18
第四年	-1	112	1	-112	114.49
第五年	0	119	0	0	121.8
第六年	1	125	1	125	129.11
第七年	2	136	4	272	136.42
第八年	3	145	9	435	143.73
第九年	4	155	16	620	151.04
合 计	0	1 096	60	439	1 096.2

将表中数值代入公式,可得:

$$a = \frac{\sum y}{n} = \frac{1\,096}{9} = 121.8$$

$$b = \frac{\sum ty}{\sum t^2} = \frac{439}{60} = 7.31$$

所拟合的直线趋势方程为:

$y_e = 121.8 + 7.31t$

将各年的时间序号代入方程,可得出预测值数列,如表 5-15 所示。若预测三年后的口岸征收关税额,将 $t=7$ 代入方程得:

$y_e = 121.8 + 7.31 \times 7 = 172.97$(万元)

5.5 季节变动分析

5.5.1 季节变动分析的意义

在现实生活中,季节变动是一种极为普遍的现象。例如,许多农副产品的产量都因季节更替有淡季和旺季之分;商业部门的许多商品的销售量也随着气候的变化形成有规律的周期性变动。季节变动具有三个明显特征:一是季节变动每年重复进行;二是季节变动按一定周期重复进行;三是季节变动每个周期变化强度大体相同。

研究季节变动的目的在于了解季节变动对人们经济生活的影响,以便更好地组织生产和安排生活。分析季节变动,还可以根据季节变动规律,配合适当的季节变动模型,结合长期趋势,进行经济预测,计划未来行动。

5.5.2 季节变动分析的方法

分析和测定季节变动最常用、最简便的方法是按月(季)平均法。这种方法是通过对若干年资料数据,求出同月(季)的平均水平与全年总月(季)水平,二者对比得出各月(季)的季节比率来表明季节变动的程度。季节比率是进行季节变动分析的重要指标,可用来说明季节变动的程度。其计算公式为:

$$季节比率(\%)=\frac{同月份(季度)平均水平}{总平均月份(季度)水平}\times 100\% \quad (5-35)$$

通过季节比率的计算,可以观察和分析某种社会经济现象季节变动的规律性。季节比率高说明是"旺季",反之说明是"淡季"。现举例说明季节比率的应用。

【例 5-14】 某旅游风景城市最近三年的旅游人数数据,如表 5-16 所示。

表 5-16 某旅游风景城市最近三年的旅游人数资料

年 份	旅游人数(万人)				
	第一季	第二季	第三季	第四季	合 计
2014	32	40	61	28	161
2015	41	51	74	36	202
2016	57	65	93	57	272
合 计	130	156	228	121	635
同季平均	43.33	52	76	40.33	52.915
季节比率(%)	81.88	98.27	143.63	76.22	400

具体计算过程如下:

(1) 计算三年的同季度平均水平。

第一季度平均数 $=\frac{32+41+57}{3}=43.33$(万人)

第二季度平均数 $=\frac{40+51+65}{3}=52$(万人)

第三季度平均数 $=\frac{61+74+93}{3}=76$(万人)

第四季度平均数 $=\frac{28+36+57}{3}=40.33$(万人)

(2) 计算三年总的平均季度水平。

三年总的季度平均数 $=\frac{635}{12}=52.915$(万人)

(3) 计算季节比率。

第一季度季节比率 $=\frac{43.33}{52.915}=81.88\%$

第二季度季节比率 $=\dfrac{52}{52.915}=98.27\%$

第三季度季节比率 $=\dfrac{76}{52.915}=143.63\%$

第四季度季节比率 $=\dfrac{40.33}{52.915}=76.22\%$

假设该城市 2017 年旅游人数将比 2016 年增长 2%，达到 277.44 万人。利用季节指数，可以对各季度的旅游人数进行预测。

第一季度预测值 $=277.44\div4\times81.88\%=56.79$（万人）
第二季度预测值 $=277.44\div4\times98.27\%=68.16$（万人）
第三季度预测值 $=277.44\div4\times143.63\%=99.62$（万人）
第四季度预测值 $=277.44\div4\times76.22\%=52.87$（万人）

计算结果表现出第三季度的季节比率最高，达到 143.63%，表明第三季度是全年中的旅游旺季，旅游人数超过各季平均水平 43.63%。

> **注意**：全年 12 个月的季节比率之和应等于 1 200%，四个季度的季节比率之和应等于 400%，如果不等，应计算调整系数进行调整。
>
> $$调整系数 = \dfrac{1\,200(或\,400)}{各月(季)平均比率之和}$$

本章小结

总量指标时间数列是基本的时间数列，有时期数列和时点数列两种。相对指标和平均指标时间数列是由总量指标时间数列派生的。

水平指标包括发展水平和增长水平、平均发展水平与平均增长水平。总量指标序时平均数的计算是最基本的。相对指标或平均指标时间序列的序时平均数由分子、分母的序时平均数对比而得。增长水平是两个不同时期的发展水平之差，各逐期增长量之和等于累计增长量。平均增长水平是逐期增长量的序时平均数。

速度指标包括发展速度和增长速度、平均发展速度和平均增长速度。定基发展速度与环比发展速度的数量关系是：环比发展速度的连乘积等于定基发展速度，相邻两期定基发展速度之商等于相应时期的环比发展速度。平均发展速度有水平法和累计法两种计算方法。增长速度等于发展速度减 1，平均增长速度等于平均发展速度减 1。

长期趋势测定的方法有时距扩大法、移动平均法和趋势模型法。当各期的一级增长量大体为常数时，可配合直线趋势方程来测定现象变动的趋势。方程中的参数通常用最小二乘法求得。

季节变动的测定。测定季节变动的主要方法是计算季节指数。季节指数越大，说明该季节为"旺季"；季节指数越小，则说明该季节为"淡季"；季节指数等于 1 说明没有季节变动。

本章案例

中华人民共和国
2016年国民经济和社会发展统计公报

中华人民共和国国家统计局

2017年2月28日

2016年,面对复杂多变的国际环境和国内繁重艰巨的改革发展稳定任务,在以习近平同志为核心的党中央坚强领导下,各地区各部门全面贯彻党的十八大和十八届三中、四中、五中、六中全会精神,认真落实党中央、国务院决策部署,统筹推进"五位一体"总体布局和协调推进"四个全面"战略布局,坚持稳中求进工作总基调,坚持新发展理念,以推进供给侧结构性改革为主线,适度扩大总需求,坚定推进改革,妥善应对风险挑战,引导形成良好社会预期,经济社会保持平稳健康发展,实现了"十三五"良好开局。

一、综合

初步核算,全年国内生产总值744 127亿元,比上年增长6.7%。其中,第一产业增加值63 671亿元,增长3.3%;第二产业增加值296 236亿元,增长6.1%;第三产业增加值384 221亿元,增长7.8%。第一产业增加值占国内生产总值的比重为8.6%,第二产业增加值占国内生产总值的比重为39.8%,第三产业增加值占国内生产总值的比重为51.6%,比上年提高1.4个百分点。全年人均国内生产总值53 980元,比上年增长6.1%。全年国民总收入742 352亿元,比上年增长6.9%。

年末全国内地总人口138 271万人,比上年末增加809万人,其中城镇常住人口79 298万人,占总人口比重(常住人口城镇化率)为57.35%,比上年末提高1.25个百分点。户籍人口城镇化率为41.2%,比上年末提高1.3个百分点。全年出生人口1 786万人,出生率为12.95‰;死亡人口977万人,死亡率为7.09‰;自然增长率为5.86‰。全国人户分离的人口2.92亿人,其中流动人口2.45亿人。

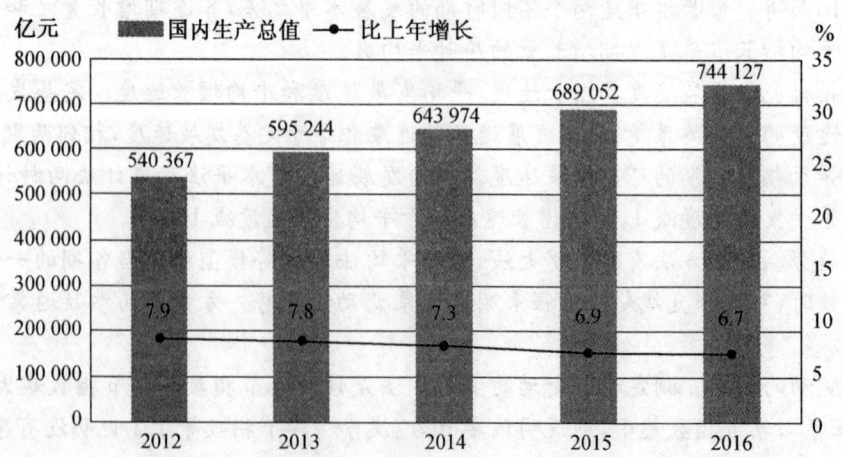

图5-1 2012—2016年国内生产总值及其增长速度

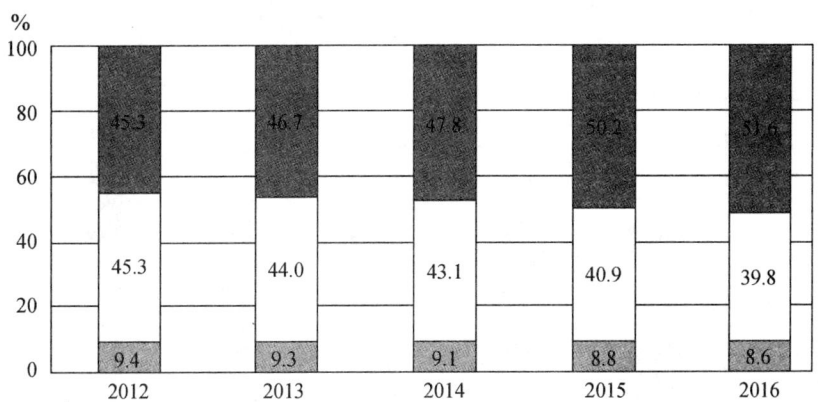

图 5-2 2012—2016 年三次产业增加值占国内生产总值比重

表 5-17 2016 年年末人口数及其构成

指 标	年末数(万人)	比重(%)
全国总人口	138 271	100.0
其中:城镇	79 298	57.35
乡村	58 973	42.65
其中:男性	70 815	51.2
女性	67 456	48.8
其中:0～15 岁(含不满 16 周岁)	24 438	17.7
16～59 岁(含不满 60 周岁)	90 747	65.6
60 周岁及以上	23 086	16.7
其中:65 周岁及以上	15 003	10.8

年末全国就业人员 77 603 万人,其中城镇就业人员 41 428 万人。全年城镇新增就业 1 314 万人。年末城镇登记失业率为 4.02%。全国农民工总量 28 171 万人,比上年增长 1.5%。其中,外出农民工 16 934 万人,增长 0.3%;本地农民工 11 237 万人,增长 3.4%。

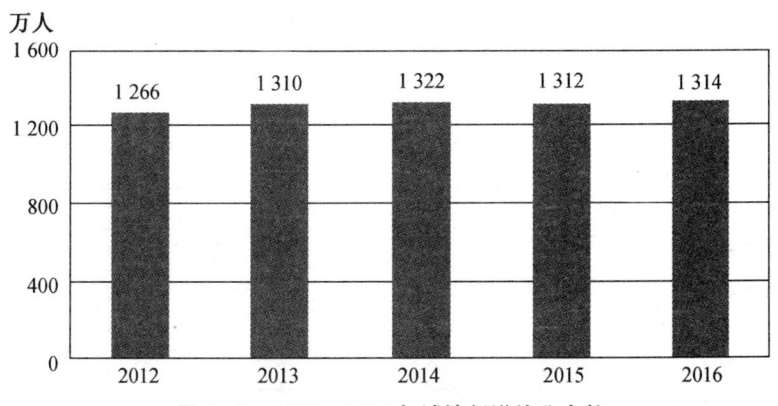

图 5-3 2012—2016 年城镇新增就业人数

全年全员劳动生产率为94 825元/人,比上年提高6.4%。

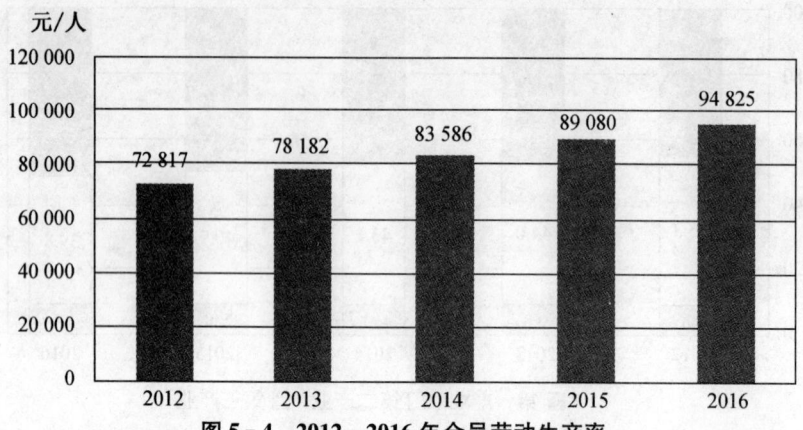

图5-4 2012—2016年全员劳动生产率

全年居民消费价格比上年上涨2.0%。工业生产者出厂价格下降1.4%。工业生产者购进价格下降2.0%。固定资产投资价格下降0.6%。农产品生产者价格上涨3.4%。

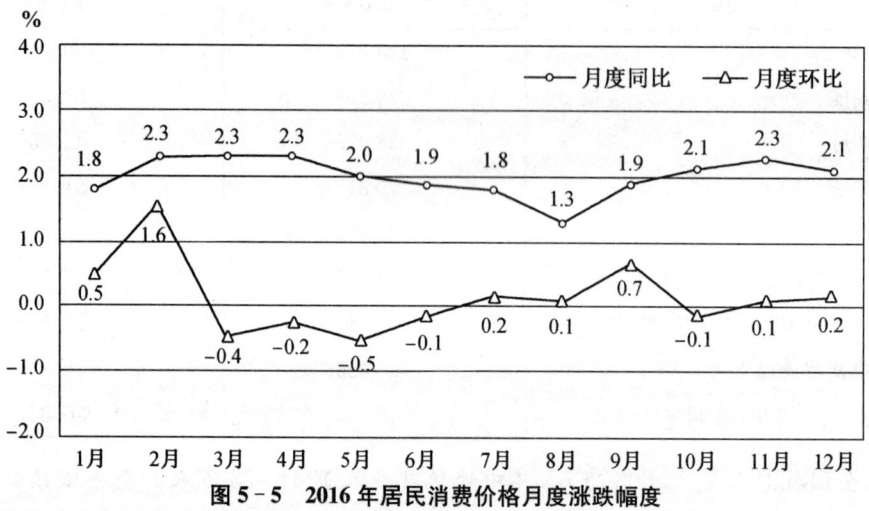

图5-5 2016年居民消费价格月度涨跌幅度

表5-18 2016年居民消费价格比上年涨跌幅度　　　　　　　　　　(单位:%)

指 标	全 国	城 市	农 村
居民消费价格	2.0	2.1	1.9
其中:食品烟酒	3.8	3.7	4.0
衣着	1.4	1.5	1.3
居住	1.6	1.9	0.6
生活用品及服务	0.5	0.5	0.2
交通和通信	-1.3	-1.4	-1.1
教育文化和娱乐	1.6	1.5	1.9
医疗保健	3.8	4.4	2.5
其他用品和服务	2.8	2.9	2.2

12月份,70个大中城市新建商品住宅销售价格月同比上涨的城市个数为65个,下降的为5个;月环比上涨的城市个数为46个,比年内高点减少19个,持平的为4个,下降的为20个。

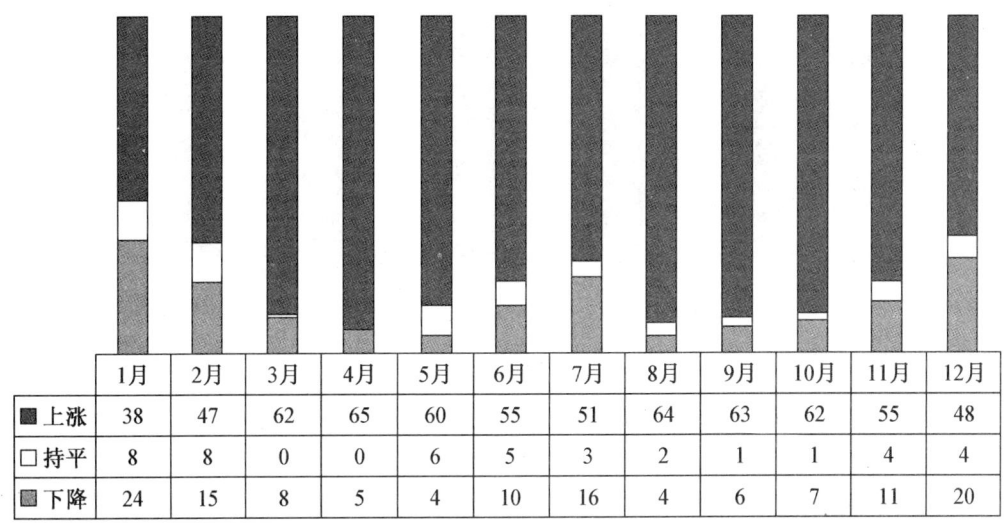

	1月	2月	3月	4月	5月	6月	7月	8月	9月	10月	11月	12月
上涨	38	47	62	65	60	55	51	64	63	62	55	48
持平	8	8	0	0	6	5	3	2	1	1	4	4
下降	24	15	8	5	4	10	16	4	6	7	11	20

图 5-6　2016 年新建商品住宅月环比价格上涨、持平、下降城市个数变化情况

全年全国一般公共预算收入 159 552 亿元,比上年同口径增加 6 828 亿元,增长 4.5%,其中税收收入 130 354 亿元,增加 5 432 亿元,增长 4.3%。

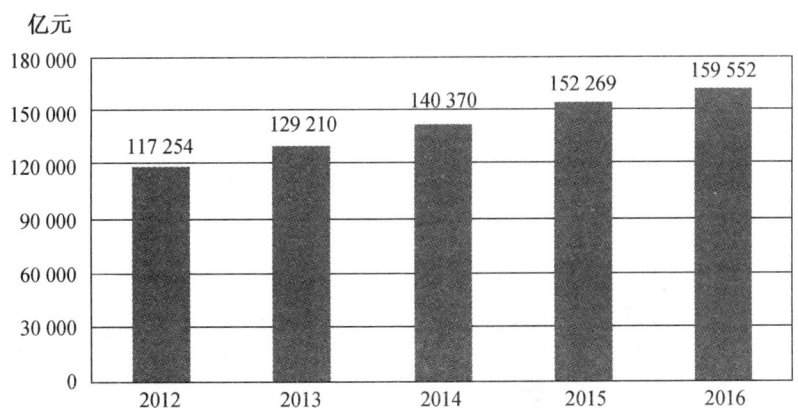

图 5-7　2012—2016 年全国一般公共预算收入

注:图中 2012 年至 2015 年数据为全国一般公共预算收入决算数,2016 年为执行数。

年末国家外汇储备 30 105 亿美元,比上年末减少 3 198 亿美元。全年人民币平均汇率为 1 美元兑 6.642 3 元人民币,比上年贬值 6.2%。

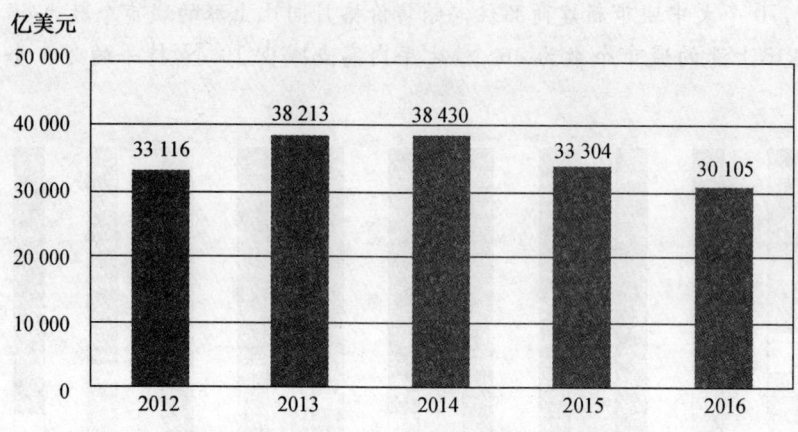

图 5-8 2012—2016 年年末国家外汇储备

二、农业

全年粮食种植面积 11 303 万公顷,比上年减少 31 万公顷。其中,小麦种植面积 2 419 万公顷,增加 5 万公顷;稻谷种植面积 3 016 万公顷,减少 5 万公顷;玉米种植面积 3 676 万公顷,减少 136 万公顷。棉花种植面积 338 万公顷,减少 42 万公顷。油料种植面积 1 412 万公顷,增加 8 万公顷。糖料种植面积 168 万公顷,减少 6 万公顷。

全年粮食产量 61 624 万吨,比上年减少 520 万吨,减产 0.8%。其中,夏粮产量 13 920 万吨,减产 1.2%;早稻产量 3 278 万吨,减产 2.7%;秋粮产量 44 426 万吨,减产 0.6%。全年谷物产量 56 517 万吨,比上年减产 1.2%。其中,稻谷产量 20 693 万吨,减产 0.6%;小麦产量 12 885 万吨,减产 1.0%;玉米产量 21 955 万吨,减产 2.3%。

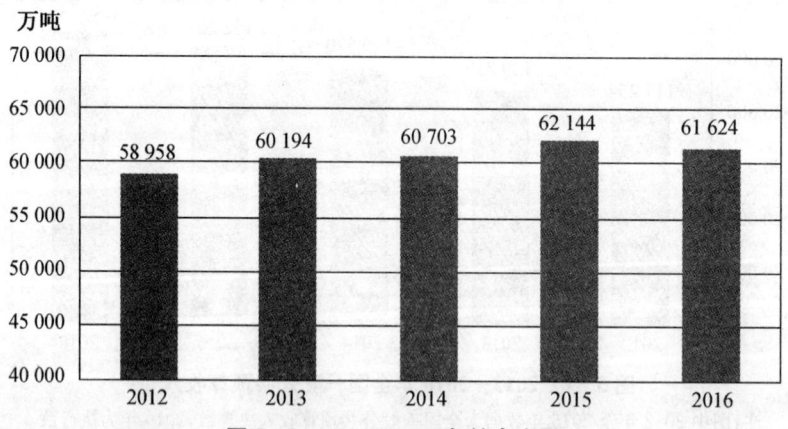

图 5-9 2012—2016 年粮食产量

全年棉花产量 534 万吨,比上年减产 4.6%。油料产量 3 613 万吨,增产 2.2%。糖料产量 12 299 万吨,减产 1.6%。茶叶产量 241 万吨,增产 7.4%。

全年肉类总产量 8 540 万吨,比上年下降 1.0%。其中,猪肉产量 5 299 万吨,下降 3.4%;牛肉产量 717 万吨,增长 2.4%;羊肉产量 459 万吨,增长 4.2%;禽肉产量 1 888 万吨,增长 3.4%。禽蛋产量 3 095 万吨,增长 3.2%。牛奶产量 3 602 万吨,下降 4.1%。年末生猪存栏 43 504 万头,下降 3.6%;生猪出栏 68 502 万头,下降 3.3%。

全年水产品产量6 900万吨,比上年增长3.0%。其中,养殖水产品产量5 156万吨,增长4.4%;捕捞水产品产量1 744万吨,下降1.0%。

全年木材产量6 683万立方米,比上年下降7.0%。

全年新增耕地灌溉面积118万公顷,新增节水灌溉面积211万公顷。

三、工业和建筑业

全年全部工业增加值247 860亿元,比上年增长6.0%。规模以上工业增加值增长6.0%。在规模以上工业中,分经济类型看,国有控股企业增长2.0%;集体企业下降1.3%,股份制企业增长6.9%,外商及港澳台商投资企业增长4.5%;私营企业增长7.5%。分门类看,采矿业下降1.0%,制造业增长6.8%,电力、热力、燃气及水生产和供应业增长5.5%。

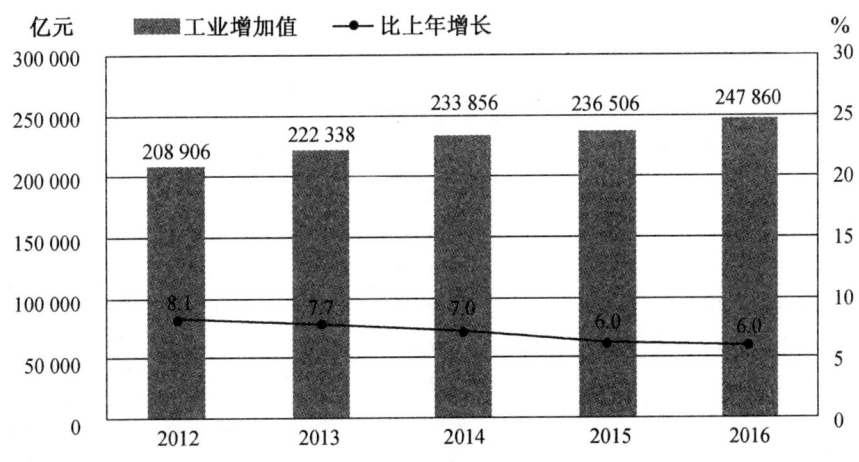

图5-10 2012—2016年全部工业增加值及其增长速度

全年规模以上工业中,农副食品加工业增加值比上年增长6.1%,纺织业增长5.5%,化学原料和化学制品制造业增长7.7%,非金属矿物制品业增长6.5%,黑色金属冶炼和压延加工业下降1.7%,通用设备制造业增长5.9%,专用设备制造业增长6.7%,汽车制造业增长15.5%,电气机械和器材制造业增长8.5%,计算机、通信和其他电子设备制造业增长10.0%,电力、热力生产和供应业增长4.8%。工业战略性新兴产业增加值增长10.5%。高技术制造业增加值增长10.8%,占规模以上工业增加值的比重为12.4%。装备制造业增加值增长9.5%,占规模以上工业增加值的比重为32.9%。六大高耗能行业增加值增长5.2%,占规模以上工业增加值的比重为28.1%。

表5-19 2016年主要工业产品产量及其增长速度

产品名称	单位	产量	比上年增长(%)
纱	万吨	3 732.6	5.5
布	亿米	906.8	1.6
化学纤维	万吨	4 943.7	2.3
成品糖	万吨	1 443.3	−2.1
卷烟	亿支	23 825.8	−3.0
彩色电视机	万台	15 769.6	8.9

续 表

产品名称	单 位	产 量	比上年增长(%)
其中:液晶电视机	万台	15 713.6	9.2
智能电视	万台	9 310.1	11.1
家用电冰箱	万台	8 481.6	6.1
房间空气调节器	万台	14 342.4	1.0
一次能源生产总量	亿吨标准煤	34.6	−4.2
原煤	亿吨	34.1	−9.0
原油	万吨	19 968.5	−6.9
天然气	亿立方米	1 368.7	1.7
发电量	亿千瓦小时	61 424.9	5.6
其中:火电	亿千瓦小时	44 370.7	3.6
水电	亿千瓦小时	11 933.7	5.6
核电	亿千瓦小时	2 132.9	24.9
粗钢	万吨	80 836.6	0.6
钢材	万吨	113 801.2	1.3
十种有色金属	万吨	5 310.3	3.0
其中:精炼铜(电解铜)	万吨	843.6	6.0
原铝(电解铝)	万吨	3 187.3	1.5
水泥	亿吨	24.1	2.3
硫酸(折100%)	万吨	8 889.1	−1.0
烧碱(折100%)	万吨	3 283.9	8.7
乙烯	万吨	1 781.1	3.9
化肥(折100%)	万吨	7 128.6	−4.1
发电机组(发电设备)	万千瓦	13 218.4	6.3
汽车	万辆	2 811.9	14.8
其中:基本型乘用车(轿车)	万辆	1 211.1	4.1
运动型多用途乘用车(SUV)	万辆	914.4	51.8
新能源汽车	万辆	45.9	40.0
大中型拖拉机	万台	63.0	−8.5
集成电路	亿块	1 318.0	21.2
程控交换机	万线	1 457.7	−22.5
移动通信手持机	万台	205 819.3	13.6
其中:智能手机	万台	153 764.1	9.9
微型计算机设备	万台	29 008.5	−7.7
工业机器人	台(套)	72 426.0	30.4

年末全国发电装机容量164 575万千瓦,比上年末增长8.2%。其中,火电装机容量105 388万千瓦,增长5.3%;水电装机容量33 211万千瓦,增长3.9%;核电装机容量3 364万千瓦,增长23.8%;并网风电装机容量14 864万千瓦,增长13.2%;并网太阳能发电装机容量7 742万千瓦,增长81.6%。

全年规模以上工业企业实现利润68 803亿元,比上年增长8.5%。分经济类型看,国有控股企业实现利润 11 751 亿元,比上年增长 6.7%;集体企业实现利润 477 亿元,下降 4.2%,股份制企业实现利润 47 197 亿元,增长 8.3%,外商及港澳台商投资企业实现利润 17 352 亿元,增长 12.1%;私营企业实现利润 24 325 亿元,增长 4.8%。分门类看,采矿业实现利润 1 825 亿元,比上年下降 27.5%;制造业实现利润 62 398 亿元,增长 12.3%;电力、热力、燃气及水生产和供应业实现利润 4 580 亿元,下降 14.3%。全年规模以上工业企业每百元主营业务收入中的成本为 85.52 元,比上年下降 0.1 元。年末规模以上工业企业资产负债率为 55.8%,比上年末下降 0.4 个百分点。

全年全社会建筑业增加值 49 522 亿元,比上年增长 6.6%。全国具有资质等级的总承包和专业承包建筑业企业实现利润 6 745 亿元,增长 4.6%。其中,国有控股企业实现利润 1 879 亿元,增长 6.8%。

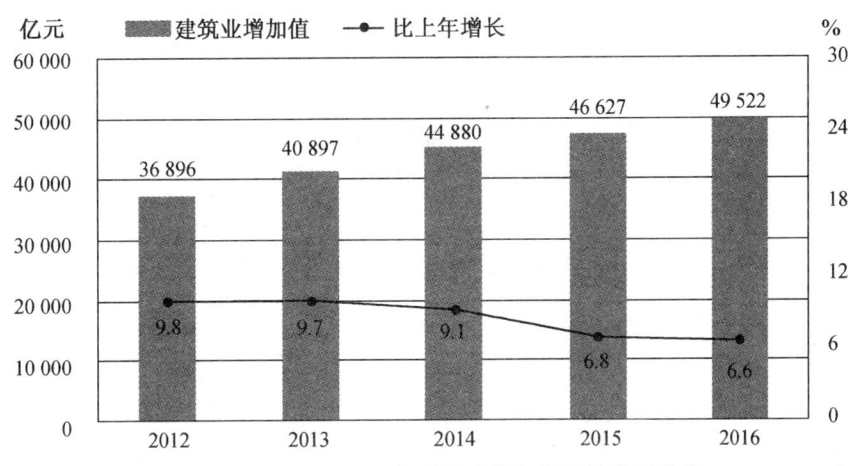

图 5-11　2012—2016 年建筑业增加值及其增长速度

四、固定资产投资

全年全社会固定资产投资 606 466 亿元,比上年增长 7.9%,扣除价格因素,实际增长 8.6%。其中,固定资产投资(不含农户)596 501 亿元,增长 8.1%。分区域看,东部地区投资 249 665 亿元,比上年增长 9.1%;中部地区投资 156 762 亿元,增长 12.0%;西部地区投资 154 054 亿元,增长 12.2%;东北地区投资 30 642 亿元,下降 23.5%。

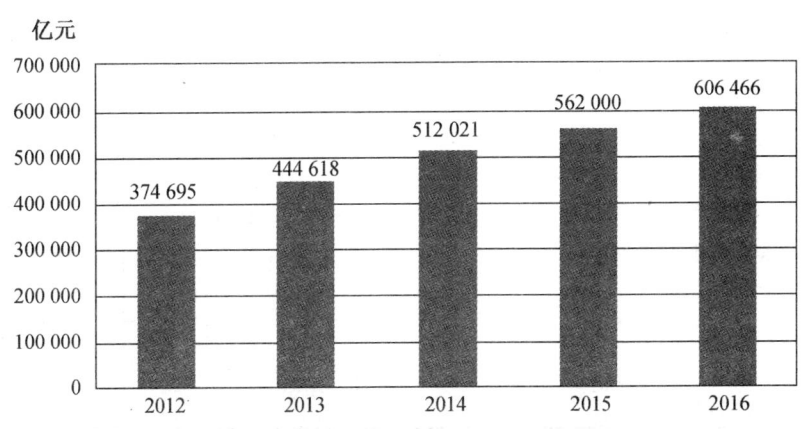

图 5-12　2012—2016 年全社会固定资产投资

在固定资产投资(不含农户)中,第一产业投资 18 838 亿元,比上年增长 21.1%;第二产业投资 231 826 亿元,增长 3.5%;第三产业投资 345 837 亿元,增长 10.9%。基础设施投资 118 878 亿元,增长 17.4%,占固定资产投资(不含农户)的比重为 19.9%。民间固定资产投资 365 219 亿元,增长 3.2%,占固定资产投资(不含农户)的比重为 61.2%。高技术产业投资 37 747 亿元,增长 15.8%,占固定资产投资(不含农户)的比重为 6.3%。六大高耗能行业投资 66 376 亿元,增长 3.1%,占固定资产投资(不含农户)的比重为 11.1%。农林牧渔业、水利、环境保护等短板领域投资快速增长。

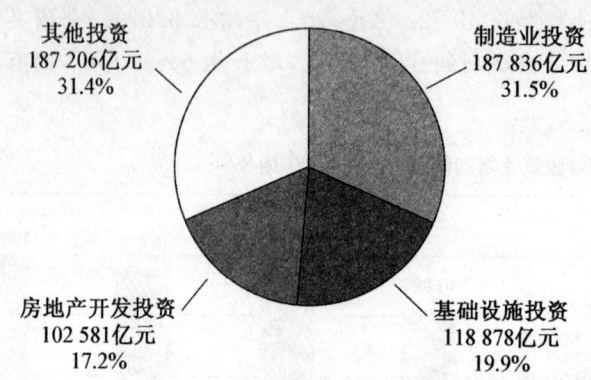

图 5-13 2016 年按领域分固定资产投资(不含农户)及其占比

表 5-20 2016 年分行业固定资产投资(不含农户)及其增长速度

行 业	投资额(亿元)	比上年增长(%)
总计	596 501	8.1
农、林、牧、渔业	22 774	19.5
采矿业	10 320	-20.4
制造业	187 836	4.2
电力、热力、燃气及水生产和供应业	29 736	11.3
建筑业	4 577	-6.5
批发和零售业	17 939	-4.0
交通运输、仓储和邮政业	53 628	9.5
住宿和餐饮业	5 947	-8.6
信息传输、软件和信息技术服务业	6 319	14.5
金融业	1 310	-4.2
房地产业	135 284	6.8
租赁和商务服务业	12 316	30.5
科学研究和技术服务业	5 568	17.2
水利、环境和公共设施管理业	68 647	23.3
居民服务、修理和其他服务业	2 677	1.8
教育	9 324	20.7
卫生和社会工作	6 282	21.4
文化、体育和娱乐业	7 830	16.4
公共管理、社会保障和社会组织	8 188	4.3

表 5-21 2016 年固定资产投资新增主要生产与运营能力

指　标	单　位	绝对数
新增 220 千伏及以上变电设备	万千伏安	24 336
新建铁路投产里程	公里	3 281
其中:高速铁路	公里	1 903
增、新建铁路复线投产里程	公里	3 612
电气化铁路投产里程	公里	5 899
新改建公路里程	公里	324 898
其中:高速公路	公里	6 745
港口万吨级码头泊位新增吞吐能力	万吨	32 436
新增民用运输机场	个	8
新增光缆线路长度	万公里	554

全年房地产开发投资 102 581 亿元,比上年增长 6.9%。其中,住宅投资 68 704 亿元,增长 6.4%;办公楼投资 6 533 亿元,增长 5.2%;商业营业用房投资 15 838 亿元,增长 8.4%。年末商品房待售面积 69 539 万平方米,比上年末减少 2 314 万平方米。年末商品住宅待售面积 40 257 万平方米,比上年末减少 4 991 万平方米。

全年全国城镇棚户区住房改造开工 606 万套,棚户区改造和公租房基本建成 658 万套。全年全国农村地区建档立卡贫困户危房改造 158 万户。

表 5-22 2016 年房地产开发和销售主要指标及其增长速度

指　标	单　位	绝对数	比上年增长(%)
投资额	亿元	102 581	6.9
其中:住宅	亿元	68 704	6.4
其中:90 平方米及以下	亿元	24 772	0.5
房屋施工面积	万平方米	758 975	3.2
其中:住宅	万平方米	521 310	1.9
房屋新开工面积	万平方米	166 928	8.1
其中:住宅	万平方米	115 911	8.7
房屋竣工面积	万平方米	106 128	6.1
其中:住宅	万平方米	77 185	4.6
商品房销售面积	万平方米	157 349	22.5
其中:住宅	万平方米	137 540	22.4
本年到位资金	亿元	144 214	15.2
其中:国内贷款	亿元	21 512	6.4
个人按揭贷款	亿元	24 403	46.5

五、国内贸易

全年社会消费品零售总额 332 316 亿元,比上年增长 10.4%,扣除价格因素,实际增长 9.6%。按经营地统计,城镇消费品零售额 285 814 亿元,增长 10.4%;乡村消费品零售额

46 503 亿元,增长 10.9%。按消费类型统计,商品零售额 296 518 亿元,增长 10.4%;餐饮收入额 35 799 亿元,增长 10.8%。

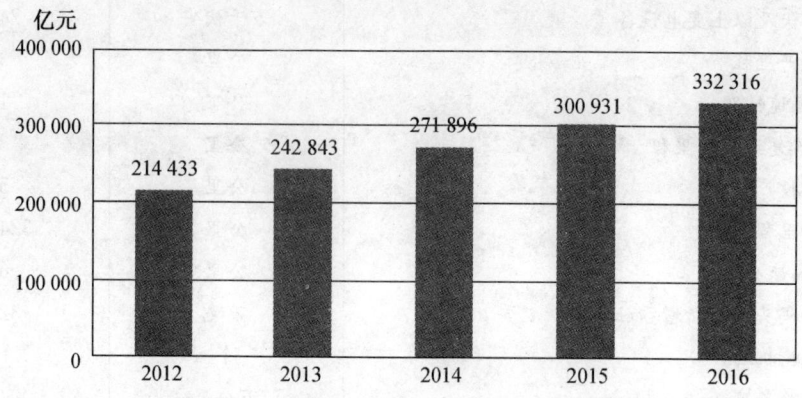

图 5-14 2012—2016 年社会消费品零售总额

在限额以上企业商品零售额中,粮油、食品、饮料、烟酒类零售额比上年增长 10.5%,服装、鞋帽、针纺织品类增长 7.0%,化妆品类增长 8.3%,金银珠宝类与上年持平,日用品类增长 11.4%,家用电器和音像器材类增长 8.7%,中西药品类增长 12.0%,文化办公用品类增长 11.2%,家具类增长 12.7%,通讯器材类增长 11.9%,建筑及装潢材料类增长 14.0%,汽车类增长 10.1%,石油及制品类增长 1.2%。

全年网上零售额 51 556 亿元,比上年增长 26.2%。其中,网上商品零售额 41 944 亿元,增长 25.6%,占社会消费品零售总额的比重为 12.6%。在网上商品零售额中,吃类商品增长 28.5%,穿类商品增长 18.1%,用类商品增长 28.8%。

六、对外经济

全年货物进出口总额 243 386 亿元,比上年下降 0.9%。其中,出口 138 455 亿元,下降 1.9%;进口 104 932 亿元,增长 0.6%。货物进出口差额(出口减进口)33 523 亿元,比上年减少 3 308 亿元。对"一带一路"沿线国家进出口总额 62 517 亿元,比上年增长 0.5%。其中,出口 38 319 亿元,增长 0.5%;进口 24 198 亿元,增长 0.4%。

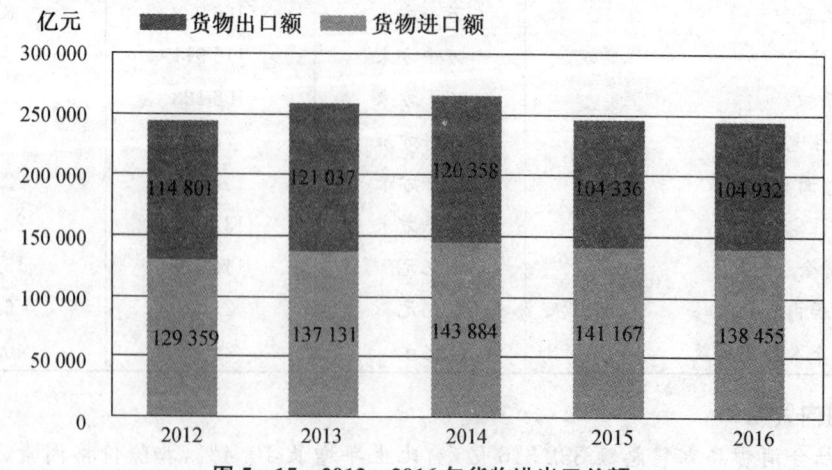

图 5-15 2012—2016 年货物进出口总额

表 5-23　2016 年货物进出口总额及其增长速度

指　标	金额(亿元)	比上年增长(%)
货物进出口总额	243 386	−0.9
货物出口额	138 455	−1.9
其中:一般贸易	74 601	−1.1
加工贸易	47 237	−4.6
其中:机电产品	79 820	−1.9
高新技术产品	39 876	−2.1
货物进口额	104 932	0.6
其中:一般贸易	59 398	3.7
加工贸易	26 223	−5.5
其中:机电产品	50 985	1.9
高新技术产品	34 618	1.8
货物进出口差额(出口减进口)	33 523	—

表 5-24　2016 年主要商品出口数量、金额及其增长速度

商品名称	单位	数量	比上年增长(%)	金额(亿元)	比上年增长(%)
煤(包括褐煤)	万吨	879	64.6	46	48.0
钢材	万吨	10 849	−3.5	3 587	−7.8
纺织纱线、织物及制品	—	—	—	6 925	1.9
服装及衣着附件	—	—	—	10 413	−3.7
鞋类	万吨	422	−5.6	3 113	−6.2
家具及其零件	—	—	—	3 151	−3.8
自动数据处理设备及其部件	万台	159 257	−7.1	9 068	−4.1
手持或车载无线电话	万台	127 192	−5.3	7 643	−0.9
集装箱	万个	199	−26.7	279	−41.2
液晶显示板	万个	190 569	−16.9	1 700	−11.6
汽车	万辆	79	9.4	709	1.8

表 5-25　2016 年主要商品进口数量、金额及其增长速度

商品名称	单位	数量	比上年增长(%)	金额(亿元)	比上年增长(%)
谷物及谷物粉	万吨	2 199	−32.8	375	−35.5
大豆	万吨	8 391	2.7	2 247	4.1
食用植物油	万吨	553	−18.3	276	−11.5
铁矿砂及其精矿	万吨	102 412	7.5	3 809	7.0
氧化铝	万吨	303	−35.0	58	−43.1
煤(包括褐煤)	万吨	25 551	25.2	938	25.1
原油	万吨	38 101	13.6	7 698	−7.5

续 表

商品名称	单位	数量	比上年增长(%)	金额(亿元)	比上年增长(%)
原品油	万吨	2 784	−6.5	735	−16.6
初级形状的塑料	万吨	2 570	−1.5	2 731	−2.2
纸浆	万吨	2 106	6.2	808	2.1
钢材	万吨	1 321	3.4	869	−2.3
未锻轧铜及铜材	万吨	495	2.9	1 741	−3.3
汽车	万辆	107	−2.4	2 942	6.1

表5-26 2016年对主要国家和地区货物进出口额及其增长速度

国家和地区	出口额(亿元)	比上年增长(%)	占我国全部出口比重(%)	进口额(亿元)	比上年增长(%)	占我国全部进口比重(%)
欧盟	22 369	1.3	16.2	13 747	5.9	13.1
美国	25 415	0.0	18.4	8 887	−3.2	8.5
东盟	16 894	−1.9	12.2	12 978	7.4	12.4
中国香港	19 009	−7.6	13.7	1 107	39.2	1.1
日本	8 529	1.3	6.2	9 626	8.4	9.2
韩国	6 185	−1.7	4.5	10 496	−3.2	10.0
中国台湾	2 665	−4.3	1.9	9 203	3.4	8.8
印度	3 850	6.6	2.8	777	−6.4	0.7
俄罗斯	2 466	14.2	1.8	2 128	3.1	2.0

全年服务进出口总额53 484亿元,比上年增长14.2%。其中,服务出口18 193亿元,增长2.3%;服务进口35 291亿元,增长21.5%。服务进出口逆差17 097亿元。

全年吸收外商直接投资(不含银行、证券、保险)新设立企业27 900家,比上年增长5.0%。实际使用外商直接投资金额8 132亿元(折1 260亿美元),增长4.1%。其中"一带一路"沿线国家对华直接投资新设立企业2 905家,增长34.1%;对华直接投资金额458亿元(折71亿美元)。

表5-27 2016年外商直接投资(不含银行、证券、保险)及其增长速度

行 业	企业数(家)	比上年增长(%)	实际使用金额(亿元)	比上年增长(%)
总计	27 900	5.0	8 132.2	4.1
其中:农、林、牧、渔业	558	−8.4	123.2	30.0
制造业	4 013	−11.0	2 303.0	−6.1
电力、燃气及水生产和供应业	311	18.0	139.8	0.3
交通运输、仓储和邮政业	425	−5.4	329.2	26.7
信息传输、计算机服务和软件业	1 463	11.6	540.4	128.0
批发和零售业	9 399	2.7	10 11.1	36.0
房地产业	378	−2.3	1 264.4	−29.4
租赁和商务服务业	4 631	3.7	1 045.9	67.8
居民服务和其他服务业	245	13.0	33.0	−25.8

全年对外直接投资额（不含银行、证券、保险）11 299 亿元，按美元计价为 1 701 亿美元，比上年增长 44.1%。其中，对"一带一路"沿线国家直接投资额 145 亿美元。

表 5-28　2016 年对外直接投资额（不含银行、证券、保险）及其增长速度

行　业	对外直接投资金额（亿美元）	比上年增长（%）
总计	1 701.1	44.1
其中：农、林、牧、渔业	29.7	45.0
采矿业	86.7	−20.1
制造业	310.6	116.7
电力、热力、燃气及水生产和供应业	25.3	−9.2
建筑业	53.1	18.0
批发和零售业	275.6	72.0
交通运输、仓储和邮政业	36.2	17.1
信息传输、软件和信息技术服务业	203.6	152.2
房地产业	106.4	17.4
租赁和商务服务业	422.7	1.4

全年对外承包工程业务完成营业额 10 589 亿元，按美元计价为 1 594 亿美元，比上年增长 3.5%。其中，对"一带一路"沿线国家完成营业额 760 亿美元，增长 9.7%，占对外承包工程业务完成营业额比重为 47.7%。对外劳务合作派出各类劳务人员 49 万人，下降 6.8%。

七、交通、邮电和旅游

全年货物运输总量 440.4 亿吨，比上年增长 5.7%。货物运输周转量 185 295 亿吨公里，增长 4.0%。全年规模以上港口完成货物吞吐量 118.3 亿吨，比上年增长 3.2%，其中外贸货物吞吐量 37.6 亿吨，增长 4.1%。规模以上港口集装箱吞吐量 21 798 万标准箱，增长 3.6%。

表 5-29　2016 年各种运输方式完成货物运输量及其增长速度

指　标	单　位	绝对数	比上年增长（%）
货物运输总量	亿吨	440.4	5.7
铁路	亿吨	33.3	−0.8
公路	亿吨	336.3	6.8
水运	亿吨	63.6	3.7
民航	万吨	666.9	6.0
管道	亿吨	7.0	5.3
货物运输周转量	亿吨公里	185 294.9	4.0
铁路	亿吨公里	23 792.3	0.2
公路	亿吨公里	61 211.0	5.6
水运	亿吨公里	95 399.9	4.0
民航	亿吨公里	221.1	6.3
管道	亿吨公里	4 670.6	5.7

全年旅客运输总量192亿人次，比上年下降1.2%。旅客运输周转量31 306亿人公里，增长4.1%。

表5-30　2016年各种运输方式完成旅客运输量及其增长速度

指　标	单　位	绝对数	比上年增长(%)
旅客运输总量	亿人次	192.0	-1.2
铁路	亿人次	28.1	11.0
公路	亿人次	156.3	-3.5
水运	亿人次	2.7	0.1
民航	亿人次	4.9	11.8
旅客运输周转量	亿人公里	31 305.7	4.1
铁路	亿人公里	12 579.3	5.2
公路	亿人公里	10 294.8	-4.2
水运	亿人公里	72.0	-1.4
民航	亿人公里	8 359.5	14.8

年末全国民用汽车保有量19 440万辆(包括三轮汽车和低速货车881万辆)，比上年末增长12.8%，其中私人汽车保有量16 559万辆，增长15.0%。民用轿车保有量10 876万辆，增长14.4%，其中私人轿车10 152万辆，增长15.5%。

全年完成邮电业务总量43 344亿元，比上年增长52.7%。其中，邮政行业业务总量7 397亿元，增长45.7%；电信业务总量35 948亿元，增长54.2%。邮政业全年完成邮政函件业务36.2亿件，包裹业务0.3亿件，快递业务量312.8亿件；快递业务收入3 974亿元。电信业全年新增移动电话交换机容量7 318万户，达到218 384万户。年末全国电话用户总数152 856万户，其中移动电话用户132 193万户。移动电话普及率上升至96.2部/百人。固定互联网宽带接入用户29 721万户，比上年增加3 774万户，其中固定互联网光纤宽带接入用户22 766万户，比上年增加7 941万户；移动宽带用户94 075万户，增加23 464万户。移动互联网接入流量93.6亿G，比上年增长123.7%。互联网上网人数7.31亿人，增加4 299万人，其中手机上网人数6.95亿人，增加7 550万人。互联网普及率达到53.2%，其中农村地区互联网普及率达到33.1%。软件和信息技术服务业完成软件业务收入48 511亿元，比上年增长14.9%。

全年国内游客44亿人次，比上年增长11.2%，国内旅游收入39 390亿元，增长15.2%。入境游客13 844万人次，增长3.5%。其中，外国人2 813万人次，增长8.3%；香港、澳门和台湾同胞11 031万人次，增长2.3%。在入境游客中，过夜游客5 927万人次，增长4.2%。国际旅游收入1 200亿美元，增长5.6%。国内居民出境13 513万人次，增长5.7%。其中，因私出境12 850万人次，增长5.6%；赴港澳台出境8 395万人次，下降2.2%。

八、金融

年末广义货币供应量(M2)余额155.0万亿元，比上年末增长11.3%；狭义货币供应量(M1)余额48.7万亿元，增长21.4%；流通中货币(M0)余额6.8万亿元，增长8.1%。

全年社会融资规模增量17.8万亿元，比上年多2.4万亿元。年末全部金融机构本外币各项存款余额155.5万亿元，比年初增加15.7万亿元，其中人民币各项存款余额150.6万

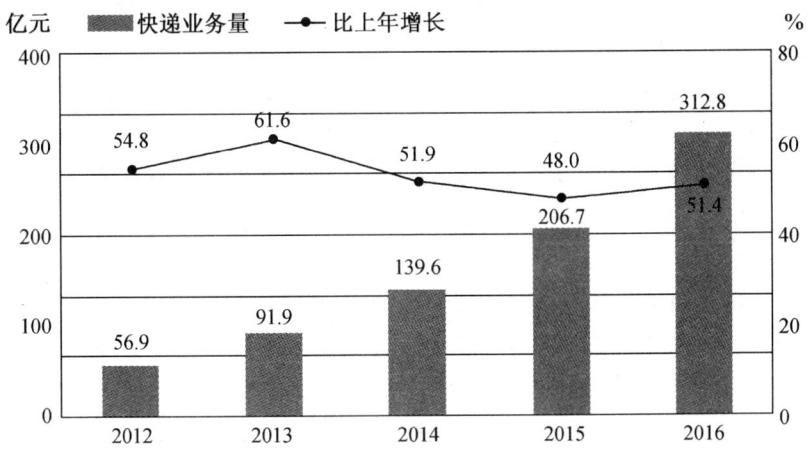

图 5-16 2012—2016 年快递业务量及其增长速度

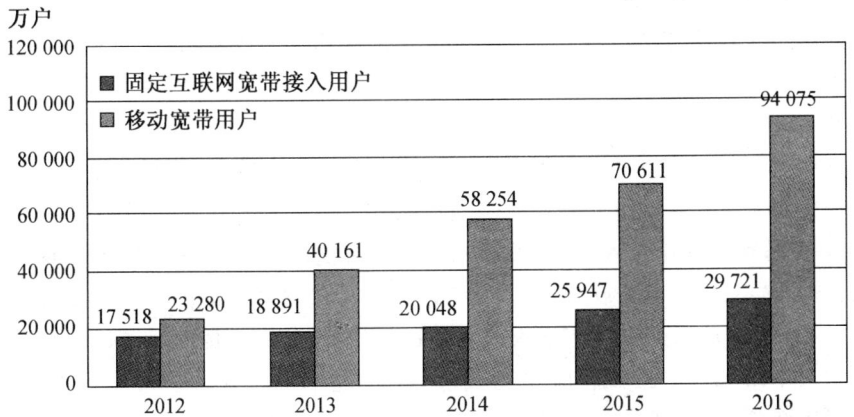

图 5-17 2012—2016 年年末固定互联网宽带接入用户和移动宽带用户数

亿元,增加 14.9 万亿元。全部金融机构本外币各项贷款余额 112.1 万亿元,增加 12.7 万亿元,其中人民币各项贷款余额 106.6 万亿元,增加 12.6 万亿元。

表 5-31 2016 年年末全部金融机构本外币存贷款余额及其增长速度

指标	年末数(亿元)	比上年末增长(%)
各项存款	1 555 247	11.3
其中:境内住户存款	606 522	9.9
其中:人民币	597 751	9.5
境内非金融企业存款	530 895	16.6
各项贷款	1 120 552	12.8
其中:境内短期贷款	380 020	3.6
境内中长期贷款	635 052	17.8

年末主要农村金融机构(农村信用社、农村合作银行、农村商业银行)人民币贷款余额 134 219 亿元,比年初增加 13 895 亿元。金融机构境内住户人民币消费贷款余额 250 472 亿

元,增加60998亿元。其中,短期消费贷款余额49313亿元,增加8347亿元;中长期消费贷款余额201159亿元,增加52651亿元。

全年上市公司通过境内市场累计筹资23342亿元,比上年增加5088亿元。其中,首次公开发行A股248只,筹资1634亿元;A股现金再融资(包括公开增发、定向增发、配股、优先股)13387亿元,增加4618亿元;上市公司通过沪深交易所发行公司债、可转债筹资8321亿元,增加414亿元。全年全国中小企业股份转让系统新增挂牌公司5034家,筹资1391亿元,增长14.4%。

全年发行公司信用类债券8.22万亿元,比上年增加1.50万亿元。

全年保险公司原保险保费收入30959亿元,比上年增长27.5%。其中,寿险业务原保险保费收入17442亿元,健康险和意外伤害险业务原保险保费收入4792亿元,财产险业务原保险保费收入8725亿元。支付各类赔款及给付10513亿元。其中,寿险业务给付4603亿元,健康险和意外伤害险赔款及给付1184亿元,财产险业务赔款4726亿元。

九、人民生活和社会保障

全年全国居民人均可支配收入23821元,比上年增长8.4%,扣除价格因素,实际增长6.3%;全国居民人均可支配收入中位数20883元,增长8.3%。按常住地分,城镇居民人均可支配收入33616元,比上年增长7.8%,扣除价格因素,实际增长5.6%;城镇居民人均可支配收入中位数31554元,增长8.3%。农村居民人均可支配收入12363元,比上年增长8.2%,扣除价格因素,实际增长6.2%;农村居民人均可支配收入中位数11149元,增长8.3%。按全国居民五等份收入分组,低收入组人均可支配收入5529元,中等偏下收入组人均可支配收入12899元,中等收入组人均可支配收入20924元,中等偏上收入组人均可支配收入31990元,高收入组人均可支配收入59259元。贫困地区农村居民人均可支配收入8452元,比上年增长10.4%,扣除价格因素,实际增长8.4%。全国农民工人均月收入3275元,比上年增长6.6%。

全国居民人均消费支出17111元,比上年增长8.9%,扣除价格因素,实际增长6.8%。按常住地分,城镇居民人均消费支出23079元,增长7.9%,扣除价格因素,实际增长5.7%;农村居民人均消费支出10130元,增长9.8%,扣除价格因素,实际增长7.8%。恩格尔系数为30.1%,比上年下降0.5个百分点,其中城镇为29.3%,农村为32.2%。

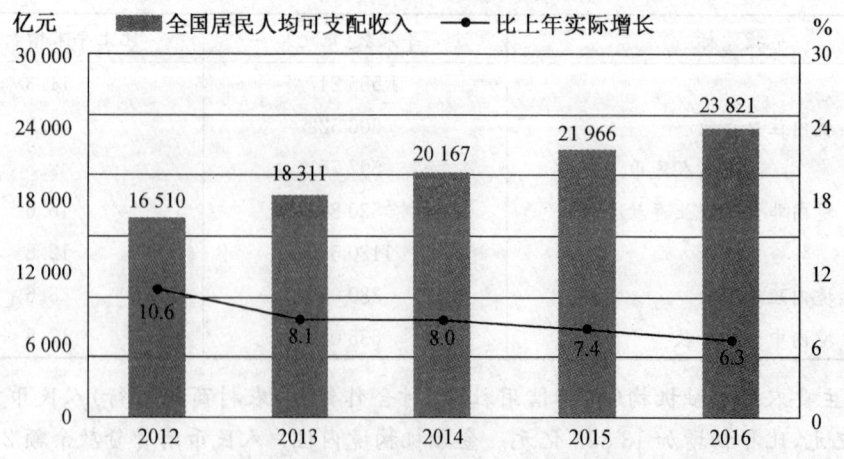

图5-18　2012—2016年全国居民人均可支配收入及其增长速度

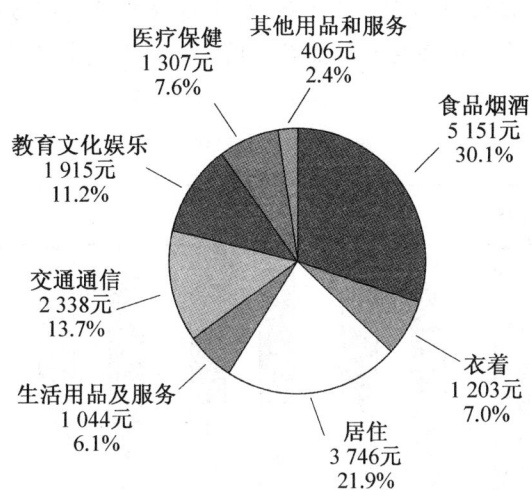

图 5-19 2016 年全国居民人均消费支出及其构成

年末全国参加城镇职工基本养老保险人数 37 862 万人，比上年末增加 2 501 万人。参加城乡居民基本养老保险人数 50 847 万人，增加 375 万人。参加城镇基本医疗保险人数 74 839 万人，增加 8 257 万人。其中，参加职工基本医疗保险人数 29 524 万人，增加 631 万人；参加城镇居民基本医疗保险人数 45 315 万人，增加 7 626 万人。参加失业保险人数 18 089 万人，增加 763 万人。年末全国领取失业保险金人数 230 万人。参加工伤保险人数 21 887 万人，增加 455 万人，其中参加工伤保险的农民工 7 510 万人，增加 21 万人。参加生育保险人数 18 443 万人，增加 672 万人。年末全国共有 1 479.9 万人享受城市居民最低生活保障，4 576.5 万人享受农村居民最低生活保障，496.9 万人享受农村特困人员救助供养。全年资助 5 620.6 万人参加基本医疗保险，医疗救助 3 099.8 万人次。国家抚恤、补助各类优抚对象 877.2 万人。按照每人每年 2 300 元（2010 年不变价）的农村贫困标准计算，2016 年农村贫困人口 4 335 万人，比上年减少 1 240 万人。

十、教育、科学技术和文化体育

全年研究生教育招生 66.7 万人，在学研究生 198.1 万人，毕业生 56.4 万人。普通本专科招生 748.6 万人，在校生 2 695.8 万人，毕业生 704.2 万人。中等职业教育招生 593.3 万人，在校生 1 599.1 万人，毕业生 533.7 万人。普通高中招生 802.9 万人，在校生 2 366.6 万人，毕业生 792.4 万人。初中招生 1 487.2 万人，在校生 4 329.4 万人，毕业生 1 423.9 万人。普通小学招生 1 752.5 万人，在校生 9 913.0 万人，毕业生 1 507.4 万人。特殊教育招生 9.2 万人，在校生 49.2 万人，毕业生 5.9 万人。学前教育在园幼儿 4 413.9 万人。九年义务教育巩固率为 93.4%，高中阶段毛入学率为 87.5%。

全年研究与试验发展（R&D）经费支出 15 500 亿元，比上年增长 9.4%，与国内生产总值之比为 2.08%，其中基础研究经费 798 亿元。全年国家重点研发计划共安排 42 个重点专项 1 163 个科技项目，国家科技重大专项共安排 224 个课题，国家自然科学基金共资助 41 184 个项目。截至年底，累计建设国家重点实验室 488 个，国家工程研究中心 131 个，国家工程实验室 194 个，国家企业技术中心 1 276 家。国家科技成果转化引导基金累计设立 9 支子基金，资金总规模 173.5 亿元。全年受理境内外专利申请 346.5 万件，授予专利权

175.4万件。截至年底,有效专利628.5万件,其中境内有效发明专利110.3万件,每万人口发明专利拥有量8.0件。全年共签订技术合同32.0万项,技术合同成交金额11 407亿元,比上年增长16.0%。

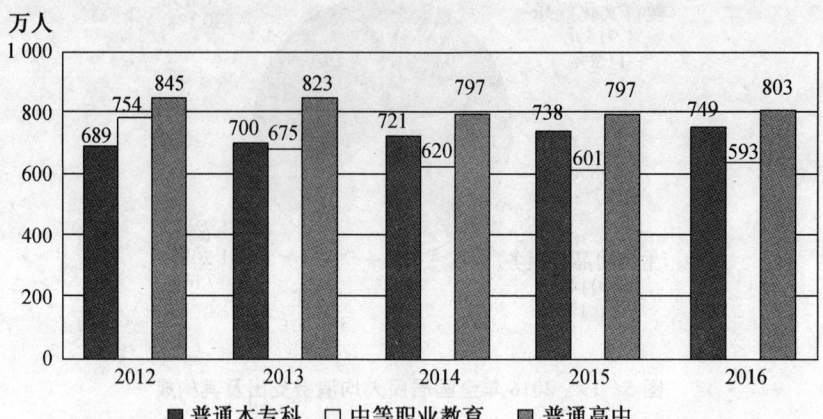

图5-20 2012—2016年普通本专科、中等职业教育及普通高中招生人数

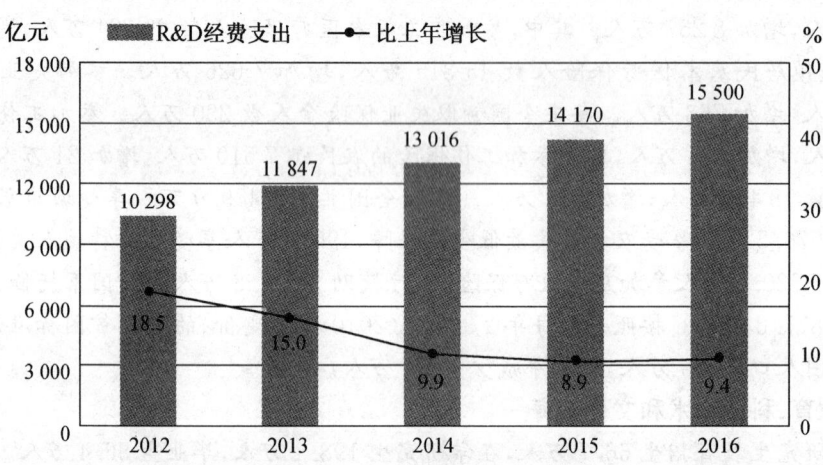

图5-21 2012—2016年研究与试验发展(R&D)经费支出及其增长速度

表5-32 2016年专利申请受理、授权和有效专利情况

指　标	专利数(万件)	比上年增长(%)
专利申请受理数	346.5	23.8
其中:境内专利申请受理	328.1	25.4
其中:发明专利申请受理	133.9	21.5
其中:境内发明专利	119.3	24.7
专利申请授权数	175.4	2.1
其中:境内专利授权	161.2	2.1
其中:发明专利授权	40.4	12.5
其中:境内发明专利	29.5	15.0

续　表

指　　标	专利数（万件）	比上年增长（%）
年末有效专利数	628.5	14.7
其中:境内有效专利	540.6	15.7
其中:有效发明专利	177.2	20.4
其中:境内有效发明专利	110.3	26.6

全年完成22次宇航发射。长征五号、长征七号新一代运载火箭成功首飞;天宫二号空间实验室、神舟十一号载人飞船成功发射,航天员在轨驻留30天并安全返回;新一代静止轨道气象卫星风云四号、合成孔径雷达卫星高分三号、3颗北斗导航卫星等成功发射。

年末全国共有产品检测实验室34 487个,其中国家检测中心681个。全国现有产品质量、体系认证机构312个,已累计完成对152 525个企业的产品认证。全国共有法定计量技术机构3 933个,全年强制检定计量器具7 878万台(件)。全年制定、修订国家标准1 763项,其中新制定1 255项。

年末全国文化系统共有艺术表演团体2 046个,博物馆3 060个。全国共有公共图书馆3 172个,总流通64 781万人次;文化馆3 338个。有线电视实际用户2.23亿户,其中有线数字电视实际用户1.97亿户。年末广播节目综合人口覆盖率为98.4%,电视节目综合人口覆盖率为98.9%。全年生产电视剧330部14 768集,电视动画片119 895分钟。全年生产故事影片772部,科教、纪录、动画和特种影片172部。出版各类报纸394亿份,各类期刊27亿册,图书86亿册(张),人均图书拥有量6.27册(张)。年末全国共有档案馆4 193个,已开放各类档案13 388万卷(件)。

全年我国运动员在23个运动大项中获得107个世界冠军,共创9项世界纪录。在里约奥运会上,我国运动员共获得26枚金牌,奖牌总数70枚,位列奥运会金牌榜第三位,奖牌榜第二位。全年我国残疾人运动员在17项国际赛事中获得237个世界冠军。在里约残奥会上,我国运动员共获得107枚金牌,蝉联金牌榜和奖牌榜第一位。

十一、卫生和社会服务

年末全国共有医疗卫生机构99.3万个,其中医院2.9万个,在医院中有公立医院1.3万个,民营医院1.6万个;基层医疗卫生机构93.1万个,其中乡镇卫生院3.7万个,社区卫生服务中心(站)3.5万个,门诊部(所)21.7万个,村卫生室64.2万个;专业公共卫生机构2.9万个,其中疾病预防控制中心3 484个,卫生监督所(中心)3 138个。年末卫生技术人员844万人,其中执业医师和执业助理医师317万人,注册护士350万人。医疗卫生机构床位747万张,其中医院575万张,乡镇卫生院123万张。全年总诊疗人次78.0亿人次,出院人数2.2亿人。

年末全国共有各类提供住宿的社会服务机构3.1万个,其中养老服务机构2.8万个,儿童服务机构713个。社会服务床位716.6万张,其中养老服务床位680.0万张,儿童服务床位10.0万张。年末共有社区服务中心2.4万个,社区服务站13.0万个。

十二、资源、环境和安全生产

全年全国国有建设用地供应总量52万公顷,比上年下降2.9%。其中,工矿仓储用地12万公顷,下降3.2%;房地产用地11万公顷,下降10.3%;基础设施等用地29万公顷,增长 0.2%。

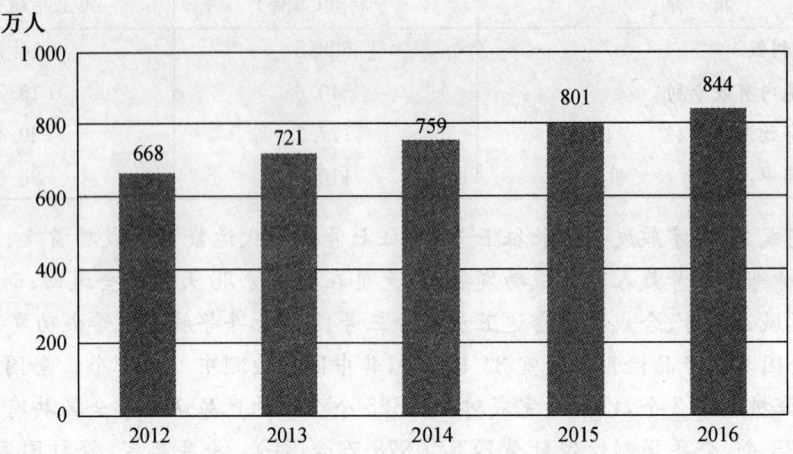

图 5-22　2012—2016 年卫生技术人员人数

全年水资源总量 30 150 亿立方米。全年平均降水量 730 毫米。年末全国监测的 614 座大型水库蓄水总量 3 409 亿立方米,比上年末蓄水量略有减少。全年总用水量 6 150 亿立方米,比上年增长 0.8%。其中,生活用水增长 2.7%,工业用水减少 0.4%,农业用水增长 0.7%,生态补水增长 1.9%。万元国内生产总值用水量 84 立方米,比上年下降 5.6%。万元工业增加值用水量 53 立方米,下降 6.0%。人均用水量 446 立方米,比上年增长 0.2%。

全年完成造林面积 679 万公顷,其中人工造林面积 381 万公顷,占全部造林面积的 56.1%。森林抚育面积 837 万公顷。截至年底,自然保护区达到 2 750 个,其中国家级自然保护区 446 个。新增水土流失治理面积 5.4 万平方公里,新增实施水土流失地区封育保护面积 1.6 万平方公里。

初步核算,全年能源消费总量 43.6 亿吨标准煤,比上年增长 1.4%。煤炭消费量下降 4.7%,原油消费量增长 5.5%,天然气消费量增长 8.0%,电力消费量增长 5.0%。煤炭消费量占能源消费总量的 62.0%,比上年下降 2.0 个百分点;水电、风电、核电、天然气等清洁能源消费量占能源消费总量的 19.7%,上升 1.7 个百分点。全国万元国内生产总值能耗下降 5.0%。工业企业吨粗铜综合能耗下降 9.45%,吨钢综合能耗下降 0.08%,单位烧碱综合能耗下降 2.08%,吨水泥综合能耗下降 1.81%,每千瓦时火力发电标准煤耗下降 0.97%。

近岸海域 417 个海水水质监测点中,达到国家一、二类海水水质标准的监测点占 73.4%,三类海水占 10.3%,四类、劣四类海水占 16.3%。

在监测的 338 个城市中,城市空气质量达标的城市占 24.9%,未达标的城市占 75.1%。细颗粒物(PM2.5)未达标地级及以上城市年平均浓度 52 微克/立方米,比上年下降 8.8%。

在监测的 322 个城市中,城市区域声环境质量好的城市占 5.0%,较好的占 68.3%,一般的占 26.1%,较差的占 0.6%。

全年平均气温为 10.49 ℃,比上年下降 0.13 ℃。共有 8 个台风登陆。

年末城市污水处理厂日处理能力 14 823 万立方米,比上年末增长 5.6%;城市污水处理率为 92.4%,提高 0.5 个百分点。城市生活垃圾无害化处理率为 95.0%,提高 0.9 个百分点。城市集中供热面积 70.7 亿平方米，增长 5.2%。城市建成区绿地面积 197.1 万公顷，增长 3.3%；建成区绿地率为 36.44%，提高 0.08 个百分点；人均公园绿地面积 13.45 平方米，增加 0.10 平方米。

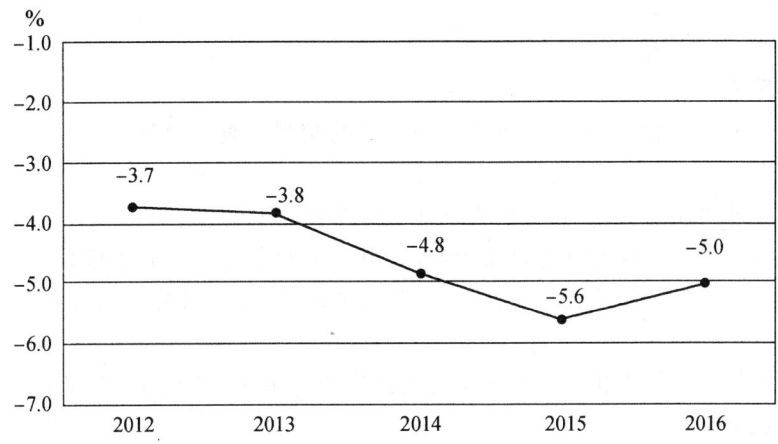

图 5-23　2012—2016 年万元国内生产总值能耗降低率

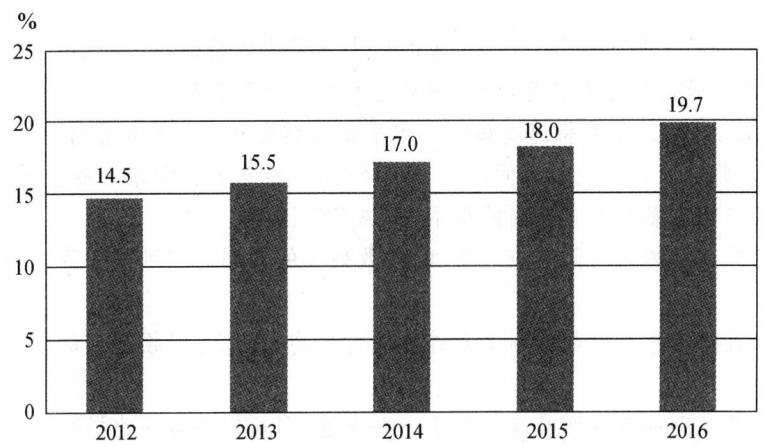

图 5-24　2012—2016 年清洁能源消费量占能源消费总量的比重

全年农作物受灾面积 2 622 万公顷，其中绝收 290 万公顷。全年因洪涝和地质灾害造成直接经济损失 3 134 亿元，因旱灾造成直接经济损失 418 亿元，因低温冷冻和雪灾造成直接经济损失 179 亿元，因海洋灾害造成直接经济损失 50 亿元。全年大陆地区共发生 5.0 级以上地震 18 次，成灾 16 次，造成直接经济损失 67 亿元。全年共发生森林火灾 2 034 起，森林火灾受害森林面积 0.6 万公顷。

全年各类生产安全事故共死亡 43 062 人。亿元国内生产总值生产安全事故死亡人数 0.058 人，按可比口径比上年下降 10.8%；工矿商贸企业就业人员 10 万人生产安全事故死亡人数 1.702 人，按可比口径下降 2.3%；道路交通事故万车死亡人数 2.1 人，与上年持平；煤矿百万吨死亡人数 0.156 人，下降 3.7%。

案例思考：

1. 统计公报中出现了哪些动态指标？举例说明。

2. 使用动态数列分析指标时应注意哪些问题?

习　题

一、名词解释
时间序列　平均发展水平　最小平方法　发展速度　增长速度

二、判断题
1. 在各种时间序列中,变量值的大小都受到时期长短的影响。　　　　　　　(　　)
2. 时期数列中的各指标值可以相加,时点数列中的各指标值不能相加。　　(　　)
3. 季节指数高于100%的月份(季节)为销售旺季,低于100%的月份(季节)为销售淡季。　　　　　　　　　　　　　　　　　　　　　　　　　　　　　　　(　　)
4. 定基发展速度等于相应各个环比发展速度的连乘积,定基增长速度等于相应各个环比增长速度的连乘积。　　　　　　　　　　　　　　　　　　　　　　(　　)
5. 发展速度是以相对数形式表示的速度分析指标,增长量是以绝对数形式表示的速度分析指标。　　　　　　　　　　　　　　　　　　　　　　　　　　(　　)
6. 若逐期增长量每年相等,则其各年的环比发展速度是逐年下降的。　　　(　　)
7. 若环比增长速度每年相等,则其逐期增长量也年年相等。　　　　　　　(　　)
8. 增长1%的绝对值是将速度指标和水平指标结合起来的分析指标。　　　(　　)
9. 利用时距扩大法只能对时间序列进行修匀,不能据以预测未来的发展趋势。(　　)
10. 长期趋势是影响时间序列的根本性、决定性因素。　　　　　　　　　(　　)
11. 时期数列中的时间间隔应一致,时点数列中的时间间隔可以一致,也可以不一致。　　　　　　　　　　　　　　　　　　　　　　　　　　　　　　(　　)
12. 可以直接根据相对数数列本身计算序时平均数,也可以根据它的分子、分母数列间接计算。　　　　　　　　　　　　　　　　　　　　　　　　　　　(　　)
13. 若时间序列的逐期增长量近似于一个常量,则长期趋势线为抛物线。　(　　)
14. 移动平均的项数越多,对数列的修匀效果越好,但数据信息丢失也越多。(　　)
15. 若时间序列有偶数项,则最小平方法中对 t 重新赋值为…,−5,−3,−1,0,1,2,3,…。　　　　　　　　　　　　　　　　　　　　　　　　　　　　　　(　　)

三、单项选择题
1. 根据时期时间序列,计算平均发展水平采用(　　)。
　　A. 加权算术平均法　　　　　　　　B. 首末折半法
　　C. 简单算术平均法　　　　　　　　D. 几何平均法
2. 说明现象在较长时间内发展的总速度的指标是(　　)。
　　A. 环比发展速度　B. 平均发展速度　C. 定基发展速度　D. 定基增长速度
3. 已知各期环比增长速度为2%、5%、8%和7%,则相应的定基增长速度的计算方法为(　　)。
　　A. (102%×105%×108%×107%)−100%
　　B. 102%×105%×108%×107%

C. 2%×5%×8%×7%
D. (2%×5%×8%×7%)−100%

4. 以1986年为基期,2016年为报告期,计算某现象的平均发展速度应开（　　）次方。
   A. 33　　　　　　B. 32　　　　　　C. 31　　　　　　D. 30

5. 某企业生产某种产品,其产量每年增加5万吨,则该产品产量的环比增长速度（　　）。
   A. 逐年下降　　　B. 逐年增长　　　C. 保持不变　　　D. 无法做结论

6. 若各年环比增长速度保持不变,则逐期增长量（　　）。
   A. 逐年增加　　　B. 逐年减少　　　C. 保持不变　　　D. 无法做结论

7. 下列数列中属于时间序列的是（　　）。
   A. 学生按学习成绩分组形成的数列
   B. 工业企业按地区分组形成的数列
   C. 职工按工资水平高低排列形成的数列
   D. 出口额按时间先后顺序排列形成的数列

8. 间隔相等的时点数列计算序时平均数应采用（　　）。
   A. 几何平均法　　　　　　　　B. 加权算术平均法
   C. 简单算术平均法　　　　　　D. 首末折半法

9. 定基发展速度和环比发展速度的关系是（　　）。
   A. 两个相邻时期的定基发展速度之商等于相应的环比发展速度
   B. 两个相邻时期的定基发展速度之差等于相应的环比发展速度
   C. 两个相邻时期的定基发展速度之和等于相应的环比发展速度
   D. 两个相邻时期的定基发展速度之积等于相应的环比发展速度

10. 平均发展速度是（　　）。
    A. 定基发展速度的算术平均数　　　B. 环比发展速度的算术平均数
    C. 环比发展速度的几何平均数　　　D. 增长速度加上100%

11. 根据间隔相等的间断登记的时点系列计算序时平均数,应采用（　　）。
    A. 简单算术平均法　　　　　　B. 加权算术平均法
    C. 首末折半法　　　　　　　　D. 几何平均法

12. （　　）是计算时间序列所有其他指标的基础。
    A. 发展水平　　　B. 增长水平　　　C. 发展速度　　　D. 增长速度

13. （　　）增长量可以消除季节变动影响,表明报告期较上年同期增减变化的数量。
    A. 逐期　　　　　B. 累计　　　　　C. 年距　　　　　D. 环比

14. 平均增长量是（　　）的序时平均数。
    A. 发展水平　　　B. 逐期增长量　　C. 累计增长量　　D. 年距增长量

15. 平均增长速度是（　　）的序时平均数。
    A. 环比发展速度　B. 定基发展速度　C. 环比增长速度　D. 定基增长速度

四、多项选择题

1. 时间序列按其变量值的表现形式不同,可分为（　　）。
   A. 绝对数时间数列　　　　　　B. 相对数时间数列
   C. 平均数时间数列　　　　　　D. 时期数列

2. 以下指标是时点指标的有( )。
   A. 销售额　　　　B. 商品库存量　　　C. 工人数　　　　D. 生猪存栏头数
   E. 劳动生产率
3. 以下说法正确的有( )。
   A. 发展速度等于增长速度加1
   B. 发展速度等于增长速度减1
   C. 定基增长速度等于定基发展速度减1
   D. 环比发展速度等于定基发展速度的连乘积
   E. 定基发展速度等于相应的环比发展速度的连乘积
4. 采用几何平均法计算平均发展速度时,被开方的数据可以是( )。
   A. 最末水平与最初水平之差　　　　B. 最末水平与最初水平之商
   C. 各期环比发展速度的连乘积　　　D. 各期发展水平之和
   E. 最后一期的定基发展速度
5. 下列属于序时平均数的有( )。
   A. 一季度平均每月的职工人数　　　B. 某产品产量某年各月的平均增长量
   C. 某企业职工第四季度人均产值　　D. 某商场职工某月人均销售额
   E. 某地区近几年出口贸易额平均增长速度
6. 下列数列属于由两个时期数列对比构成的相对数或平均数时间序列的有( )。
   A. 工业企业全员劳动生产率数列　　B. 百元产值利润率动态数列
   C. 产品产量计划完成程度动态数列　D. 某单位人员构成动态数列
   E. 各种商品销售额所占比重动态数列
7. 下面属于时点数列的是( )。
   A. 历年出口贸易额　　　　　　　　B. 某工厂每年固定资产投资规模
   C. 历年商品销售额　　　　　　　　D. 历年牲畜存栏数
   E. 某银行储蓄存款余额
8. 某企业某种产品原材料月库存资料,如表5-33所示。

表5-33　某企业某种产品原材料月库存资料

月份	1月	2月	3月	4月	5月	6月
原材料库存量(吨)	8	10	13	11	9	12

则该时间序列( )。
   A. 各项指标数值是连续统计的结果
   B. 各项指标数值是不连续统计的结果
   C. 各项指标数值反映的是现象在一段时期内发展的总量
   D. 各项指标数值反映的是现象在某一时点上的总量
   E. 各项指标数值可以相加得到6个月原材料库存总量
9. 累计增长量与逐期增长量( )。
   A. 前者基期水平不变,后者基期水平总在变动

B. 两者存在关系式:逐期增长量之和等于累计增长量

C. 相邻的两个逐期增长量之差等于相应的累计增长量

D. 根据这两个增长量都可以计算较长时期内的平均每期增长

E. 这两个增长量都属于水平分析指标

10. 影响时间序列的因素主要有（   ）。

A. 长期趋势　　　　B. 季节变动　　　　C. 循环变动　　　　D. 不规则变动

E. 规则变动

五、简答题

1. 简述时期数列和时点数列的主要区别。
2. 简述动态数列的编制原则。
3. 相对数时间序列计算序时平均数时应注意什么问题？
4. 在利用数学模型法描述数列的长期趋势前，如何判断现象的变化类型？
5. 时间数列的影响因素有哪些？根本影响因素是什么？

六、综合训练题

1. 某工厂上半年工人数和产值资料，如表 5-34 所示。

表 5-34　某工厂上半年工人数和产值资料

月　份	月初工人数(人)	产值(万元)
1	300	1 050
2	310	1 100
3	315	1 200
4	295	1 250
5	320	1 300
6	305	1 400

又知 7 月初工人数为 325 人。

要求：

计算上半年的平均工人数、平均产值及平均月劳动生产率。

2. 已知下列资料，如表 5-35 所示。

表 5-35　某工厂 3~6 月工人数和总产值资料

	3月	4月	5月	6月
月末工人数(人)	2 000	2 000	2 200	2 200
总产值(亿元)	11	12.6	14.6	16.3

计算：

(1) 第二季度月平均产量；

(2) 第二季度月平均人数；

(3) 第二季度月人均产值。

3. 某商店 2016 年各月末商品库存额资料，如表 5-36 所示。

表 5-36　某商店 2016 年各月末商品库存额资料　　　　　　　　（单位：万元）

月　份	1	2	3	4	5	6	7	8	9	10	11	12
库存额	60	55	48	43	40	50	45	60	68	56	50	64

又知 2016 年 1 月 1 日商品库存额为 63 万元，试计算上半年、下半年和全年的平均商品库存额。

4. 根据时间序列水平和速度分析指标之间的关系，将表 5-37 中的空白处填写完整。

表 5-37

年　份	2011	2012	2013	2014	2015	2016
产量（万吨）	500					
逐期增长量（万吨）	—					
累计增长量（万吨）	—				550	
环比发展速度（%）	—		125			
定基发展速度（%）	—					238
环比增长速度（%）	—	20				
定基增长速度（%）	—			100		

5. 某商业银行 2016 年下半年存贷款余额资料如表 5-38 所示。

表 5-38　某商业银行 2016 年下半年存贷款余额资料

月　份	7月初	8月初	9月初	10月初	11月初	12月初	12月末
存款余额（亿元）	12.0	13.8	12.0	14.4	15.6	17.8	19.2
贷款余额（亿元）	8.6	9.5	9.2	10.3	11.4	12.7	15.8

分别计算该银行第三季度、第四季度及下半年的平均存款余额、平均贷款余额及平均存贷比率。

6. 根据以往经验，某家电商场第一至第四季度空调销售额的季节比率分别为 85%、112%、124% 和 79%，试判断空调销售的淡旺季。若该商场明年的空调销售量预计为 60 万台，预测明年每一季度的销售量。

7. 某企业 2009—2016 年销售额如表 5-39 所示。

表 5-39　某企业 2009—2016 年销售额

年　份	销售额（万元）
2009	1 480
2010	1 660
2011	1 820

续 表

年　份	销售额(万元)
2012	2 010
2013	2 270
2014	2 450
2015	2 700
2016	2 850

要求：

采用最小平方法配合的直线方程测定时间数列的长期趋势并据以预测 2017 年和 2018 年的销售额。

8. 某工厂的工业总产值 2013 年比 2012 年增长 7%，2014 年比 2013 年增长 10.5%，2015 年比 2014 年增长 7.8%，2016 年比 2015 年增长 14.6%。要求以 2012 年为基期计算 2013 年至 2016 年该厂工业总产值增长速度和平均增长速度。

9. 某地区 2011 年年底人口数为 3 000 万人，假定以后每年以 9‰的增长率增长，又假定该地区 2011 年粮食产量为 220 亿斤，要求到 2016 年人均粮食产量达到 850 斤。

计算：

2016 年的粮食产量应该达到多少斤？粮食产量每年平均增长速度如何？

第6章　指数分析

【学习目标】

系统学习统计指数的概念、意义和类型,总指数和平均指数的编制原则和方法,指数体系的意义及利用指数体系对总量指标、平均指标变动进行分析的原理和步骤。

【学习要求】

> 了解:指数的分类、指数的作用。
> 理解:综合指数的特点,同度量因素的概念,指数体系的概念和作用。
> 掌握:数量指标指数、质量指标指数的编制原则与方法,指数体系的两因素、多因素分析法。

导入案例

2012年12月份我国居民消费价格变动情况

2012年12月份,全国居民消费价格总水平同比上涨2.5%。其中,城市上涨2.5%,农村上涨2.5%;食品价格上涨4.2%,非食品价格上涨1.7%;消费品价格上涨2.5%,服务项目价格上涨2.5%。2012年,全国居民消费价格总水平比上年上涨2.6%。

12月份,全国居民消费价格总水平环比上涨0.8%。其中,城市上涨0.8%,农村上涨0.9%;食品价格上涨2.4%,非食品价格持平(涨跌幅度为0);消费品价格上涨1.1%,服务项目价格持平。

12月份,食品价格同比上涨4.2%,影响居民消费价格总水平同比上涨约1.37%。其中,鲜菜价格上涨14.8%,影响居民消费价格总水平上涨约0.41%;水产品价格上涨6.1%,影响居民消费价格总水平上涨约0.15%;粮食价格上涨4.1%,影响居民消费价格总水平上涨约0.12%;肉禽及其制品价格上涨1.4%,影响居民消费价格总水平上涨约0.11%(猪肉价格下降6.2%,影响居民消费价格总水平下降约0.22%);油脂价格上涨4.5%,影响居民消费价格总水平上涨约0.06%;鲜果价格下降5.6%,影响居民消费价格总水平下降约0.11%。

12月份,食品价格环比上涨2.4%,影响居民消费价格总水平环比上涨约0.79%。其中,鲜菜价格上涨17.5%,影响居民消费价格总水平上涨约0.46%;肉禽及其制品价格上涨2.4%,影响居民消费价格总水平上涨约0.18%(猪肉价格上涨3.9%,影响居民消费价格总水平上涨约 0.12%);水产品价格上涨 2.0%,影响居民消费价格总水平上涨约 0.05%;蛋价格上涨 3.1%,影响居民消费价格总水平上涨约 0.03%;鲜果价格上涨 0.8%,影响居民消费价格总水平上涨约 0.01%;粮食和油脂价格分别上涨 0.4%和 0.2%,两项合计影响居民消费价格总水平上涨约 0.01%。

12 月份,非食品价格环比持平。其中,烟酒及用品价格上涨 0.2%,家庭设备用品及维修服务、居住价格均上涨 0.1%,交通和通信、娱乐教育文化用品及服务价格均下降 0.2%,衣着、医疗保健和个人用品价格均持平。

【分析与思考】

这份市场统计报告你能读懂吗?上例中提到了"价格上涨"、"价格下降"、"影响居民消费价格总水平"等词语,它们的具体含义是什么?通过这份统计报告,你对我国 2012 年居民消费价格水平怎么看?学习了统计指数的内容,你就能真正读懂它,而且还会知道很多与此相关的知识。

6.1 统计指数概述

6.1.1 统计指数的概念

指数的含义有广义和狭义两种。广义的指数是指所有反映社会经济现象数量变动或差异程度的相对数。例如,前面所学过的动态相对数、计划完成程度相对数、比较相对数等都属于广义指数。狭义的指数是一种特殊的相对数,即用来说明不能直接相加的复杂社会经济现象总体在不同时间上综合变动的相对数。例如,零售物价指数是反映所有零售商品价格总变动的动态相对数。本章所要研究的统计指数主要是指狭义的指数。

统计指数具有以下几个基本性质和特点:

(1) 统计指数通常以相对数的形式表示。

(2) 反映复杂现象的统计指数具有综合的性质。统计指数综合地反映了复杂现象总体的数量变化关系。复杂现象总体的数量变化常常受到许多因素的影响。例如,因为受多种因素的影响,各种商品价格变动的方向和幅度经常是不一致的,有些商品价格上涨,有些商品价格下跌,而且上涨与下跌的幅度也不一样。商品价格总指数是各种商品价格综合变动的结果。

(3) 反映复杂现象的统计指数具有平均的性质。统计指数反映复杂现象总体中各个单位变动的平均水平。例如,就商品价格总指数而言,它所反映的是各种商品价格变动的平均水平。

6.1.2 统计指数的种类

1. 按研究对象范围的不同,分为个体指数、组指数和总指数

个体指数是反映个别现象数量变动的动态相对数,如某种品牌型号的电冰箱的产量指数与价格指数都是个体指数。个体指数是在简单现象总体的条件下计算的。

组指数也称类指数,是综合反映总体内某一类现象数量变动的动态相对数,如食品类、衣着类、服务类价格指数等。组指数通常也是编制总指数的中间环节。

总指数是综合反映复杂经济现象总体数量变化的动态相对数,如研究多种使用价值不同的商品销售量指数、商品价格总指数等。总指数是在复杂现象总体的条件下计算的。

2. 按所反映的现象特征不同,分为数量指标指数和质量指标指数

数量指标指数反映所研究现象的数量规模变动,如产品产量指数、商品销售量指数等。

质量指标指数反映所研究现象的质量水平变动,如商品价格指数、产品成本指数、劳动生产率指数等。

3. 按指数对比基期的不同,分为定基指数和环比指数

定基指数是指对动态数列中采用某一固定时期为基期计算得到的一系列指数。若从广义指数概念理解,定基指数即为动态数列中的定基发展速度。

环比指数是对动态数列中采用报告期前一个时期为基期计算得到的一系列指数。同理,环比指数即为动态数列中的环比发展速度。

6.1.3 统计指数的作用

统计指数的作用主要表现为以下几个方面。

1. 运用统计指数可以分析复杂经济现象总体的变动方向和程度

例如,股票价格的变动是一种复杂现象,通过编制股票价格指数可以反映股票市场价格总变动的情况。再如,商品销售量、商品销售价格的变动也都是复杂的经济现象,这些复杂的经济现象是由不同类型或性质的事物组成,往往不能在数量上直接综合加以对比,只有通过编制统计指数才可以反映其总体的变动方向和程度。

2. 运用统计指数可以分析复杂经济现象总变动中各个因素对总变动的影响方向和程度

复杂现象总体的变动是由各种因素综合影响的结果,而各种因素自身变动的幅度和变动方向常常是不一致的,因而对总体变动的影响也不同。例如,某地区 2016 年商品销售额对比 2015 年为 115%,说明 2016 年该地区商品销售额的增长幅度为 15%。这个变动是销售量与价格两个因素共同作用的结果,借助于统计指数法可以深入分析和测定这两个因素的变动及其对销售额变动所带来的影响。

3. 运用统计指数可以分析复杂经济现象总体的长期变化趋势

通过编制动态指数数列,可以反映现象在长时间的变化趋势。如果把两个相互联系的指数数列加以比较,还可以进一步认识复杂现象总体之间数量上的变动关系。

4. 运用统计指数可以对多指标的复杂社会经济现象进行综合测评

随着指数在实际应用中的不断发展,许多现象都可以运用指数进行综合评价和测定,从而对其水平做出综合的数量判断,如可以利用综合经济动态指数评价测定一个地区或单位经济效益的高低。

6.2 总指数

总指数有两种基本形式:一是综合指数;二是平均指数。

6.2.1 综合指数

1. 综合指数的含义

综合指数是两个总量指标对比形成的指数。一个总量指标可以分解为两个或两个以上的因素指标,将其中一个或一个以上的因素指标固定下来,只反映其中一个因素指标的变动程度,这样的总指数就是综合指数。

编制综合指数首先必须明确两个概念:一是"指数化指标";二是"同度量因素"。所谓指数化指标,就是编制综合指数所要测定的因素,如商品价格综合指数所要测定的因素是价格,所以价格就是其指数化指标。所谓同度量因素,是指媒介因素,借助媒介因素,把不能直接加总的因素过渡到可以加总,所以称其为同度量因素。编制综合指数的目的是测定指数化指标的变动,因此,在对比的过程中对同度量因素应加以固定。

编制综合指数的基本方法是"先综合,后对比"。例如,在编制价格综合指数反映市场商品价格总变动中,首先要通过将各种不能直接相加的商品价格乘以同度量因素——商品销售量,过渡到能够直接相加的价值指标——销售额,将销售额指标加以综合,然后再进行对比。

编制综合指数必须解决以下两个问题:

首先,必须根据指数化指标的性质确定同度量因素的性质。一般而言,质量指标指数的指数化指标是质量指标 p,其同度量因素是数量指标 q,两者的乘积 pq 是一价值总量;数量指标指数的指数化指标则是数量指标 q,其同度量因素是质量指标 p,两者的乘积 pq 也是一价值总量,价值量指标加总后,其经济意义具体明确。

其次,必须确定同度量因素所固定的时期。根据不同的研究目的和所研究现象的特点,同度量因素可以固定在基期,也可以固定在报告期。但分子分母中的同度量因素,必须固定在同一时期。只有这样,才能把握所要测定的指标的变动。

需要指出的是,同度量因素具有权数的性质。例如,在价格综合指数中,同度量因素 q 不仅可以使各种不同商品的销售价格转化为可以相加的价值量,而且由于各种商品的销售量不同,其各自价格变动对综合价格指数影响的大小也有所差别。由于基期与报告期各种商品销售结构可能不一样,因此,将 q 固定在不同的时期(基期或报告期),所得到的综合指数的计算结果是不相同的。所以,在编制综合指数时,如何选择合适的权数,是一个需要重点研究的问题。在我国最为普遍的选择方法是:编制数量指标综合指数时,将质量指标作为同度量因素,并将其固定在基期;编制质量指标综合指数时,将数量指标作为同度量因素,并将其固定在报告期。

2. 数量指标综合指数的编制

编制数量指标综合指数的一般原则,是采用基期的质量指标作为同度量因素。其计算公式为:

$$\bar{k}_q = \frac{\sum q_1 p_0}{\sum q_0 p_0} \quad (6-1)$$

式中:$\bar{k}_q$——数量指标综合指数;

q——数量指标;

p——质量指标;

下标 1——报告期;

下标 0——基期。

现以商品销售量指标为例,说明数量指标综合指数的编制方法。

【例 6-1】某商场销售情况如表 6-1 所示,根据资料计算三种商品销售量指数。

表 6-1 某商场销售情况资料

产品类别	计量单位	销售量		销售价格(元)	
		q_0	q_1	p_0	p_1
1	万件	450	500	700	770
2	万件	500	520	350	350
3	台	900	1 080	100	110
合 计	—	—	—	—	—

三种商品销售量指数的计算过程,如表 6-2 所示。

表 6-2 三种商品销售量总指数计算表

产品类别	计量单位	销售量		销售价格(元)		销售额(百元)	
		q_0	q_1	p_0	p_1	$q_1 p_0$	$q_0 p_0$
1	万件	450	500	700	770	3 500	3 150
2	万件	500	520	350	350	1 820	1 750
3	台	900	1 080	100	110	1 080	900
合 计	—	—	—	—	—	6 400	5 800

所以,三种商品销售量综合指数为:

$$\bar{k}_q = \frac{\sum q_1 p_0}{\sum q_0 p_0} = \frac{6\ 400}{5\ 800} = 110.34\%$$

此计算结果有双重含义,它不仅表明报告期三种商品销售量比基期增长了 10.34%,而且还表明由于销售量的增长使销售额增长了 10.34%。

公式中分子与分母的差额为:

$$\sum q_1 p_0 - \sum q_0 p_0 = 6\,400 - 5\,800 = 600(百元)$$

表明,由于三种商品销售量平均增长了 10.34%,使销售额增加了 600 百元。由此可见,数量指标综合指数不仅可以综合反映复杂总体数量指标变动的相对程度,而且还可以从绝对量上分析由于数量指标变动所带来的绝对效果。

3. 质量指标综合指数的编制

编制质量指标综合指数的一般原则,是采用报告期的数量指标作为同度量因素。其计算公式为:

$$\bar{k}_p = \frac{\sum q_1 p_1}{\sum q_1 p_0} \tag{6-2}$$

式中:$\bar{k}_p$——质量指标综合指数。

现以商品销售价格指标为例,说明质量指标综合指数的编制方法。

【例 6-2】 仍根据表 6-1 资料,计算三种商品销售价格总指数,如表 6-3 所示。

表 6-3 三种商品销售价格总指数计算表

产品类别	计量单位	销售量		销售价格(元)		销售额(百元)	
		q_0	q_1	p_0	p_1	$q_1 p_1$	$q_1 p_0$
1	万件	450	500	700	770	3 850	3 500
2	万件	500	520	350	350	1 820	1 820
3	台	900	1 080	100	110	1 188	1 080
合 计	—	—	—	—	—	6 858	6 400

解 三种商品价格综合指数为:

$$\bar{k}_p = \frac{\sum q_1 p_1}{\sum q_1 p_0} = \frac{6\,858}{6\,400} = 107.16\%$$

计算结果同样有双重含义,它不仅表明报告期三种商品价格比基期平均上升了 7.16%,同时也表明由于价格上升使销售额上升了 7.16%。

公式中分子与分母的差额为:

$$\sum q_1 p_1 - \sum q_1 p_0 = 6\,858 - 6\,400 = 458(百元)$$

表明,由于三种商品价格的上升,使销售额增加了 458 百元。

所以,质量指标综合指数不仅可以综合反映复杂总体质量变动的相对程度,而且还可以从绝对量上分析由于质量指标变动所引起的绝对效果。

通过以上的介绍可以看出,无论是数量指标综合指数还是质量指标综合指数,其编制的关键是合理确定同度量因素。在确定同度量因素时,应特别注意以下两点:一是同度量因素的确定要符合指标之间的经济联系;二是为了起到同度量的作用,计算某一综合指数时分子和分母的同度量因素,必须固定在同一时期。

在实际工作中,根据不同的目的和任务,还可以采用其他一些编制综合指数的方法,如拉氏指数、派氏指数等。有兴趣的读者可以阅读相关资料。

6.2.2 平均指数

1. 平均指数的含义

与综合指数相同,平均指数也是总指数的基本形式之一,用来反映复杂现象的总变动。平均指数之所以被称为平均指数,是因为它利用了加权算术平均数 $\bar{x} = \dfrac{\sum xf}{\sum f}$ 和加权调和平均数 $\bar{x} = \dfrac{\sum m}{\sum \dfrac{m}{x}}$ 的计算形式。

平均指数的编制原理与综合指数的编制原理是相互贯通的。两者的区别主要在于:编制综合指数的基本方法是"先综合,后对比",而平均指数编制的基本方法是"先对比,后平均"。所谓"先对比",是指先通过对比计算个体指数 $k_q = \dfrac{q_1}{q_0}$ 或 $k_p = \dfrac{p_1}{p_0}$;所谓"后平均",则是指将个体指数赋予适当的权数 $p_0 q_0$ 或 $p_1 q_1$,加以平均得到总指数。

平均指数有两种基本形式:一是加权算术平均指数;另一种是加权调和平均指数。下面分别加以阐述。

2. 加权算术平均指数

加权算术平均指数,是以个体数量指标指数以及基期的总量指标为基础编制而成的。其计算公式为:

$$\bar{k}_q = \frac{\sum k_q \cdot q_0 p_0}{\sum q_0 p_0} = \frac{\sum \dfrac{q_1}{q_0} \cdot q_0 p_0}{\sum q_0 p_0} \tag{6-3}$$

式中:$\bar{k}_q$——加权算术平均指数;

$k_q = \dfrac{q_1}{q_0}$——个体数量指标指数;

$q_0 p_0$——基期总量指标。

【例 6-3】 根据表 6-4 所示的资料计算销售量的平均指数。

表 6-4 三种商品销售量资料

产品类别	计量单位	销售量指数 $k_q = \dfrac{q_1}{q_0}$	基期销售额 $q_0 p_0$
1	万件	1.111 1	3 150
2	万件	1.040 0	1 750
3	台	1.200 0	900
合 计	—	—	5 800

三种商品销售量平均指数计算过程,如表 6-5 所示。

表 6-5　三种商品销售量资料

产品类别	计量单位	销售量指数 $k_q=\dfrac{q_1}{q_0}$	基期销售额 $q_0 p_0$	$k_q q_0 p_0$
1	万件	1.111 1	3 150	3 500
2	万件	1.040 0	1 750	1 820
3	台	1.200 0	900	1 080
合　计	—	—	5 800	6 400

所以,三种商品销售量平均指数为:

$$\bar{k}_q = \frac{\sum \dfrac{q_1}{q_0} q_0 p_0}{\sum q_0 p_0} = \frac{6\ 400}{5\ 800} = 110.34\%$$

计算结果和前面综合指数中的计算结果完全相同。

不难发现,这是因为当个体指数与总值权数之间存在严格的一一对应关系时,采用基期总值加权的平均指数,实际上是数量指标综合指数的变形。

3. 加权调和平均指数

加权调和平均指数,是以个体质量指标指数以及报告期的总量指标为基础编制而成的。其计算公式为:

$$\bar{k}_p = \frac{\sum p_1 q_1}{\sum \dfrac{1}{\dfrac{p_1}{p_0}} p_1 q_1} = \frac{\sum p_1 q_1}{\sum \dfrac{1}{k_p} p_1 q_1} \tag{6-4}$$

式中：$\bar{k}_p$——加权调和平均指数；

k_p——个体质量指标指数；

$q_1 p_1$——报告期总量指标。

【例 6-4】 根据表 6-6 所示的资料,计算商品价格总指数。

表 6-6　价格平均指数计算表

产品类别	计量单位	价格指数 $k_p=\dfrac{p_1}{p_0}$	报告期销售额 $q_1 p_1$	$\dfrac{q_1 p_1}{k_p}$
1	万件	1.10	3 850	3 500
2	万件	1.00	1 820	1 820
3	台	1.10	1 188	1 080
合　计	—	—	6 858	6 400

解　$\bar{k}_p = \dfrac{\sum p_1 q_1}{\sum \dfrac{1}{\dfrac{p_1}{p_0}} p_1 q_1} = \dfrac{6\ 858}{6\ 400} = 107.16\%$

计算结果和前面综合指数的计算结果完全相同。

不难发现，这也是因为当个体指数与总值权数之间存在严格的一一对应关系时，采用报告期总值加权的平均指数实际上是质量指标综合指数的变形。

综合指数和平均指数是编制总指数的两种形式，它们之间既有区别，又有联系。综合指数和平均指数的联系主要表现为在一定的权数条件下，两类指数之间有变形关系。当掌握的资料不能直接用综合指数形式计算时，则可用综合指数的变形——平均指数进行计算。两者的区别主要表现在以下几个方面：

（1）计算对比的先后顺序不同。综合指数是通过引进同度量因素，先计算出总体的总量，然后进行对比，即先综合后对比；平均指数是在个体指数的基础上计算总指数，即先对比后综合。

（2）运用资料的条件不同。综合指数需要研究总体的全面资料；平均指数则既适用于全面资料，也适用于非全面资料。

（3）经济分析中的具体作用不同。综合指数除可表明复杂总体的变动方向和变动程度外，还可以从指数化指标变动的绝对效果上进行因素分析；平均指数一般只能通过总指数表明复杂总体的变动方向和程度，而不能用于对现象进行因素分析。

6.3 指数体系与因素分析

如前所述，指数不仅可以反映社会经济现象数量的变动程度，而且还可以用于分析影响总量变动的各个因素的作用。因素分析是借助于指数体系来进行的。

6.3.1 指数体系的含义

指数体系是指在经济上有联系、在数量上存在对等关系的三个或三个以上的指数所构成的一个整体。利用指数体系可以分析社会经济现象各种因素变动，以及这些因素变动对总体的影响程度。

建立指数体系的依据是现象之间客观存在的经济联系，并且这种经济联系可以通过相应的指标关系式表现出来。例如：

$$总产值＝产品产量 \times 价格$$
$$总成本＝产品产量 \times 单位成本$$
$$销售额＝销售量 \times 价格$$

若用字母表示，则为：

$$qp = q \times p$$

从上面的三个关系式可以看到，现象的总体可以分解为一个数量因素和一个质量因素。而现象总体的变化就可以归结为数量因素和质量因素共同作用的结果。上述指标体系按指数形式表现时，乘积关系仍然成立，即：

$$总产值指数＝产品产量指数 \times 价格指数$$
$$总成本指数＝产品产量指数 \times 单位成本指数$$
$$销售额指数＝销售量指数 \times 价格指数$$

这些指数关系可以归纳为：

现象总体变动指数＝数量指标指数×质量指标指数

若用字母表示即为：

$$\frac{\sum q_1 p_1}{\sum q_0 p_0} = \frac{\sum q_1 p_0}{\sum q_0 p_0} \times \frac{\sum q_1 p_1}{\sum q_1 p_0}$$

利用指数体系可以从数量方面分析社会经济现象总体变动中各个因素变动的影响程度和绝对额，也可以利用指数之间的联系进行必要的推算。

利用指数体系进行因素分析，主要分析以下两方面的问题：

(1) 分析现象总体总量指标的变动受各种因素变动的影响程度。这是利用综合指数体系，从数量指标指数和质量指标指数的相互联系中，分析各个因素的变动影响关系。例如，通过编制多种产品的销售量指数和价格指数，可以分析销售量和价格的变动对销售总额变动的影响。

(2) 分析社会经济现象总体平均指标变动受各种因素变动的影响程度。这种分析是通过平均指标指数体系来进行的。

6.3.2 连锁替代法

1. 连锁替代法的概念

利用指标体系进行因素分析，一般采用连锁替代法。所谓连锁替代法，就是在被分析指标的因素结合式中，根据各因素的性质和相互联系的数量关系，将各个因素的基期数字顺次以报告期的数字替代，有多少因素就替代多少次；每次替代后的结果与替代前的结果进行对比，从相对数和绝对数两方面分析各因素对现象总体的影响。

用连锁替代法进行因素分析时，应注意以下几个问题：

(1) 各因素的排列顺序。运用连锁替代法进行因素分析，一般是按各因素排列的先后顺序展开的。因此，什么因素排在前面，什么因素排在后面，需要事先加以考虑。一般原则是先数量因素后质量因素，先内涵因素后外延因素。

(2) 注意相邻因素之间的经济含义。运用连锁替代法进行因素分析，各因素排列顺序还要考虑它相乘后的经济含义。例如，在研究企业利润额变动时，影响利润额变动的各因素排列的顺序为销售量、销售价格、利润率。销售量乘以销售价格等于销售额，销售额乘以利润率等于利润额，相乘的结果都有明确的经济意义。假如销售价格和利润率排列的位置互换，销售量乘以利润率的经济含义就难以确定，不符合指标分解逻辑。

2. 连锁替代法的步骤

以销售额变动分析为例，用 p、q 分别表示销售价格、销售量，以 p_0、q_0 分别表示基期的数值，p_1、q_1 表示报告期的数值。连锁替代的过程如下：

$$\begin{array}{r}\text{分析的起点} \to q_0 p_0 \\ \text{第一次替代} \to q_1 p_0 \\ \text{第二次替代} \to q_1 p_1\end{array} \left.\begin{array}{l}\\ \end{array}\right\} \begin{array}{l}\text{第一次替代}\\ \text{第二次替代}\end{array}$$

从其替代过程可以看出：将第一次替代后的结果与替代前的结果比较，可以反映出数量

指标 q 的变动情况 $\left[\dfrac{\sum q_1 p_0}{\sum q_0 p_0}\right]$。将第二次替代后的结果与替代前的结果比较，可以反映出质量指标 p 的变动情况 $\left[\dfrac{\sum q_1 p_1}{\sum q_1 p_0}\right]$。

具体的计算公式和步骤如下。

1) 计算被分析指标的总变动

$$总变动的程度 = \frac{\sum q_1 p_1}{\sum q_0 p_0}$$

$$总变动的绝对额 = \sum q_1 p_1 - \sum q_0 p_0$$

2) 计算各因素变动的影响程度和绝对额

(1) q 因素变动。

$$q\ 因素变动影响程度 = \frac{\sum q_1 p_0}{\sum q_0 p_0}$$

$$q\ 因素变动绝对额 = \sum q_1 p_0 - \sum q_0 p_0$$

(2) p 因素变动。

$$p\ 因素变动影响程度 = \frac{\sum q_1 p_1}{\sum q_1 p_0}$$

$$p\ 因素变动绝对额 = \sum q_1 p_1 - \sum q_1 p_0$$

3) 影响因素的综合分析

(1) 总变动程度等于各因素变动影响程度的连乘积。

$$\frac{\sum q_1 p_1}{\sum q_0 p_0} = \frac{\sum q_1 p_0}{\sum q_0 p_0} \times \frac{\sum q_1 p_1}{\sum q_1 p_0}$$

(2) 总因素变动绝对额等于各因素变动影响绝对额的总和。

$$\sum q_1 p_1 - \sum q_0 p_0 = \left(\sum q_1 p_0 - \sum q_0 p_0\right) + \left(\sum q_1 p_1 - \sum q_1 p_0\right)$$

6.3.3 两因素分析

下面结合例子说明用连锁替代法进行两因素分析的计算过程和实际分析意义。

【例 6-5】 根据表 6-7 所示的资料，进行销售额变动的因素分析。

表 6-7 销售额变动的因素分析表

产品类别	计量单位	销售量		销售价格(元)		销售额(百元)		
		q_0	q_1	p_0	p_1	$q_1 p_0$	$q_0 p_0$	$q_1 p_1$
1	万件	450	500	700	770	3 500	3 150	3 850
2	万件	500	520	350	350	1 820	1 750	1 820
3	台	900	1 080	100	110	1 080	900	1 188
合 计	—	—	—	—	—	6 400	5 800	6 858

解 (1) 销售额变动影响分析。

$$销售额变动指数 = \frac{\sum q_1 p_1}{\sum q_0 p_0} = \frac{6\,858}{5\,800} = 118.24\%$$

$$销售额变动的绝对额 = \sum q_1 p_1 - \sum q_0 p_0 = 6\,858 - 5\,800 = 1\,058(百元)$$

(2) 销售量变动影响分析。

$$销售量变动影响程度 = \frac{\sum q_1 p_0}{\sum q_0 p_0} = \frac{6\,400}{5\,800} = 110.34\%$$

$$销售量变动影响绝对额 = \sum q_1 p_0 - \sum q_0 p_0 = 6\,400 - 5\,800 = 600(百元)$$

(3) 销售价格变动影响分析。

$$销售价格变动影响程度 = \frac{\sum q_1 p_1}{\sum q_1 p_0} = \frac{6\,858}{6\,400} = 107.16\%$$

$$销售价格变动影响绝对额 = \sum q_1 p_1 - \sum q_1 p_0 = 6\,858 - 6\,400 = 458(百元)$$

(4) 影响因素综合分析。

从相对数来看：

$$\frac{\sum q_1 p_1}{\sum q_0 p_0} = \frac{\sum q_1 p_0}{\sum q_0 p_0} \times \frac{\sum q_1 p_1}{\sum q_1 p_0}$$

从绝对数来看：

$$118.24\% = 110.34\% \times 107.16\%$$

$$\sum q_1 p_1 - \sum q_0 p_0 = \left(\sum q_1 p_0 - \sum q_0 p_0\right) + \left(\sum q_1 p_1 - \sum q_1 p_0\right)$$

$$1\,058 = 600 + 458$$

分析结果表明：从相对数来看，该企业的销售额报告期比基期增长18.24%，是由于销售量增长10.34%和销售价格上涨7.16%这两个因素共同作用的结果；从绝对数来看，该企业销售额报告期比基期增加10.58万元，是由于销售量上升使销售额增加6万元和销售价格上涨使销售额增加4.58万元共同作用的结果。

6.3.4 多因素分析

指数体系因素分析法，可以推广到三个、四个甚至更多因素分析。

假如要对企业的利润额进行因素分析，可将利润额按下述方式分解：

$$利润额 = 销售量(q) \times 销售价格(p) \times 利润率(r) \qquad (6-5)$$

按照连锁替代法，可以得到多因素分析指数体系：

$$\frac{\sum q_1 p_1 r_1}{\sum q_0 p_0 r_0} = \frac{\sum q_1 p_0 r_0}{\sum q_0 p_0 r_0} \times \frac{\sum q_1 p_1 r_0}{\sum q_1 p_0 r_0} \times \frac{\sum q_1 p_1 r_1}{\sum q_1 p_1 r_0}$$

$$\sum q_1 p_1 r_1 - \sum q_0 p_0 r_0 = \left(\sum q_1 p_0 r_0 - \sum q_0 p_0 r_0\right) + \\ \left(\sum q_1 p_1 r_0 - \sum q_1 p_0 r_0\right) + \left(\sum q_1 p_1 r_1 - \sum q_1 p_1 r_0\right)$$

【例6-6】 某企业利润额资料如表6-8所示,试分析销售量、销售价格、利润率对利润总额的影响。

表6-8 多因素指数体系因素分析表

产品类型	计量单位	销售量		销售价格(元)		利润率(%)		利润额(百元)			
		q_0	q_1	p_0	p_1	r_0	r_1	$q_1 p_1 r_1$	$q_1 p_1 r_0$	$q_1 p_0 r_0$	$q_0 p_0 r_0$
1	万件	450	500	700	770	8	9	346.5	308	280	252
2	万件	500	520	350	350	7	11	200.2	127.4	127.4	122.5
3	台	900	1 080	100	110	12	10	118.8	142.6	129.6	108
合 计	—							665.5	578.0	537.0	482.5

解 (1) 利润额总指数 $= \dfrac{\sum q_1 p_1 r_1}{\sum q_0 p_0 r_0} = \dfrac{665.5}{482.5} = 137.93\%$

利润额报告期比基期增加37.93%,绝对额为:

$\sum q_1 p_1 r_1 - \sum q_0 p_0 r_0 = 665.5 - 482.5 = 183$(百元)

(2) 销售量指数 $= \dfrac{\sum q_1 p_0 r_0}{\sum q_0 p_0 r_0} = \dfrac{537.0}{482.5} = 111.30\%$

销售量报告期比基期增长了11.30%,由此而增加的利润额为:

$\sum q_1 p_0 r_0 - \sum q_0 p_0 r_0 = 537.0 - 482.5 = 54.5$(百元)

(3) 销售价格指数 $= \dfrac{\sum q_1 p_1 r_0}{\sum q_1 p_0 r_0} = \dfrac{578.0}{537.0} = 107.64\%$

销售价格报告期比基期提高7.64%,由此而增加的利润额为:

$\sum q_1 p_1 r_0 - \sum q_1 p_0 r_0 = 578.0 - 537.0 = 41$(百元)

(4) 利润额指数 $= \dfrac{\sum q_1 p_1 r_1}{\sum q_1 p_1 r_0} = \dfrac{665.5}{578.0} = 115.14\%$

利润率报告期比基期提高115.14%,由此而增加的利润额为:

$\sum q_1 p_1 r_1 - \sum q_1 p_1 r_0 = 665.5 - 578.0 = 87.5$(百元)

上列计算结果的综合分析:
137.93% = 111.30% × 107.67% × 115.14%
183 = 54.5 + 41 + 87.5

分析结果说明:报告期由于销售量增加11.3%、销售价格提高7.67%和利润率提高15.14%这三方面因素综合作用的结果,使利润额提高37.93%;利润总额增加1.83万元,是由于销售量增加而增加利润0.545万元、销售价格提高而增加利润0.41万元和利润率提高而增加利润0.875万元的共同结果。

6.3.5 总平均数指数与总平均数变动的因素分析

两个平均指标在时间上对比的相对数称为平均指标指数。平均指标的大小受变量值和权数两个因素的影响,即 $\overline{x} = \dfrac{\sum xf}{\sum f} = \sum \left[x \cdot \dfrac{f}{\sum f} \right]$。那么两个时期加权算术平均数进行对比时,即 $\overline{x_1} : \overline{x_0}$ 时,$\overline{x}$ 受变量值和权数两个因素的影响。平均指标指数是根据影响平均指标的两个因素分别编制成独立的指数,且使这三个指数在数量上保持密切关系,形成一个指数体系。它们就是可变构成指数、固定构成指数和结构变动影响指数。其关系式如下:

$$\text{可变构成指数} = \text{固定构成指数} \times \text{结构影响指数} \quad (6-6)$$

(1) 可变构成指数。分析总平均数的变动。其计算公式为:

$$\dfrac{\sum x_1 f_1}{\sum f_1} \div \dfrac{\sum x_0 f_0}{\sum f_0} = \dfrac{\overline{x_1}}{\overline{x_0}} \quad (6-7)$$

(2) 固定构成指数。分析总体内部各组平均水平变动对总平均数的影响。其计算公式为:

$$\text{固定构成指数} = \dfrac{\sum x_1 f_1}{\sum f_1} \div \dfrac{\sum x_0 f_1}{\sum f_1} \quad (6-8)$$

(3) 结构变动影响指数。分析总体内部各组权数(结构变动)对总平均指标变动的影响。其计算公式为:

$$\text{结构变动影响指数} = \dfrac{\sum x_0 f_1}{\sum f_1} \div \dfrac{\sum x_0 f_0}{\sum f_0} \quad (6-9)$$

可变构成指数、固定构成指数和结构变动影响指数都是反映复杂现象变动的指数,因此都是总指数。这三个指数存在内在的联系。

$$\text{可变构成指数} = \text{结构变动影响指数} \times \text{固定结构指数}$$

即: $\dfrac{\sum x_1 f_1}{\sum f_1} \div \dfrac{\sum x_0 f_0}{\sum f_0} = \left(\dfrac{\sum x_0 f_1}{\sum f_1} \div \dfrac{\sum x_0 f_0}{\sum f_0} \right) \times \left(\dfrac{\sum x_1 f_1}{\sum f_1} \div \dfrac{\sum x_0 f_1}{\sum f_1} \right) \quad (6-10)$

$$\text{总平均数变动绝对额} = \text{结构变动影响额} + \text{各组平均数变动影响额}$$

即: $\dfrac{\sum x_1 f_1}{\sum f_1} - \dfrac{\sum x_0 f_0}{\sum f_0} = \left(\dfrac{\sum x_0 f_1}{\sum f_1} - \dfrac{\sum x_0 f_0}{\sum f_0} \right) + \left(\dfrac{\sum x_1 f_1}{\sum f_1} - \dfrac{\sum x_0 f_1}{\sum f_1} \right) \quad (6-11)$

下面结合例子说明总平均指标指数的计算与应用。

【例 6-7】 某企业职工有关工资资料见表 6-9。

表 6-9 某企业职工工资情况表

职工类别	月工资(元)		职工人数(人)		工资额(百元)		
	x_0	x_1	f_0	f_1	$x_0 f_0$	$x_1 f_1$	$x_0 f_1$
车间工人	800	850	300	270	2 400	2 295	2 160
管理人员	1 000	1 050	50	55	500	577.5	550
合计	—	—	350	325	2 900	2 872.5	2 710

从表中的数据可以看出,该企业两类职工的工资水平和人数在基期和报告期都不同,并且变动的幅度也不同,这必然导致该企业报告期和基期的总平均工资的变动。

解 (1) 计算总平均工资变动指数：

可变构成指数 $= \dfrac{\sum x_1 f_1}{\sum f_1} \div \dfrac{\sum x_0 f_0}{\sum f_0} = \dfrac{2\,872.5}{325} \div \dfrac{2\,900}{350} = 106.67\%$

变动绝对额 $= \dfrac{\sum x_1 f_1}{\sum f_1} - \dfrac{\sum x_0 f_0}{\sum f_0} = \dfrac{2\,872.5}{325} - \dfrac{2\,900}{350} = 55.2(元)$

(2) 计算各组工资变动影响指数：

固定构成指数 $= \dfrac{\sum x_1 f_1}{\sum f_1} \div \dfrac{\sum x_0 f_1}{\sum f_1} = \dfrac{2\,872.5}{325} \div \dfrac{2\,710}{325} = 106\%$

各组工资变动绝对额 $= \dfrac{\sum x_1 f_1}{\sum f_1} - \dfrac{\sum x_0 f_1}{\sum f_1} = \dfrac{2\,872.5}{325} - \dfrac{2\,710}{325} = 50(元)$

(3) 计算结构变动影响指数：

结构变动影响指数 $= \dfrac{\sum x_0 f_1}{\sum f_1} \div \dfrac{\sum x_0 f_0}{\sum f_0} = \dfrac{2\,710}{325} \div \dfrac{2\,900}{350} = 100.6\%$

结构变动影响绝对额 $= \dfrac{\sum x_0 f_1}{\sum f_1} - \dfrac{\sum x_0 f_0}{\sum f_0} = \dfrac{2\,710}{325} - \dfrac{2\,900}{350} = 5.2(元)$

总平均工资指数＝结构变动影响指数×各组平均工资变动影响指数

$$\dfrac{\sum x_1 f_1}{\sum f_1} \div \dfrac{\sum x_0 f_0}{\sum f_0} = \left(\dfrac{\sum x_0 f_1}{\sum f_1} \div \dfrac{\sum x_0 f_0}{\sum f_0} \right) \times \left(\dfrac{\sum x_1 f_1}{\sum f_1} \div \dfrac{\sum x_0 f_1}{\sum f_1} \right)$$

$$106.67\% = 100.63\% \times 106\%$$

总平均工资变动绝对额＝结构变动影响额＋各组工资变动影响额

$$\dfrac{\sum x_1 f_1}{\sum f_1} - \dfrac{\sum x_0 f_0}{\sum f_0} = \left(\dfrac{\sum x_0 f_1}{\sum f_1} - \dfrac{\sum x_0 f_0}{\sum f_0} \right) + \left(\dfrac{\sum x_1 f_1}{\sum f_1} - \dfrac{\sum x_0 f_1}{\sum f_1} \right)$$

6.4 统计指数的应用实例

6.4.1 零售价格指数

零售价格指数，是反映城乡商品零售价格变动趋势的一个重要经济指数。它的变动直接影响城乡居民的生活支出和国家财政收入，影响居民购买力和市场供求平衡以及消费和积累的比例。

商品零售价格指数是在商品分类的基础上编制的，商品零售价格的实际资料是通过对全国采用抽样方法选出的 226 个市、县的市场价格进行经常性的直接调查取得的。可根据需要编制不同层次的商品零售价格指数，如市、县的商品零售价格指数、某省的城市（或农村）的商品零售价格指数、全省的商品零售价格指数、全国的城市（或农村）商品零售价格指数以及全国商品零售价格指数等。

编制商品零售价格指数的基本方法是采用固定权数的算术平均指数形式,计算公式为:

$$I = \frac{\sum K_i W_i}{\sum W_i} \quad (6-12)$$

式中:K_i——某项商品价格个体指数;

W_i——该项商品的社会零售额。

6.4.2 居民消费价格指数

居民消费价格指数在国外称之为消费者价格指数(Consumer Price Index,简称CPI),是度量一组代表性消费品及服务项目价格水平随时间而变动的指数,是反映一定时期内城乡居民所购买的生活消费品和服务项目价格的变动趋势和程度的一种相对数。通常其被用来反映通货膨胀或通货紧缩程度,观察和分析价格水平变动对居民实际工资的影响,作为研究居民生活和宏观经济分析和决策、价格总水平监测和调控的依据。我国现行居民消费价格指数的编制要点如下。

1. 消费品分类和代表规格品的选择

居民消费价格指数包括居民用于日常生活的全部消费品和服务项目。现行国家统计制度规定,将居民消费的商品分为八大类:食品、烟酒及用品、衣着、家庭设备用品及维修服务、医疗保健及个人用品、交通和通信、娱乐教育文化用品及服务、居住等。每个大类包括若干个中类,中类之下又有基本分类,基本分类中包括若干代表规格品。例如,衣着大类分为服装、衣着材料、鞋帽袜及其他衣着四个中类;在鞋帽袜中类下又分为鞋类、袜子、帽子三个基本分类。

由于社会商品的种类极其繁多,要编制包括所有商品规格的价格指数,在客观上是不可能的。因此,必须从全部商品中选择一些购销量较大的商品作为代表规格品。用这些代表规格品的价格升降情况来综合反映全部商品价格变动的趋势和程度。

2. 基本分类商品价格指数的计算

(1) 计算某基本分类所属各规格品的环比价格指数。

$$G_{t_i} = \frac{P_{t_i}}{P_{(t-1)_i}} \quad (i = 1, 2, \cdots, n) \quad (6-13)$$

式中:G_{t_i}——t期第i种代表规格品的环比价格指数。

如果在该基本分类中的所属代表规格品有n种,就需要分别计算n个环比价格指数。

(2) 计算各规格品环比价格指数的几何平均数。

$$K_i = \sqrt[n]{G_{t_1} \times G_{t_2} \times \cdots \times G_{t_n}} \times 100\% \quad (6-14)$$

式中:K_i——基本分类指数;

$G_{t_1}, G_{t_2}, \cdots, G_{t_n}$——第1~$n$个代表规格品的环比价格指数。

3. 计算中类指数

基本分类指数乘以相应的权数,便得到中类指数。其计算公式为:

$$I_{中类} = \frac{\sum W_{i-1} K_i}{\sum W_{i-1}} \qquad (6-15)$$

式中：W_{i-1}——$i-1$ 期居民各类消费额比重。

【例 6-8】 从调查资料得到某月粮食中类代表规格品的环比指数如表 6-10 所示，试计算粮食中类价格指数。

表 6-10 粮食中类价格指数计算表 （单位：%）

	规格等级	计量单位	权 数	指 数	指数×权数
粮食中类			100		101.99
大米基本分类			60	102.5	61.50
	早米散装	千克		100.0	
	东北米（真空包装）	千克		102.5	
	月牙米（袋装）	千克		105.1	
面粉基本分类			10	103.1	10.31
	富强粉			106.3	
	精致粉			100.0	
粮食制品基本分类			20	101.8	20.36
其 他			10	98.2	9.82

大米基本分类指数为：

$$I_{大米} = \sqrt[3]{100.0 \times 102.5 \times 105.1} = 102.5\%$$

面粉基本分类指数为：

$$I_{面粉} = \sqrt[2]{106.3 \times 100.0} = 103.1\%$$

粮食中类指数为：

$$I_{粮食} = \frac{\sum W_{i-1} K_i}{\sum W_{i-1}} = \frac{102.5\% \times 60\% + 103.1\% \times 10\% + 101.8\% \times 20\% + 98.2\% \times 10\%}{100\%}$$

$$= 101.99\%$$

4. 计算大类指数

各中类指数乘以相应的权数就能得到大类指数。计算公式的形式同中类指数。

5. 计算总指数

大类指数乘以相应的权数，便得到总指数。其计算公式为：

$$I_{总} = \frac{\sum W_{i-1} I_{类}}{\sum W_{i-1}} \qquad (6-16)$$

【例 6-9】 根据表 6-11 所示的资料，计算居民消费价格指数。

表 6-11 居民消费价格指数计算表　　　　　　　　（单位：%）

类　别	类指数	权数 W_{i-1}	总指数 $\dfrac{\sum W_{i-1}I_{i类}}{\sum W_{i-1}}$
居民消费价格指数	100.87	100	100.87
一、食品	96.9	48.2	46.71
二、烟酒及用品	118.6	6.80	8.06
三、衣着	98.7	8.4	8.29
四、家庭设备用品及维修服务	97.8	5.30	5.18
五、医疗保健及个人用品	100.8	2.40	2.42
六、交通和通信	99.6	7.10	7.07
七、娱乐教育文化用品及服务	100.1	9.10	9.11
八、居住	110.5	12.70	14.03

居民消费价格指数：

$$I_{总} = \frac{\sum W_{i-1}I_{i类}}{\sum W_{i-1}} = 100.87\%$$

计算结果表明，该市居民消费品价格上涨了 0.87%。

6.4.3　采购经理指数

采购经理指数(Purchasing Manager's Index，简称 PMI)调查来源于企业采购经理对于本月生产和财务情况的分析判断，是市场变化的第一手资料。目前全球已有 20 多个国家建立了 PMI 体系，有关机构已开始建立全球指数和欧元区指数，PMI 指数及其商业报告已成为世界经济运行活动的重要评价指标和世界经济变化的晴雨表。采购经理指数是通过对采购经理的月度调查统计汇总、编制而成的指数，反映了经济的变化趋势，是经济监测的先行指标。根据美国专家的分析，PMI 指数与 GDP 具有高度相关性，且其转折点往往领先于 GDP 几个月。在过去四十多年里，美国制造业 PMI 的峰值可领先商业高潮 6~18 个月左右，领先商业低潮一般 1~4 个月。

随着全球经济一体化的迅速推进，中国经济的崛起已日益为世人所瞩目，中国经济的走势与变化，正在成为世界的焦点。市场经济加速发展以及跨国公司进入中国的数量不断增多，对于各种经济数据的需求量越来越大，特别是对统计数据的准确性、有效性和客观性提出了更高的要求。这也促进中国在统计调查和数据发布方面逐步与国际接轨，按照国际惯例行事。国外的 PMI 分为制造业与非制造业，根据中国的实际情况，首先实施制造业的 PMI，待条件成熟时，再实施非制造业的 PMI。中国制造业采购经理指标体系的编制，是国内一项开创性工作，也是一项系统工程。中国制造业采购经理指数是国家统计局和中国物流与采购联合会(China Federation of Logistics & Purchasing，简称 CFLP)共同合作编制完成的。按双方协商的合作分工，国家统计局企业调查总队负责数据的调查采集和加工处理；中国物流与采购联合会和中国物流信息中心负责数据分析、商务报告的撰写，并对社会发布。目前，采购经理指数调查已列入国家统计局的正式调查目录。下面介绍一下 CFLP - PMI 调查过程的几个关键点：

1. 主要指标解释

采购经理指数是通过对企业采购经理的月度调查结果统计汇总、编制而成的指数,它涵盖了企业采购、生产、流通等各个环节,是国际上通用的监测宏观经济走势的先行性指数之一,具有较强的预测、预警作用。PMI 通常以 50% 作为经济强弱的分界点,PMI 高于 50% 时,反映制造业经济扩张;低于 50% 时,则反映制造业经济收缩。

2. 调查范围

涉及《国民经济行业分类》(GB/T 4754—2011)中制造业的 31 个行业大类,3 000 家调查样本。

3. 调查方法

制造业采购经理调查采用 PPS(Probability Proportional to Size)抽样方法,以制造业行业大类为层,行业样本量按其增加值占全部制造业增加值的比重分配,层内样本使用与企业主营业务收入成比例的概率抽取。

本调查由国家统计局直属调查队具体组织实施,利用国家统计联网直报系统对企业采购经理进行月度问卷调查。

4. 计算方法

制造业采购经理调查问卷涉及生产量、新订单、出口订货、现有订货、产成品库存、采购量、进口、购进价格、出厂价格、原材料库存、从业人员、供应商配送时间、生产经营活动预期等 13 个问题。对每个问题分别计算扩散指数,即正向回答的企业个数百分比加上回答不变的百分比的一半。其中出厂价格指数于 2017 年 1 月起发布。

PMI 是一个综合指数,由 5 个扩散指数(分类指数)加权计算而成。5 个分类指数及其权数是依据其对经济的先行影响程度确定的。具体包括:新订单指数,权数为 30%;生产指数,权数为 25%;从业人员指数,权数为 20%;供应商配送时间指数,权数为 15%;原材料库存指数,权数为 10%。其中,供应商配送时间指数为逆指数,在合成 PMI 综合指数时进行反向运算。计算公式如下:

PMI=新订单指数×30%+生产指数×25%+从业人员指数×20%+配送时间指数×15%+库存指数×10%

5. 季节调整

采购经理调查是一项月度调查,受季节因素影响,数据波动较大。现发布的 PMI 综合指数和各分类指数均为季节调整后的数据。2017 年 1 月起改进了生产经营活动预期指数的季节调整方法,并对历史数据进行了修订。

6.4.4 股票价格指数

股票价格指数即股票指数,综合反映股票市场价格的变动程度。它是影响投资人决策行为的重要因素,股票价格的波动和走向也是反映经济景气状况的敏感指标。由于股票价格起伏无常,投资者必然面临市场价格风险。对于具体某一种股票的价格变化,投资者容易了解,而对于多种股票的价格变化,要逐一了解,既不容易,也不胜其烦。为了适应这种情况和需要,一些金融服务机构就利用自己的业务知识及熟悉市场的优势,编制出股票价格指数作为市场价格变动的指标,公开发布。投资者据此就可以检验自己投资的效果,并用以预测股票市场的动向。同时,新闻界、公司老板乃至政界领导人等也以此为参考指标,来观察、预测社会政治、经济发展形势。

计算股票指数,要考虑三个因素:一是抽样,即在众多股票中抽取少数具有代表性的成分股,由于上市股票种类繁多,计算全部上市股票的价格平均数或指数的工作是艰巨而复杂的,因此人们常常从上市股票中选择若干种富有代表性的样本股票,并计算这些样本股票的价格平均数或指数,用以表示整个市场的股票价格总趋势及涨跌幅度;二是加权,按单价或总值加权平均,或不加权平均;三是计算程序,计算算术平均数、几何平均数,或兼顾价格与总值。

股票指数一般由证券交易所、金融服务机构、咨询研究机构或新闻单位编制和发布。其编制步骤如下:

(1)根据上市公司的行业分布、经济实力、资信等级等因素,选择适当数量的有代表性的股票,作为编制指数的样本股票可随时变换或作数量上的增减,以保持良好的代表性。

(2)按期到股票市场上采集样本股票的价格,简称采样。采取的时间隔取决于股票指数的编制周期。以往的股票指数较多为按天编制,采样价格即为每一交易日结束时的收盘价。近年来,股票指数的编制周期日益缩短,由"天"到"时"直至"分",采样频率由一天一次变为全天随时连续采样。采样价格也从单一的收盘价发展为每时每刻的最新成交价或一定时间周期内的平均价。一般来说,编制周期越短,股票指数的灵敏性越强,越能及时地体现股价的涨落变化。

(3)利用科学的方法和先进的手段计算出指数值,股票指数是反映不同时点上股价变动情况的相对指标。通常是将报告期的股票价格与定的基期价格相比,并将两者的比值乘以基期的指数值,即为该报告期的股票指数。股票指数的计算方法有相对法、综合法、加权法三种。

① 相对法又称平均法,就是先计算各样本股票指数。再加总求总的算术平均数。其计算公式为:

$$股票指数 = \frac{n 个样本股票指数之和}{n}$$

英国的《经济学人》普通股票指数就使用这种计算法。

② 综合法是先将样本股票的基期和报告期价格分别加总,然后相比求出股票指数。其计算公式为:

$$股票指数 = \frac{报告期股价之和}{基期股价之和}$$

代入数字得:

$$股票指数 = \frac{8+12+14+18}{5+8+10+15} = \frac{52}{38} = 136.8\%$$

即报告期的股价比基期上升了 36.8%。

从平均法和综合法计算股票指数来看,两者都未考虑到由各种采样股票的发行量和交易量的不同,而对整个股市股价的影响不一样等因素,因此,计算出来的指数亦不够准确。为使股票指数计算精确,则需要加入权数,这个权数可以是交易量,亦可以是发行量。

③ 加权股票指数是根据各期样本股票的相对重要性予以加权,其权数可以是成交股数、股票发行量等。按时间划分,权数可以是基期权数,也可以是报告期权数。以基期成交股数(或发行量)为权数的指数称为拉斯拜尔指数;以报告期成交股数(或发行量)为权数的指数称为派许指数。拉斯拜尔指数偏重基期成交股数(或发行量),而派许指数则偏重报告期的成交股数(或发行量)。目前,世界上大多数股票指数都是派许指数。

(4) 通过新闻媒体向社会公众公开发布。为保持股票指数的连续性,使各个时期计算出来的股票指数相互可比,有时还需要对指数值作相应的调整。

世界各地的股票市场都有自己的股票指数,其中比较著名并有一定代表性的有:

(1) 道·琼斯股票指数。世界上历史最为悠久的股票指数,它的全称为股票价格平均数。它是在1884年由道·琼斯公司的创始人查理斯·道开始编制的。其最初的道·琼斯股票价格平均指数是根据11种具有代表性的铁路公司的股票,采用算术平均法进行计算编制而成,发表在查理斯·道自己编辑出版的《每日通讯》上。其计算公式为:

$$股票价格平均数 = \frac{入选股票的价格之和}{入选股票的数量}$$

(2) 标准·普尔股票价格指数。在美国也很有影响,它是美国最大的证券研究机构即标准·普尔公司编制的股票价格指数。该公司于1923年开始编制发表股票价格指数。最初采选了230种股票,编制两种股票价格指数。到1957年,这一股票价格指数的范围扩大到500种股票,分成95种组合。其中最重要的四种组合是工业股票组、铁路股票组、公用事业股票组和500种股票混合组。从1976年7月1日开始,改为400种工业股票、20种运输业股票、40种公用事业股票和40种金融业股票。几十年来,虽然有股票更迭,但始终保持为500种。标准·普尔公司股票价格指数以1941年至1943年抽样股票的平均市价为基期,以上市股票数为权数,按基期进行加权计算,其基点数为10。以目前的股票市场价格乘以股票市场上发行的股票数量为分子,用基期的股票市场价格乘以基期股票数为分母,相除之数再乘以10就是股票价格指数。

(3) 上证股票指数。系由上海证券交易所编制的股票指数,1990年12月19日正式开始发布。该股票指数的样本为所有在上海证券交易所挂牌上市的股票,其中新上市的股票在挂牌的第二天纳入股票指数的计算范围。该股票指数的权数为上市公司的总股本。由于我国上市公司的股票有流通股和非流通股之分,其流通量与总股本并不一致,所以总股本较大的股票对股票指数的影响就较大,上证指数常常就成为机构大户造市的工具,使股票指数的走势与大部分股票的涨跌相背离。

(4) 深圳综合股票指数。系由深圳证券交易所编制的股票指数,1991年4月3日为基期。该股票指数的计算方法基本与上证指数相同,其样本为所有在深圳证券交易所挂牌上市的股票,权数为股票的总股本。由于以所有挂牌的上市公司为样本,其代表性非常广泛,且它与深圳股市的行情同步发布,它是股民和证券从业人员研判深圳股市股票价格变化趋势必不可少的参考依据。在前些年,由于深圳证交所的股票交投不如上海证交所那么活跃,深圳证券交易所现已改变了股票指数的编制方法,采用成分股指数,其中只有40只股票入选并于1995年5月开始发布。

6.4.5 货币购买力指数

所谓货币购买力,是指单位货币所能购买商品和服务的数量。货币购买力指数,就使用以表明单位货币所能购买到的商品和劳务变动程度的相对数。货币购买力的变化,直接反映货币值的变化。根据货币流通的规律,如果货币发行量过多,货币就会贬值,货币购买力就会下降。对人民生活来说,货币购买力的变化,直接影响生活水平的变化。影响人民生活水平提高的不只是货币收入的多少,而且还有货币购买力的大小。因此,反映货币购买力的变化,对分析货币流通量是否正常,以及研究人民生活水平的变动都有重要的意义。

货币购买力的大小同商品和服务价格变化成反比。统计上根据这种关系,通过编制居民消费价格指数,以其倒数来表示货币购买力指数,其计算公式为:

$$货币购买力指数 = \frac{1}{居民消费价格指数}$$

由于物价的变动影响货币购买力,因此,不同时期等量的货币收入,其实际收入就存在差异。所以,在观察居民收入水平变化时,必须考虑物价变动或货币购买力的变化。它们之间存在如下的关系:

$$实际收入指数 = 货币收入指数 \times 货币购买力指数$$

对职工而言,则有

$$实际工资指数 = 货币工资指数 \times 货币购买力指数$$

此外,还有农业生产资料价格指数、工业产品出厂价格指数、固定资产投资价格指数、外贸商品价格指数等。限于篇幅,这里不逐一介绍。

本章小结

统计指数是用来分析社会经济现象数量变动的对比性指标。广义指数是指一切说明社会经济现象数量变动的相对数。狭义指数是一种特殊的相对数,即用来说明不能直接相加的复杂社会经济现象综合变动程度的相对数。

综合指数的编制特点是"先综合,后对比"。编制综合指数必须明确指数化指标和同度量因素,指数化指标是被测定的因素,同度量因素也称权数,作为同度量因素的指标固定在哪个时期上,不是固定不变的。通常情况下,数量指标指数选择基期的质量指标作为同度量因素,质量指标指数选择报告期的数量指标作为同度量因素。

平均数指数的编制特点是从个体指数出发,"先对比,后平均"。平均数指数有算术平均数指数和调和平均数指数两种形式。算术平均数指数一般用基期总值来加权;调和平均数指数一般用报告期总值来加权。

指数的因素分析是对现象总变动中各个因素变动的影响程度,用连锁替代法从相对数和绝对数两个方面进行分析。利用综合指数体系,可以分析现象总变动中数量因素和质量因素的影响。相对数分析是从各个指数计算结果来分析;绝对数分析是从各个指数分子与分母指标之差来分析。

总平均数指数是对总体平均指标的测定。分析总平均数指数的变动,需要计算可变构成指数、固定构成指数、结构变动影响指数这三种指数。利用上述三种指数的相互联系,可以分析现象总体平均指标变动受各组平均水平和各组结构变动的影响程度。

我国现行居民消费价格指数的编制步骤:选择消费品分类和代表规格品;计算基本分类商品价格指数;计算中类指数;计算大类指数;计算总指数。

本章案例

如何分析股市指数

主持人: 我们说股指一般是被投资者看作市场的风向标,股指是反映股市整体的运行状态和价格水平的,那么有听众来信就问,为什么经常出现股指涨而个股普跌的现象?比如去年,涨了股指不赚钱,而今年上半年又出现了股指跌反而赚钱的现象,就是说股指和个股到底有什么关系,它们是怎么样计算的?

专家: 股票指数是衡量和反映所选择的运行股票的变动指标,在不同股票市场有不同的股票指数,同一股票市场也可以有不同的股票指数,股指和个股之间并不是因果关系,我们讲股指所表现的走势是经线,而个股是纬线,经纬相交才是躲避风险的罗盘。所以说股指不是个股的整个情况,但它们又有互相联系的一方面,就是它的编制是按照一定的代表性来选择。对市场的反映来讲,应该说是起了比较重要的作用,它们能够比较全面地反映市场的情况,但是个股之间的这种变化,应该说是有个股的行进轨迹,两个方面应该结合着看,不能够认为个股涨而股指不涨,和股指涨而个股不涨,它们是并不矛盾的,其实双方有同向发展的结合,也有相反的这种情况。所以说,股票指数来讲,只是一个参考因素。

主持人: 具体呢,作为股指,它是根据什么来编制的呢?

专家: 作为股票指数来讲,不同股票指数有不同的选择的目标,比如说盘子的大小、交投是否活跃,还有行业的不同分类等,它的选择是不一样的,我国比较典型的一个是上海综合指数,一个是深圳成分指数。上海综合指数,是包括所有股票情况的一种全面的反映,而深圳成分指数仅仅是按照行业的有代表性的股票来划分。1995 年开始只有行业代表性的股票,它们两个是有区别的,但也有上证的成分股,也就是说上证 180、上证 50、深圳成分股作为目标的同时,也有深圳的综合指数、深成指的设定,主要是因为深圳在开始发展的时候,它的盘子比较小,从交投上就不如上证这么活跃,所以深圳基本上用的是流动指数,也就是说以那 40 只股票为代表性的股票指数。从目前来讲,深圳的综合指数和深圳的成分指数,应该说大体还是一致的,上海因为大盘胜比比较多,所以上海以综合指数,也就是所有股票作为自己测算的目标,目前又把上海股票和深圳的股票加在一起,选择沪深 300(3 296.277,2 872.088%)指数。

主持人: 您的意思是说上海的综合指数和深圳的成分指数,这两个的作用基本是一致的,是吧?

专家: 应该说深综指和深成指在目前来讲差异并不是很大,但是作为上海的综合指数、上证 180 和上证 50,它们就有一定的区别,因为它们选择的相对来讲比较有特点。

主持人: 样板股市不一样,是吧?

专家: 样板股市不一样,但是深圳的它们两个在行动中基本是一致的。

主持人: 那么我们即将推出股指期货,股指期货的标的是沪深 300 指数,那为什么选择沪深300指数作为标的呢？是不是可以这样说，如果股指期货推出以后，沪深300指数也是非常重要的。

专家： 因为沪深300也算是成分指数当中的一种，它们反映了两个市场，更加全面地展现了综合指数和成分指数不同的缺憾，达到了一种更权威的数据的界定。而股指期货和股票不一样的就是可以做空，那么作为做空来讲，谁掌握的大盘股的筹码越多，谁就越有说服力，这作为机构的目标操作是非常重要的，所以深证指数的砝码就成为做庄人的目标。

主持人： 一般的投资者应如何根据市场的行情和指数来投资个股呢？

专家： 作为个体或自由的投资者，应该在股市的投资中学会游泳的本事，其中，我们要有一个比较好的参考系。就是说第一是对于大盘的基金，它们的权重在哪里，也就是权重股在哪里，还有一个叫QFII的权重股在哪里，这是我们比较简单的一种操作模式。还有一种是把指数作为系统的一个中心标的，来安排自己的投资方向，那我觉得这个其实是个参考的东西，它只是一条发展的趋势，也就是说如果要是牛市，我们称为正推的浪；如果是熊市，则是调整的浪。怎么样在熊市和牛市中做一个判别？那么指数就应该显得比较重要了，因为它能比较突出地反映大盘是往上涨还是往下跌。

主持人： 对指数的看法是有不同，比如现在市场调整时期，是不是对指数应该更重视一些？

专家： 我觉得在牛市的时候是等于没有技术，在熊市的时候，再差的技术也能够帮助大家去规避风险。因为牛市当中，什么人都能碰上好的股票，指数的作用就不是很大，它只是告诉你这是一个很好的牛市，大家就心明眼亮了。在熊市的时候，我们参考那些指数应该说是更技术一点，这种技术的分析在熊市中，大盘指数告诉你一个比较明确的方向，那么操作的手法也就不一样。按照八浪循环理论，在牛市的时候，前五浪是推进的浪，后三浪是调整的浪，熊市的时候，前五浪是调整的浪，后三浪是推进的浪，不同的阶段有不同的股票操作。股票指数是一个比较好的明确的严格界定，但是指数的界定是来源于每只大盘股，因为大盘股它们的代表的生成，应该说是一个非常直接的导致指数失真或说是完全正确的要素，那么这个东西我认为是我们谈指数最关键的一个问题。

（摘自http://www.sina.com.cn 新浪财经）

案例思考：
1. 为什么经常会出现股票指数上涨而个股普跌的现象？
2. 股票指数是如何编制的？
3. 如何理解综合指数和成分指数？

习　题

一、名词解释
统计指数　数量指标指数　居民消费价格指数　指数体系

二、判断题
1. 指数的实质是相对数，它能反映现象的变动和差异程度。　　　　　　　　（　　）
2. 商品销售量指数是质量指标指数，商品价格指数是数量指标指数。　　　　（　　）

3. 我国的居民消费价格指数(CPI)是消费品价格和服务项目价格的加权平均数。
（   ）

4. 平均数指数是综合指数的代数变形,它是对个体指数加权平均得到的总指数。
（   ）

5. 定基指数和环比指数是根据对比基期的选择不同而划分的。（   ）

6. 数量指标指数编制时,同度量因素应固定在基期;质量指标指数编制时,同度量因素应固定在报告期。（   ）

7. 综合指数编制时采用"先综合,后对比"的做法,平均数指数编制时遵循"先对比,后平均"的原则。（   ）

8. 平均数指数主要有两种形式:加权算术平均数指数和加权调和平均数指数。（   ）

9. 平均数指数的编制,既可用全面的资料,也可用非全面的资料。（   ）

10. 当已知个体价格指数和基期销售额资料时,可采用加权调和平均数形式计算价格综合指数。（   ）

11. 指数体系因素分析法中,连环替代法要求分析某一因素影响时,必须假定其他因素不变。（   ）

12. 连环替代法中同度量因素时期确定的特点是:未分析过的因素用基期,已分析过的因素用报告期。（   ）

三、单项选择题

1. 在指数公式中,同度量因素的时期是（   ）。
   A. 报告期   B. 基期
   C. 分母为基期,分子为报告期   D. 分子、分母为同一时期

2. 某百货公司2016年与2015年相比商品零售价格平均下降6%,商品零售量平均增长6%,则商品零售额（   ）。
   A. 保持不变   B. 平均下降0.36%
   C. 平均上升0.36%   D. 平均下降0.64%

3. 在指数公式中,指数化因素的时期特点是（   ）。
   A. 分子、分母均为基期   B. 分子、分母均为报告期
   C. 分子为基期,分母为报告期   D. 分子为报告期,分母为基期

4. 下列指数中,属于数量指标指数的是（   ）。
   A. 商品价格指数   B. 单位成本指数   C. 劳动生产率指数   D. 职工人数指数

5. 编制总指数的两种基本形式是（   ）。
   A. 个体指数和综合指数   B. 数量指标指数和质量指标指数
   C. 综合指数和平均数指数   D. 静态指数和动态指数

6. 单位产品成本指数中的同度量因素是（   ）。
   A. 单位产品成本   B. 总成本   C. 产量   D. 销售量

7. $\sum p_1 q_2 - \sum p_0 q_1$ 表明（   ）。
   A. 由于销售量的变化对价格的影响   B. 由于价格的变化对销售额的影响
   C. 由于销售量的变化对销售额的影响   D. 由于价格的变化对销售量的影响

8. 某企业按2004年不变价格编制的2016年工业总产值指数为135%,这说明（   ）。

A. 产量增长了135% B. 价格上涨了35%
C. 由于价格变动使产值增长了35% D. 由于产量变动使产值增长了35%

9. 居民消费价格指数反映了（ ）。
   A. 城乡商品零售价格的变动趋势
   B. 城乡居民购买生活消费品价格的变动趋势
   C. 城乡居民购买服务项目价格的变动趋势
   D. 城乡居民购买生活消费品和服务项目价格的变动趋势

10. 某商店2016年1月份微波炉的销售价格350元，6月份的价格是342元，指数为97.71%，该指数是（ ）。
    A. 综合指数　　B. 平均指数　　C. 总指数　　D. 个体指数

11. 某企业产品产量报告期比基期增长20%，单位产品成本上升5%，则产品总成本增长（ ）。
    A. 25%　　B. 26%　　C. 15%　　D. 18%

12. 以下属于质量综合指数的是（ ）。
    A. 产量综合指数　　　　　B. 价格综合指数
    C. 销售额综合指数　　　　D. 总成本指数

13. 某商场2016年比2015年销售量增长了18%，商品销售额增长了15%，则价格平均（ ）。
    A. 上升3%　　B. 下降3%　　C. 上升2.54%　　D. 下降2.54%

14. 大多数股票价格指数是以（ ）为权数编制的。
    A. 基期发行量　　B. 报告期发行量　　C. 基期成交量　　D. 报告期成交量

15. 某地区2016年用同样多的货币比2015年少购买10%的商品，则该地区的通货膨胀率为（ ）。
    A. 110%　　B. 10%　　C. 111.11%　　D. 11.11%

四、多项选择题

1. 同度量因素的作用有（ ）。
   A. 平衡作用　　B. 权数作用　　C. 媒介作用　　D. 同度量作用
   E. 比较作用

2. 某商场今年全部商品的销售量为去年的110%，这一相对数为（ ）。
   A. 个体指数　　　　　B. 综合指数
   C. 数量指标指数　　　D. 质量指标指数

3. 编制价格综合指数时，（ ）。
   A. 价格是同度量因素　　　B. 销售量是指数化因素
   C. 价格是指数化因素　　　D. 销售量是同度量因素
   E. 销售额是指数化因素

4. 指数体系中，指数之间的数量关系可表述为（ ）。
   A. 总指数等于各因素指数的乘积
   B. 总指数等于各因素指数之和
   C. 总指数的分子、分母之差等于各因素指数的分子、分母之差的和

D. 总指数的分子、分母之差等于各因素指数的分子、分母之差的积

5. 某商场2016年销售额与2015年相比增加了16.48%，这一结果可能是因为（　　）。
   A. 商品销售量未变，价格上涨了16.48%
   B. 价格未变，销售量增长了16.48%
   C. 价格上涨了4%，销售量增长了12%
   D. 价格下降了4%，销售量增长了21.33%

6. 某企业今年与去年相比，各种产品单位成本总指数为129%，这个相对数是（　　）。
   A. 个体指数　　　B. 加权综合指数　　　C. 数量指数　　　D. 质量指数
   E. 价值总量指数

7. 根据广义指数的定义，下面（　　）属于指数。
   A. 发展速度　　　B. 计划完成百分比　　C. 价格指数　　　D. 总成本指数
   E. 单位成本指数

8. 若 p 表示商品价格，q 表示商品销售量，则公式 $\sum p_1 q_1 - \sum p_0 q_1$ 的意义是（　　）。
   A. 综合反映销售额变动的绝对额
   B. 综合反映价格变动和销售量变动的绝对额
   C. 综合反映多种商品价格变动而增减的销售额
   D. 综合反映由于价格变动而使消费者增减的货币支出额
   E. 综合反映多种商品销售量变动的绝对额

9. 按指数化因素的性质不同，指数可分为（　　）。
   A. 简单指数　　　B. 总指数　　　C. 数量指标指数　　D. 质量指标指数
   E. 加权指数

10. 综合指数和平均数指数之间的关系可表述为（　　）。
    A. 数量指标综合指数可变形为加权算术平均指数
    B. 数量指标综合指数可变形为加权调和平均指数
    C. 质量指标指数可变形为加权算术平均指数
    D. 质量指标指数可变形为加权调和平均指数
    E. 综合指数与平均指数都属于总指数

11. 在指数体系中，（　　）。
    A. 现象总变动指数等于两个（或两个以上）因素指数的代数和
    B. 现象总变动指数等于两个（或两个以上）因素指数的乘积
    C. 存在相对数之间的数量对等关系
    D. 存在绝对变动额之间的数量对等关系
    E. 各指数都是综合指数

五、简答题

1. 简述统计指数的概念及作用。
2. 综合指数的编制原则和步骤是什么？在编制过程中如何确定同度量因素和指数化指标？
3. 举例说明在我国统计实践中几个重要的经济指数。
4. 什么叫同度量因素？其作用是什么？确定同度量因素的一般原则是什么？
5. 有人认为编制综合指数时，测定一个因素的变动影响程度时固定另一个因素是有假

定性的。这种说法对吗？为什么？

6. 综合指数与平均指数有何联系与区别？

7. 广义指数与狭义指数有何差异？

8. 利用指数体系进行因素分析时应注意哪些问题？

9. 指数体系的三因素分析法的要点有哪些？

六、计算题

1. 某水果店三种水果的销售情况，如表6-12所示。

表6-12 某水果店三种水果的销售情况

品　名	销售量（万斤）		单价（元）	
	2015年	2016年	2015年	2016年
橙　子	50	78	2.20	2.50
香　蕉	180	220	2.10	2.50
苹　果	200	200	1.30	1.50
合　计				

要求：

(1) 三种水果的个体销售量指数和个体价格指数；

(2) 三种水果的销售额总指数；

(3) 价格综合指数和销售量综合指数；

(4) 从绝对数和相对数两方面分析销售量和价格变动对销售额的影响。

2. 某市2016年第一季度社会商品零售额为36 200万元，第二季度为35 650万元，零售物价下跌0.5%，试计算该市社会商品零售额指数、零售价格指数和零售量指数，以及由于零售物价下跌居民少支出的金额。

3. 某厂三种产品的产量情况，如表6-13所示。

表6-13 某厂三种产品的产量情况

产品	计量单位	出厂价格（元）		产量（千克）	
		基　期	报告期	基　期	报告期
甲	件	8	8.5	13 500	15 000
乙	个	10	11	11 000	10 200
丙	千克	6	5	4 000	4 800
合　计					

要求：

(1) 计算价格综合指数、产量综合指数和总产值指数；

(2) 分析三种产品出厂价格和产量的变动对总产值的影响。

4. 某企业有关资料，如表6-14所示。

表 6-14 某企业有关资料

产品名称	工业总产值(万元)		产量升降的百分比(%)
	基期	报告期	
A	1 800	2 000	+5
B	1 500	1 800	−2
C	800	1 000	+10
合 计			—

要求：

(1) 计算产量总指数和价格总指数；

(2) 利用指数体系对总产值的变动进行因素分析。

5. 某企业三种产品 2015 年和 2016 年的价格和产量资料，如表 6-15 所示。

表 6-15 某企业三种产品 2015 年和 2016 年的价格和产量资料

产品名称	计量单位	产 量		价 格	
		2015 年	2016 年	2015 年	2016 年
甲	件	1 000	1 200	80	102
乙	双	2 400	3 000	1 500	180
丙	套	4 000	4 400	200	190
合 计	—				—

计算：

(1) 三种产品的个体产量指数和产量总指数；

(2) 三种产品的个体价格指数和价格总指数；

(3) 三种产品的总产值指数；

(4) 利用指数体系进行因素分析。

6. 已知某地区 2015 年的农副产品收购总额为 360 亿元，2016 年比 2015 年的收购总额增长 12%，农副产品收购价格总指数为 105%。试计算，2016 年与 2015 年相比：

(1) 农民因销售农副产品共增加多少收入？

(2) 农副产品收购量增加了百分之多少？农民因此增加了多少收入？

(3) 由于农副产品收购价格提高 5%，农民又增加了多少收入？

(4) 验证以上三个方面的分析结论能否保持协调一致。

7. 某企业生产甲、乙两种产品，产量和原材料消耗资料，如表 6-16 所示。

表 6-16 某企业生产甲、乙两种产品的产量和原材料消耗

产 品	产量(万件)		单位产品原材料消耗量(千克)		原材料购进单价(元/千克)	
	基 期	报告期	基 期	报告期	基 期	报告期
甲	85	90	21	19	8	9
乙	80	90	22	19	8	9.5
合 计						

要求：

(1) 计算甲、乙产品原材料支出总额指数、产量综合指数、原材料单耗指数和原材料价格指数。

(2) 建立指数体系从绝对数和相对数两个方面进行因素分析。

8. 某商场三种商品的 2015 年和 2016 年一季度销售资料，如表 6-17 所示。

表 6-17　某商场三种商品的 2015 年和 2016 年一季度销售资料

商品名称	2015 年一季度		2016 年一季度	
	价　格	销售量	价　格	销售量
A	25	500	30	600
B	60	1 240	75	1 160
C	100	480	110	500
合　计	—	—	—	—

要求：

(1) 计算三种商品的价格综合指数、销售量综合指数和销售额总指数；

(2) 利用指数体系进行绝对数和相对数分析。

第7章 抽样推断

【学习目标】

　　了解抽样估计的概念和特征、抽样调查的组织方式；了解常见的几种抽样分布（正态分布、χ^2 分布、t 分布、F 分布等）；领会抽样估计中的相关概念（总体与样本、参数与统计量、抽样框、抽样误差等）；掌握抽样估计中常用的统计量（样本均值、样本方差、样本标准差、样本成数等）；掌握正态分布总体参数的估计方法（点估计、区间估计）。

【学习要求】

> 了解：抽样估计的概念。
> 理解：抽样误差的相关概念。
> 掌握：区间估计方法。

导入案例

《广东省首届市长支持率调查报告》部分摘选
中国品牌研究院2009年9月2日发布

　　惠州、珠海、中山三地的市长支持率最高，惠州市市长的支持率为85%、珠海市市长的支持率为82.9%、中山市市长的支持率为81.1%，上述三地市长的支持率均超过八成。相反，支持率排在榜尾的湛江、揭阳、汕尾、阳江、茂名五地的市长，支持率全部低于60%。广州和深圳市的市长支持率共涉及收入、医疗、住房等10项考核指标，调查对象为广州、深圳、珠海、汕头等广东省21个地级市市长。每个城市的电话调查样本量，以400个为下限。当地的市民数量如果超过300万，则每超过200万人口增加100个样本。超过300万人口而不到500万人口的城市，调查样本量为500个。另外，本次调查的误差率控制在5%以内。

【分析与思考】

　　对于调查报告中所提到的广东省各个城市的支持率及其排名你相信吗？你是否想知道这个结果是怎样得到的呢？报告中提到的"样本量"和"误差率"又有什么实际意义呢？相信你学完本章内容后，对这些问题都会有一个清晰的认识，并且也可以自己去进行类似的调查。

　　在实际工作和生活中，我们通过各种渠道获取有用的数据信息，如物价指数、股市行情、城乡居民人均收入和支出情况、城市空气污染指数、自来水水质等。同时我们对这些数据的形成过程充满了兴趣和疑问：这些数据是如何调查分析出来的？国家统计局何以根据少数商品的价格资料编制价格指数，进而反映所有消费品的价格变动？为什么自来水公司可以根据一杯水的检测数据来推断整个供水系统的自来水水质？气象局何以根据收集的少量城市上空的空气样本数据推断整个城市的空气质量？要深入领会和全面解答此类问题，必须具备抽样调查和抽样估计的知识，这也正是本章要解决的问题。推断统计学是现代统计学的核心，而抽样估计是抽样统计学的主体内容，在现代统计学中占有非常重要的地位。

7.1 抽样推断概述

7.1.1 抽样推断的概念、特征及作用

1. 抽样推断的概念

统计研究的目的在于分析描述和揭示现象总体的数量特征。如果通过全面调查方式，收集的是研究对象总体的数据资料，则可直接根据总体数据资料计算和分析总体指标，经过描述统计之后就可达到对总体数量规律性的认识。但在大多数情况下，限于人力、物力和财力，只能从总体中抽取部分单位组成样本作为总体的代表，这一过程称为抽样；在对样本数据的收集、汇总、计算分析的基础上，以样本指标值对总体数量特征进行科学的估计与推断，这一过程称为抽样推断。抽样和抽样推断是推断统计学中最基本的问题。它们的概念可表述如下：

抽样即抽样调查，是指在总体中选取部分单位组成样本并收集样本单位的数据资料的过程。抽样推断是在抽样调查的基础上，利用样本数据计算样本统计量，以样本特征值对总体参数做出具有一定可靠程度的估计和判断。

2. 抽样推断的特征

归纳起来，抽样推断具有如下特征。

1) 抽样推断是由部分推断整体的一种认识方法

抽样调查是一种非全面调查，其目的不在于了解部分单位的情况，而在于推断总体数量特征。在现实生活中，经常面临此类问题，如通过检测几克棉花纤维的长度，能不能判断整批棉花纤维的长度；通过对几百粒种子进行催芽试验，能不能判断整批种子的发芽率；等等。抽样估计原理论证了样本指标与总体指标之间存在着科学联系，抽样误差的分布也是有规律可循的，抽样估计提供一套利用抽样调查的部分信息来推断总体数量特征的方法，从而大大提高了统计的分析能力。

2) 抽样推断建立在随机取样的基础上

抽样调查可以是概率抽样也可以是非概率抽样，但是作为抽样估计基础的必须是概率抽样，按随机原则抽取样本单位，是抽样推断的前提。

3) 抽样推断运用的是不确定的概率估计方法

利用样本指标来估计总体参数，在数学上运用不确定的概率估计方法，而不是确定的数

学分析法。因为样本数据和总体参数之间并不存在严格对应的自变量和因变量的关系,它不能利用一定的函数关系来推算总体参数。抽样推断原则上把由样本观察值所确定的样本指标看作随机变量。在统计实践中抽取一个样本,以样本指标值作为相应总体指标的估计值,必须指明用样本指标值代表总体指标值的可靠程度有多大,这就是概率推断要解决的问题。

4) 抽样推断的误差可以事先计算并加以控制

以样本指标推断总体指标虽然存在一定的误差,但抽样误差范围可以计算,并且可以事先采取必要的措施进行控制,以保证抽样推断的精确度和可靠度。或者说,抽样调查就是根据事先给定的误差允许范围进行设计的,而抽样推断则是具有一定可靠程度的估计和判断,这是其他估算方法所无法比拟的。

3. 抽样推断的作用

抽样推断中采用的抽样调查方法与其他调查方法相比,具有节省人力、物力、时间等优点,因而这种方法在统计中的作用日益显著,归纳起来有以下几个方面。

1) 可用于对无法进行全面调查的总体数量特征的推断

无法进行全面调查的总体,常见的有两种情况:第一种是无限总体。无限总体包括的总体单位数是不可数的,因此无法对该类总体进行全面调查,只能采用抽样推断的方法来认识总体的数量特征。第二种是破坏性或消耗性试验。例如,对某些产品质量检验,必须进行破坏性或消耗性试验,才能了解其情况,如灯泡的使用寿命检验,要搞清楚灯泡的使用寿命需要一直将灯泡通电,直到其不能工作为止。很显然,这种检查不能用全面调查的方法进行,只能采用抽样推断的方法来了解全部产品的质量。

2) 可用于某些不必要进行全面调查的总体数量特征的推断

有些现象,虽然在理论上可以进行全面调查,但由于调查对象包括的范围广、单位多,需花费较多的人力、物力和时间,这时采用抽样推断的方法可以取得事半功倍的效果。例如,某市居民旅游意向、百姓对购买保险的态度、医改后人们看病就医的选择意向、大学生消费状况及择业观念、城镇居民投资意向、手机消费情况、家庭电脑拥有情况、家电品牌的现状、市民健康意识等问题,一般也是采用抽样调查的方式。

3) 可用于对全面调查的资料进行评价和修正

由于全面调查的工作量大,调查登记和整理汇总资料的过程中,受主观和客观因素的影响,发生登记性和计算性误差的可能性大,为加强全面调查资料的准确性,可以运用抽样推断方法来验证全面调查资料的准确性并加以修正。我国在人口普查、经济普查的实践中就是采用抽样调查的方法对普查资料进行补充修正的。

4) 可用于生产过程的质量控制

抽样推断不仅用于生产结果的核算和估计,而且还可以用于生产过程中的质量控制,检查生产过程是否正常,及时提供有关信息,便于采取措施,预防废品的产生。

7.1.2 抽样推断中的基本概念

1. 全及总体和样本总体

全及总体是由被调查对象的全部单位所构成的集合体,简称总体(Population)。通常

用 N 表示全及总体的单位数。

样本(Sample)是指从总体中抽选出来进行调查的一部分单位的集合体,又称抽样总体。样本中包含的单位数称为样本容量,用 n 表示。根据样本容量的大小,可将样本分为大样本和小样本。$n>30$ 的样本,称为大样本;$n<30$ 的样本,称为小样本。在抽样调查中,绝大多数样本为大样本。样本容量与总体容量的比 $\frac{n}{N}$ 称为抽样比,用 f 表示。

2. 概率抽样与非概率抽样

概率抽样(Probability Sampling)又称随机抽样,是按随机原则抽取样本单位。

所谓随机原则,是指排除主观意志的干扰,使每一个总体单位都有均等的概率被抽中。概率抽样能有效避免主观选样带来的系统误差(偏差),使得根据样本资料计算的样本统计量能估计和推断总体的数量特征。尽管以样本指标推断总体指标时的抽样误差不可避免,但可以计算并加以控制,因此概率抽样被广泛应用于社会经济调查和科学研究中。

非概率抽样(Non-probability Sampling)又称非随机抽样,是指从研究的目的和需要出发,根据调查者的经验或判断,从总体中有意识地抽取部分单位构成样本。

第2章所学的重点调查、典型调查及统计实践中的配额抽样等均属于非概率抽样。在了解总体的基本情况、总结经验教训、研究新生事物或在大规模调查前的试点调查中,非随机抽样有其独特的优越性。但由于非随机抽样在抽取样本时受调查者主观意志的影响,容易产生系统性误差,也无法计算和控制抽样误差,不能根据样本指标推断总体数量特征。

3. 重复抽样和不重复抽样

从抽样方法来看,抽样调查有重复抽样和不重复抽样两种。

重复抽样(Repeated Sampling)又称有放回的抽样,即从容量为 N 的总体中抽取单位数为 n 的样本,每次被抽中的单位都再被放回总体中参与下一次抽样。

这样,总体容量永远为 N,每个单位在每次抽样中被抽中的机会完全一样,概率均为 $\frac{1}{N}$。

不重复抽样(Non-repeated Sampling)也称无放回的抽样,每次从总体中随机抽选的单位经观察后不放回到总体中,即不再参加下次抽样。

采用这种方法抽样,在容量为 N 的总体中,每个总体被抽中的概率在各次抽样中是不同的,第一个样本单位被抽中的概率为 $\frac{1}{N}$,第二个样本单位被抽中的概率是 $\frac{1}{N-1}$,依次类推。

一个全及总体所有可能的样本个数,同时受样本容量大小和抽样方法的影响。在样本容量确定后,样本的可能个数便完全取决于抽样方法。数理统计可以证明,在重复抽样条件下,从总体 N 中抽取容量为 n 的样本,所有可能的样本个数为 N^n 个;而在不重复抽样条件下,所有可能的样本个数为 A_N^n 个。

4. 抽样框

当抽样调查的目标总体确定后,也就确定了抽样调查的理论范围。但实际抽样范围与目标总体的范围、抽样单位与总体单位都可能不一致。例如,某市统计局欲对该市城镇居民进行家计调查,目标总体是该市所有城镇居民,抽样单位可以是该市的每位居民,也可以是该市的每个街道或居委会。因此,目标总体确定后,还必须明确实际进行抽样的总体范围和抽样单位,即需要编制抽样框。

抽样框(Sampling Frame)是包括全部抽样单位的名单框架。

抽样框一般有以下三种形式:

(1) 名单抽样框,即列出全部总体单位的名录一览表,如学生名单、职工名单、企业名单等。

(2) 区域抽样框,即按行政区划或地理位置将总体划分为若干小区域,以小区域为抽样单位。例如,在人口抽样调查中,可将一个城市按行政区划分为若干个区或街道、居委会等;在农作物产量调查中,可将土地划分为小地块等。

(3) 时间抽样框,是将总体单位按时间顺序排列。例如,对河水进行质量检测时,可以以1小时为时间间隔,每隔1小时抽取一定数量的水作为抽样单位。

5. 总体参数和样本统计量

参数(parameter)是用来描述总体数量特征的概括性度量,对于某一特定总体而言,参数是确定的常数,但往往是未知的。

统计量(statistic)是根据样本数据计算出来反映样本数量特征并据以推断总体数量特征的概括性度量:其数值随着样本选取的不同而变化,因此,样本统计量是随机变量。在抽样推断中,无论总体还是样本,都是用平均数、比率(成数)、方差和标准差等指标来描述它们的特征。当它们用来描述样本特征时,称为样本指标(或统计量);当它们用来描述总体特征时,称为总体指标(或总体参数)。

抽样估计中常用的总体参数和样本统计量的符号见表7-1。

表7-1 总体参数及样本统计量符号

总体参数符号	样本统计量符号
总体容量:N	样本容量:n
总体平均数:μ	样本平均数:$\bar{x}$
总体成数:P	样本成数:p
总体方差:σ^2	样本方差:S^2
总体标准差:σ	样本标准差:S

6. 抽样误差

1) 抽样误差的概念

统计误差是统计调查中得到的统计数据与现象实际的数量特征之间的差异。统计误差可分为登记性误差和代表性误差两类。

登记性误差是指在调查和汇总过程中,由于观察、测量、登记、计算等方面的差错或被调查者提供虚假信息等造成的误差。登记性误差不是抽样调查特有的,任何一种调查方式都可能产生。而且调查范围越大,调查单位越多,产生登记性误差的可能性越大。

代表性误差则是以样本指标推断总体指标时,由于样本结构与总体结构不一致等原因造成的代表程度上的误差。

全面调查只产生登记性误差,没有代表性误差。在抽样调查中,登记性误差和代表性误差都可能发生。

代表性误差根据成因又可分为以下两种:

(1) 由于破坏随机原则而产生的系统误差,也称偏差。这是由于调查者未能遵循随机原则,而是主观有意识地选取较好的或较差的单位进行调查,据此计算出来的抽样指标数值总是比全及指标数值偏高或偏低。

(2) 即使遵循随机原则抽样,由于偶然性因素的影响,仍会产生抽样指标值与总体指标值之间的不一致,称为随机误差。抽样调查中的抽样误差,就是这种随机误差。

抽样误差(Sampling Error)是指不包括登记性误差和系统性误差在内的随机误差,它衡量了抽样估计的精确度。

一般抽样误差越小,抽样估计的精度就越高;反之,就越低。抽样误差不可避免,但可以计算并加以控制。

2) 与抽样误差有关的三个概念

(1) 抽样实际误差。抽样实际误差是指在某一次具体抽样中,样本指标值与总体参数真实值之间的偏差。由于总体参数是未知的,因此每次抽样的实际误差是无从得知的。

(2) 抽样平均误差。抽样平均误差是指所有可能的样本指标与总体指标之间的平均差异程度,即样本估计值的标准差。

由于抽样平均误差概括反映了样本均值(或成数)与总体均值(或成数)的平均误差程度,因此它既可作为衡量样本指标对总体指标代表程度的尺度,又是计算样本指标与总体指标之间变异范围的主要依据,在抽样估计中具有重要意义。

样本指标主要有样本均值和样本成数两种,因此,测定样本指标的平均误差也有两种。

① 样本均值的平均误差。样本均值的平均误差就是样本均值的标准差,它反映样本均值的所有可能值对总体平均数的平均离散程度,也即反映误差平均值的大小,所以称为抽样平均误差,记作$\sigma(\bar{x})$。用公式表示为:

$$\sigma(\bar{x}) = \sqrt{\frac{\sum(\bar{x}_i - \mu)^2}{m}} \tag{7-1}$$

式中:$\bar{x}_i$——各个可能样本的平均数($i=1,2,3,\cdots,m$);

μ——总体平均数;

m——重复抽样条件下所有可能的样本数。

式(7-1)不能作为实际计算的依据。因为在实际推断中,不仅没有总体均值资料,也不可能计算出所有样本的均值。但在数学上可以证明,对于重复简单随机样本,抽样平均数的平均误差的等价公式为:

$$\sigma(\bar{x}) = \sqrt{\frac{\sigma^2}{n}} \tag{7-2}$$

对于不重复简单随机抽样的等价公式为:

$$\sigma(\bar{x}) = \sqrt{\frac{\sigma^2}{n}\left(\frac{N-n}{N-1}\right)} \tag{7-3}$$

式中：σ^2——总体方差；

$\sqrt{\dfrac{N-n}{N-1}}$——不重复抽样误差公式的修正因子。

当 N 的数值较大，$N-1$ 接近于 N，修正因子的近似公式为：

$$\sqrt{1-\dfrac{n}{N}}=\sqrt{1-f}$$

式(7-3)的近似公式为：

$$\sigma(\bar{x})=\sqrt{\dfrac{\sigma^2}{n}\left(1-\dfrac{n}{N}\right)}=\sqrt{\dfrac{\sigma^2}{n}(1-f)} \qquad (7-4)$$

式中：f——抽样比。

上述公式是在抽样调查中实际采用的公式。若总体方差 σ^2 未知，可以以样本方差 S^2 代替。

② 样本成数（比例）的抽样平均误差。研究样本成数的抽样平均误差时，可以将成数作为平均数的特例来分析。

总体中具有某种特征的单位占全部总体单位数的比例称为总体比例，记作 P。样本中具有此种特征的单位占全部样本单位数的比例称为样本比例，记作 p。

在重复抽样条件下，样本成数抽样平均误差的公式为：

$$\sigma(p)=\sqrt{\dfrac{P(1-P)}{n}} \qquad (7-5)$$

在不重复抽样条件下，样本成数抽样平均误差的公式为：

$$\sigma(p)=\sqrt{\dfrac{P(1-P)}{n}\left(1-\dfrac{n}{N}\right)} \qquad (7-6)$$

同样道理，在上述公式中，若总体成数 P 未知，可以以样本成数 p 代替。

(3) 抽样极限误差。抽样平均误差从理论上衡量了样本指标与总体指标偏差的平均状况，并不是估计值与总体参数之间的绝对误差。由于总体参数是一个确定值，而样本估计量则是围绕总体参数上下波动的随机变量，因此，样本估计值与总体参数之间存在一个误差范围。

抽样极限误差又称抽样允许误差或置信区间，是指一定概率保证度下抽样误差的可能范围，说明样本估计量在总体参数周围变动的范围，记作 Δ。

① 样本均值的抽样极限误差。样本均值的抽样极限误差就是以绝对值形式表示的样本均值的抽样误差的可能范围，用符号表示为：

$$|\bar{x}-\mu|\leqslant\Delta_{\bar{x}} \qquad (7-7)$$

上式表明，变动的样本均值 $\bar{x}$ 是以确定的总体均值 μ 为中心，在 $\mu\pm\Delta_{\bar{x}}$ 之间变动，因此，可以将上式变换为如下不等式：

$$\mu-\Delta_{\bar{x}}\leqslant\bar{x}\leqslant\mu+\Delta_{\bar{x}} \qquad (7-8)$$

② 样本比例的抽样极限误差。样本比例的抽样极限误差就是以绝对值形式表示的样本比例的抽样误差的可能范围，用符号表示为：

$$|p-P|\leqslant\Delta_p \qquad (7-9)$$

上式表明，样本比例 p 是以确定的总体比例 P 为中心，在 $P\pm\Delta_p$ 之间变动，所以也可以将上式变换为如下不等式：

$$P - \Delta_p \leqslant p \leqslant P + \Delta_p \qquad (7-10)$$

式(7-8)、式(7-10)虽然表明了样本指标偏离总体指标的误差可能范围,但并不符合抽样推断和估计的要求。因为在实际抽样估计中,是以已知的样本指标值 $\bar{x}$ 和 p 推断总体指标值 μ 和 P,也即希望被推断的总体均值 μ 包含在 $\bar{x} \pm \Delta_{\bar{x}}$ 的范围内,总体成数 P 包含在 $p \pm \Delta_p$ 的范围内,这才符合抽样极限误差的实际意义。因此,需要将上述两个不等式加以变换,结果为:

$$\bar{x} - \Delta_{\bar{x}} \leqslant \mu \leqslant \bar{x} + \Delta_{\bar{x}} \qquad (7-11)$$
$$p - \Delta_p \leqslant P \leqslant p + \Delta_p \qquad (7-12)$$

7.2 抽样分布

为简化说明问题,本章所讨论的均为简单重复随机抽样。容量为 n 的样本 $(x_1, x_2, \cdots, x_n)$ 称为简单随机样本,它满足两个条件:

(1) $x_1, x_2, \cdots, x_n$ 相互独立;
(2) $x_i (i=1,2,\cdots,n)$ 都与总体 X 同分布。

7.2.1 抽样分布的概念和种类

从一个总体中随机抽取容量相等的样本,根据样本资料计算某一统计量所有可能的概率分布,称为这个统计量的抽样分布(Sampling Distribution)。简言之,抽样分布就是样本统计量的概率分布。

抽样分布有精确分布和渐近分布两大类。

精确分布又称小样本方法,大多数是在正态分布总体条件下得到的,但由于不易求出其表达式或表达式过于复杂而难以应用。

渐近分布是指人们借助于极限定理,寻求在样本容量无限增大时统计量的极限分布,这种分布可看作是抽样分布的一种近似。

在抽样估计中,许多场合下统计量服从正态分布或以正态分布为渐近分布,所以正态分布是最常见的。此外,χ^2 分布、t 分布、F 分布等精确抽样分布也很常见。

7.2.2 正态分布

在社会经济生活中,有许多现象都可以用正态分布(Normal Distribution)来描述。例如,人的身高和体重、学生的考试成绩等,都是以变量值的均值为中心左右呈对称分布。另外,其他一些分布(如二项分布等)也可以用正态分布近似描述。

1. 正态分布

如果随机变量 X 的概率密度函数为:

$$f(x) = \frac{1}{\sigma\sqrt{2\pi}} e^{-\frac{(x-\mu)^2}{2\sigma^2}} \quad (-\infty < x < \infty) \qquad (7-13)$$

其中,μ, σ 为常数,且 $\sigma > 0$,则称 X 服从参数为 μ, σ 的正态分布,记作 $X \sim N(\mu, \sigma^2)$。

2. 标准正态分布

在正态分布中，当参数 $\mu=0, \sigma=1$ 时，则称 X 服从标准正态分布，记作 $X \sim N(0,1)$。标准正态分布的分布函数记为 $\phi(x)$，性质如下：

(1) $\phi(-x) = 1 - \phi(x)$ (7-14)

(2) 如果 $X \sim N(\mu, \sigma^2)$，则 X 的分布函数为：

$$F(x) = \phi\left(\frac{x-\mu}{\sigma}\right) \quad (7-15)$$

上述公式称为正态分布函数的标准化公式。

标准正态分布的分布函数 $\phi(x)$ 的数值，可以直接查标准正态分布表（书后附表）；而正态分布函数的计算，可以通过式（7-15）转化为标准正态分布函数来计算。标准正态分布表给出了 $x \geq 0$ 时的值，当 $x < 0$ 时是由式（7-14）计算。

7.2.3 χ^2 分布

设 $x_1, x_2, \cdots, x_n$ 是来自总体 $N(0,1)$ 的样本，则称统计量 $X^2 = x_1^2 + x_2^2 + \cdots + x_n^2$ 服从自由度为 n 的 χ^2 分布，记 $X^2 \sim \chi^2(n)$。

自由度指上式右端包含的独立变量的个数，且 $E(\chi^2) = n, D(\chi^2) = 2n$。

7.2.4 t 分布

设 $X \sim N(0,1), Y \sim \chi^2(n)$，且 X, Y 相互独立，则称随机变量 $t = \dfrac{X}{\sqrt{Y/n}}$ 服从自由度为 n 的 t 分布，记 $t \sim t(n)$。

7.2.5 F 分布

设 $U \sim \chi^2(n_1), V \sim \chi^2(n_2)$，且 U, V 相互独立，则称随机变量 $F = \dfrac{U/n_1}{V/n_2}$ 服从自由度为 (n_1, n_2) 的 F 分布，记 $F \sim F(n_1, n_2)$。

若 $F \sim F(n_1, n_2)$，则 $\dfrac{1}{F} \sim F(n_2, n_1)$。

F 分布对于两个总体的方差比的统计推断问题十分重要，是方差分析等统计推断方法的基础。与前两种分布不同的是，F 分布不以正态分布为其极限分布，它总是一个非对称分布。不同的自由度决定了 F 分布的形状。

设总体 $X \sim N(\mu, \sigma^2), x_1, x_2, \cdots, x_n$ 是来自 X 的简单随机样本，$\bar{x} = \dfrac{1}{n} \sum\limits_{i=1}^{n} x_i, s^2 = \dfrac{1}{n-1} \sum\limits_{i=1}^{n} (x_i - \bar{x})^2$，那么：

(1) $\bar{x}$ 和 s^2 相互独立；

(2) $\bar{x} \sim N\left(\mu, \dfrac{\sigma^2}{n}\right)$，或 $\dfrac{\bar{x} - \mu}{\sigma/\sqrt{n}} \sim N(0,1)$；

(3) $(n-1)s^2/\sigma^2 \sim \chi^2(n-1)$；

(4) $\dfrac{\overline{x}-\mu}{s/\sqrt{n}} \sim t(n-1)$。

7.3 抽样估计的基本方法

抽样估计是用样本统计量去估计总体参数，如用样本均值估计总体均值，或用样本成数估计总体成数等。抽样估计通常有点估计和区间估计两种方法。

7.3.1 点估计

设总体随机变量 X 的分布函数已知，但它的一个或多个参数未知，若从总体 X 中抽取一组样本观察值 $x_1, x_2, \cdots, x_n$，以该组数据来估计总体参数，就称为参数的点估计（Point Estimation）。

点估计的主要方法有矩估计法、顺序统计量法、极大似然法等。

1. 矩估计法

矩估计法是用样本的矩去估计总体的矩，从而获得总体有关参数的估计量的方法。矩是指以期望值为基础定义的数字特征，如数学期望、方差、协方差等。

矩估计法的基本思想是：由于样本来源于总体，样本矩在一定程度上反映了总体矩，而且由大数定律可知，样本矩依概率收敛于总体矩，因此只要总体 X 的 k 阶原点矩存在，就可以用样本矩作为总体矩的估计量，用样本矩的函数作为总体矩的函数的估计量。

具体估计方法如下：设 X 为随机变量，对任意正整数 k 和常数 A，称 $E((X-A)^k)$ 为随机变量 X 的 k 阶矩。

(1) 当常数 $A=0$，称 $E(X^k)$ 为随机变量 X 的 k 阶原点矩，记为 $m_k=E(X^k)$，当 $k=1$ 时，$m_1=E(X)=\mu$；

(2) 当常数 $A=E(X)$，将 $V_k=E[X-E(X)]^k$ 称为以 $E(X)$ 为中心的 k 阶中心矩，当 $k=2$ 时，$V_2=E[X-E(X)]^2=\sigma^2$。

所以，称一阶原点矩为随机变量 X 的数学期望，二阶中心矩为随机变量 X 的方差。

【例 7-1】 已知某企业职工工资 $X \sim N(\mu, \sigma^2)$，其中 μ 和 σ^2 都是未知的，现随机抽取 5 名职工，月工资分别为 1 000 元、900 元、800 元、1 100 元和 1 200 元，试根据样本资料估计该企业全体职工的平均工资 μ 及平均工资的标准差。

解 根据矩估计原理，可以以样本均值 $\overline{x}$ 即一阶原点矩来估计总体均值 μ，以样本方差 s^2 即二阶中心矩来估计总体方差 σ^2，进而求解总体标准差。

经计算得知，样本均值 $\overline{x} = \dfrac{1\,000+900+800+1\,100+1\,200}{5} = 1\,000(元)$

样本标准差 $S = \sqrt{\dfrac{(1\,000-1\,000)^2+(900-1\,000)^2+\cdots+(1\,200-1\,000)^2}{5}}$

$= 141.4(元)$

所以,该企业全体职工的平均工资 μ 及平均工资的标准差 σ 的估计值分别为 1 000 元和 141.4 元。

2. 顺序统计量法

所谓顺序统计量法,即用样本中位数 Me,或样本极差 R 来估计总体的数学期望 μ 或总体的标准差 σ 的方法。

样本中位数 Me:定义为样本 $x_1, x_2, \cdots, x_n$ 的函数。即对样本中各样本单位的取值按大小顺序排列,位于中间位置的那个数值(若 n 为偶数时,则取位于中间的两个数值的平均数)。记为:

$$Me=\begin{cases} x_{\frac{n+1}{2}}, \text{当 } n \text{ 为奇数时} \\ \dfrac{x_{\frac{n}{2}}+x_{\frac{n+1}{2}}}{2}, \text{当 } n \text{ 为偶数时} \end{cases}$$

样本极差 R:定义为样本 $x_1, x_2, \cdots, x_n$ 的函数。即对样本中各样本单位的取值按大小顺序排列,取最大值与最小值之差。

$$R = \max(x_1, x_2, \cdots, x_n) - \min(x_1, x_2, \cdots, x_n)$$

由于 Me 与 R 都是将样本的一组数值按大小次序排列而确定的,所以都叫顺序统计量。

【例 7-2】 以【例 7-1】为例,样本的一组数值为:800,900,1 000,1 100,1 200,利用上面给出的定义,可得:

$Me = 1\ 000$

$R = 1\ 200 - 800 = 400$

顺序统计量的共同特点是计算简单,其中 Me 的数值还不受样本中极端值的影响。

当总体 X 为连续型随机变量,且概率密度函数对称时,为方便起见,常用样本中位数 Me 来估计总体数学期望 μ,即:

$$\hat{\mu} = Me$$

样本极差 R 本身就是衡量总体离散程度的一个尺度,由于计算简单,所以可以用来估计正态总体标准差 σ。可以证明,用样本极差 R 构造出的总体标准差的无偏估计量为:

$$\hat{\sigma} = \frac{1}{d_n} R$$

d_n 的部分数值见表 7-2。

表 7-2 系数 d_n 表

n	d_n	$1/d_n$	n	d_n	$1/d_n$
2	1.128	0.886	7	2.704	0.369
3	1.693	0.591	8	2.847	0.351
4	2.059	0.486	9	2.970	0.337
5	2.326	0.429	10	3.078	0.325
6	2.534	0.395			

用样本极差 R 来估计 σ,其缺点是不如用 s 精度高(当 $n > 2$ 时)。n 愈大,两者的精度差

别就愈大。当 $n>10$ 时,如果要用 R 来估计 σ,可将数据分成若干个数相等的组,求出各组数据的极差,然后用这些样本极差的平均值 $\overline{R}$ 作为上式中的极差 R,即得 σ 的估计 $\hat{\sigma}$。

3. 极大似然法

已知总体变量 X 的分布形式,所以其概率密度函数 $f(x)$ 已知,未知参数为 α,β,从总体 X 中抽取 $x_1,x_2,\cdots,x_n$ 的样本,其概率密度函数为 $f(x_i)$,构造似然函数 $L(x_i,\alpha,\beta) = \prod_{i=1}^{n} f(x_i,\alpha,\beta)$,为了便于计算,取对数似然函数 $LnL(x_i,\alpha,\beta) = \sum_{i=1}^{n} f(x_i,\alpha,\beta)$,令

$$\begin{cases} \dfrac{\partial LnL}{\partial \alpha}=0 \\ \dfrac{\partial LnL}{\partial \beta}=0 \end{cases}, 解得 \hat{\alpha},\hat{\beta}。$$

所以 $\hat{\alpha},\hat{\beta}$ 为未知参数 α,β 的估计值。

【例 7 - 3】 设 $X \sim N(\mu,\sigma^2)$,μ,σ^2 为未知参数,$x_1,x_2,\cdots,x_n$ 是来自 X 的一个样本值。求 μ,σ^2 的最大似然估计量。

解 因为总体 X 的概率密度为 $f(x,\mu,\sigma^2) = \dfrac{1}{\sqrt{2\pi}\sigma} \exp\left[-\dfrac{1}{2\sigma^2}(X-\mu)^2\right]$

所以样本统计量的概率密度函数为 $f(x_i,\alpha,\beta) = \dfrac{1}{\sqrt{2\pi}\sigma} \exp\left[-\dfrac{1}{2\sigma^2}(x_i-\mu)^2\right]$

构造的似然函数为 $L(x_i,\mu,\sigma^2) = \prod_{i=1}^{n} \dfrac{1}{\sqrt{2\pi}\sigma} \exp\left[-\dfrac{1}{2\sigma^2}(x_i-\mu)^2\right]$

$$= (2\pi)^{-\frac{n}{2}} (\sigma^2)^{-\frac{n}{2}} \exp\left[-\dfrac{1}{2\sigma^2}\sum_{i=1}^{n}(x_i-\mu)^2\right]$$

对数似然函数为 $LnL = -\dfrac{n}{2}\ln(2\pi) - \dfrac{n}{2}\ln\sigma^2 - \dfrac{1}{2\sigma^2}\sum_{i=1}^{n}(x_i-\mu)^2$

令 $\begin{cases} \dfrac{\partial LnL}{\partial \mu} = \dfrac{1}{\sigma^2}\left(\sum_{i=1}^{n} x_i - n\mu\right) = 0 \\ \dfrac{\partial LnL}{\partial \sigma^2} = -\dfrac{n}{2\sigma^2} + \dfrac{1}{2(\sigma^2)^2}\sum_{i=1}^{n}(x_i-\mu)^2 = 0 \end{cases}$

由前一式解得 $\hat{\mu} = \dfrac{1}{n}\sum_{i=1}^{n} x_i = \overline{x}$,代入后一式得 $\hat{\sigma}^2 = \dfrac{1}{n}\sum_{i=1}^{n}(x_i-\overline{x})^2$

所以,得 μ,σ^2 的最大似然估计量分别为:

$\hat{\mu} = \overline{x}, \hat{\sigma}^2 = \dfrac{1}{n}\sum_{i=1}^{n}(x_i-\overline{x})^2$,它们与相应的矩估计量相同。

点估计法计算简便、直观,一般不考虑抽样误差和可靠程度,它适用于对估计准确程度与可靠程度要求不高的情况。但矩估计法也有其局限性:一是它要求总体矩存在;二是不能充分利用估计时已掌握的有关总体分布的信息。

7.3.2 估计量的优良标准

前面,我们介绍了总体参数的三种常见的估计方法,即矩估计法、顺序统计量法和极大

似然法,对于同一参数,用不同的方法来估计,可能得到不同的估计量。但究竟采用哪种方法为好呢?这就涉及用什么标准来评价估计量的问题。

判别点估计优良性包括三条标准:无偏性、有效性和一致性。

1. 无偏性

若估计量$\hat{\theta}$的数学期望等于未知参数的真值,即$E(\hat{\theta})=\theta$,则称$\hat{\theta}$为θ的满足无偏性准则的估计量。

估计量的无偏性是说对于某些样本值,由这一估计量得到的估计值相对于真实值来说偏大,反复将这一估计量使用多次,就平均来说其偏差为零。在科学技术中,$E(\hat{\theta})-\theta$称为以$\hat{\theta}$作为θ的估计的系统误差,无偏估计的实际意义就是无系统误差。

【例7-4】 重置抽样下,样本方差$s^2=\frac{1}{n}\sum_{i=1}^{n}(x_i-\overline{x})^2$不是总体方差的无偏估计量。

解 因为$x_1,x_2,\cdots,x_n$表示n次观测结果的n个独立随机变量,且这n个独立随机变量是来自同一总体,因而有相同的分布律,从而有相同的期望值和方差。故:

$$E(x_1)=E(x_2)=\cdots=E(x_n)=\mu$$
$$D(x_1)=D(x_2)=\cdots=D(x_n)=\sigma^2$$

又因为:

$$\begin{aligned}
E(s^2) &= E\left[\frac{1}{n}\left(\sum_{i=1}^{n}(x_i-\overline{x})^2\right)\right] \\
&= \frac{1}{n}E\left[\sum_{i=1}^{n}(x_i-\mu+\mu-\overline{x})^2\right] \\
&= \frac{1}{n}E\left\{\sum_{i=1}^{n}(x_i-\mu)^2-2\sum_{i=1}^{n}(x_i-\mu)(\overline{x}-\mu)+n(\overline{x}-\mu)^2\right\} \\
&= \frac{1}{n}\left\{\sum_{i=1}^{n}E(x_i-\mu)^2-2nE(\overline{x}-\mu)^2+nE(\overline{x}-\mu)^2\right\} \\
&= \frac{1}{n}\left\{\sum_{i=1}^{n}E(x_i-\mu)^2-nE(\overline{x}-\mu)^2\right\} \\
&= \frac{1}{n}\left\{n\sigma^2-n\left(\frac{\sigma^2}{n}\right)\right\} \\
&= \frac{n-1}{n}\sigma^2
\end{aligned}$$

由于$E(s^2)\neq\sigma^2$,所以s^2不是σ^2的无偏估计量。

通常用$s_{n-1}^2=\frac{1}{n}\sum_{i=1}^{n}(x_i-\overline{x})^2$来计算样本方差,这是因为$s_{n-1}^2$是$\sigma^2$的无偏估计量。

$$\begin{aligned}
E(s_{n-1}^2) &= E\left[\frac{1}{n-1}\sum_{i=1}^{n}(x_i-\overline{x})^2\right] \\
&= \frac{1}{n-1}\left\{n\sigma^2-n\left(\frac{\sigma^2}{n}\right)\right\} \\
&= \sigma^2
\end{aligned}$$

在讨论样本统计量的数字特征时,由于$E(\overline{x})=\mu,E(p)=\pi,E(s_{n-1}^2)=\sigma^2$(重置抽样时成

立),因此,样本平均数、比例、方差分别作为对应的总体平均数、比例、方差的估计量时是符合无偏性要求的。

2. 有效性

无偏性只考虑估计值的平均结果是否等于待估参数的真实值,而不考虑每个估计值与待估参数真实值之间偏差的大小和离散程度。我们在解决实际问题时,不仅希望估计是无偏差的,更希望这些估计值的偏差尽可能地小。通常用偏差的平方的期望值来衡量估计量偏差的大小,称之为均方误差 MSE,并记为:

$$MSE(\hat{\theta}) = E(\hat{\theta} - \theta)^2$$

若 $\hat{\theta}$ 为 θ 的无偏估计量,其均方误差等于其方差,即:

$$MSE(\hat{\theta}) = D(\hat{\theta})$$

设 $\hat{\theta}_1, \hat{\theta}_2$ 为 θ 的两个无偏估计量,若 $\hat{\theta}_1$ 的方差小于 $\hat{\theta}_2$ 的方差,即:

$$D(\hat{\theta}_1) < D(\hat{\theta}_2)$$

则称 $\hat{\theta}_1$ 是较 $\hat{\theta}_2$ 有效的估计量。

3. 一致性

设 $\hat{\theta}(x_1, x_2, \cdots, x_n)$ 是未知参数 θ 的估计量,当 $n \to \infty$ 时,要求 $\hat{\theta}$ 按概率收敛于 θ,即:

$$\lim_{n \to \infty} P(|\hat{\theta} - \theta| < \varepsilon) = 1 \quad (\varepsilon \text{ 为任意小正数})$$

则称 $\hat{\theta}$ 为 θ 的满足一致性标准要求的估计量。

一致性标准说明:当样本单位数(或样本容量)n 越来越大时,估计量 $\hat{\theta}$ 接近于被估计量 θ 的概率也越来越大。

这里应该注意到,一致性准则要求是从极限性质来说的,这个性质只对于样本容量较大时才起作用。

不是所有统计量都符合以上标准。可以说符合以上标准的统计量要比不符合或不完全符合以上标准的统计量更为优良。例如,在正态分布的情况下,中位数与算术平均数都是总体均值的无偏估计量和一致估计量,但算术平均数更有效。同样,在正态分布的情况下,可以用样本标准差和样本极差构造总体标准差的无偏估计量,但是样本标准差更有效。将前面讨论过的样本统计量的数字特征与此部分的内容结合起来,不难发现,样本平均数、比例、方差完全符合优良估计三个标准的要求。所以,在对总体的均值、比例、方差等参数进行估计时,首选的统计量就是样本平均数、比例、方差。

7.3.3 区间估计

1. 区间估计的基本思想

上面讲的点估计,有优点但也有缺陷。点估计最大的优点就在于它能够提供总体参数的具体估计值,可以作为行动决策的数量依据,并且这种方法也很简单。但任何事情都有两面性,这种简单的参数估计方法存在三个方面的局限性:一是这种估计方法似乎与样本容量的大小没有关系;二是点估计得到的估计值不是对就是错,但由于总体参数的未知性,我们永远不知道它到底是对还是错,即我们不可能得到它的误差情况;三是由于第二方面的局限性，我们无从得到这种估计的可靠程度。这三个方面的情况却是我们对参数估计时非常想了解的。因此，必须有一种新的方法，它能够克服点估计的缺陷，这种方法就是区间估计。

2. 区间估计

区间估计(Interval Estimation)是根据样本统计量，以一定的可靠程度去估计总体参数值所在的范围或区间。

区间估计不仅能根据样本统计量和抽样平均误差估计总体参数的可能范围，还能说明这种估计的可靠程度，也称置信度。因此，区间估计是抽样估计的主要方法。

置信度表示区间估计的可靠程度或把握程度，也即所估计的区间包含总体参数真实值的可能性大小，一般以 $1-\alpha$ 表示。其中 α 表示显著性水平，即某一小概率事件发生的临界水平。当某事件发生的概率小于该显著性水平时，就认为该事件为小概率事件。例如，我们认为总体参数真实值落在估计区间外的概率在 0.05 以下的情形很难出现，则称这一事件为小概率事件，0.05 即为这一事件的显著性水平，则反过来说明我们有 $1-0.05(95\%)$ 的把握保证总体参数真实值落在估计区间内。统计实践中，一般以 0.05 为显著性水平，0.01 为高度显著性水平。

抽样估计中，事先要规定估计的置信度，通常采用三个标准：
(1) 显著性水平 $\alpha=0.05$，即 $1-\alpha=0.95$。
(2) 显著性水平 $\alpha=0.01$，即 $1-\alpha=0.99$。
(3) 显著性水平 $\alpha=0.1$，即 $1-\alpha=0.90$。

抽样估计的置信度(可靠度)与置信区间(精确度)之间存在着此消彼长的矛盾关系：若希望抽样估计有较高的可靠度，则必须扩大置信区间，即必须降低估计的精确度；若希望抽样估计有较高的精确度，即置信区间范围缩小，则必须降低估计的把握度。

在实际抽样估计中，置信区间是用抽样极限(允许)误差来表示的，所以上述关系也可以表述为：在样本容量确定的情况下，抽样估计要求的把握度越高，抽样允许误差越大，精确度越低；反之，则相反。

1) 总体均值的区间估计

本章主要介绍正态分布总体均值的区间估计。对正态分布总体进行区间估计时，要讨论总体方差 σ^2 是否已知及样本是大样本还是小样本，因为这些因素会影响样本均值的分布规律。

(1) 总体方差 σ^2 已知时总体均值的区间估计。

当 $X \sim N(\mu,\sigma^2)$ 时，根据第二节可知，来自该总体的简单随机样本 $x_1,x_2,\cdots,x_n$ 的样本均值 $\bar{x} \sim N\left(\mu,\dfrac{\sigma^2}{n}\right)$。将样本均值统计量 $\bar{x}$ 标准化，得到 Z 统计量：

$$Z=\frac{\bar{x}-\mu}{\sigma/\sqrt{n}} \sim N(0,1)$$

根据区间估计的定义，可以构造均值 μ 的置信区间。对于给定的显著性水平 α，可以令 $P\{-Z_{\alpha/2}<Z<Z_{\alpha/2}\}=1-\alpha$，即有：

$$P\left\{-Z_{\alpha/2}<\frac{\bar{x}-\mu}{\sigma/\sqrt{n}}<Z_{\alpha/2}\right\}=1-\alpha$$

从而有：
$$P\left\{\bar{x}-Z_{\alpha/2}\frac{\sigma}{\sqrt{n}}<\mu<\bar{x}+Z_{\alpha/2}\frac{\sigma}{\sqrt{n}}\right\}=1-\alpha$$

即在给定的显著性水平 α 下，总体均值 μ 在 $1-\alpha$ 的置信度下的置信区间为：
$$\left(\bar{x}-Z_{\alpha/2}\frac{\sigma}{\sqrt{n}},\bar{x}+Z_{\alpha/2}\frac{\sigma}{\sqrt{n}}\right)$$

其中，$\frac{\sigma}{\sqrt{n}}=\sigma(\bar{x})$，即第一节介绍的抽样平均误差；$Z_{\alpha/2}\frac{\sigma}{\sqrt{n}}=\Delta_{\bar{x}}$ 即第一节介绍的抽样允许误差。

所以，上述置信区间也可表示为：
$$\bar{x}-\Delta_{\bar{x}}\leqslant\mu\leqslant\bar{x}+\Delta_{\bar{x}}$$

当总体分布未知时，只要方差 σ^2 已知，在大样本情况下，样本均值 $\bar{x}$ 近似服从正态分布，则可以构造 Z 统计量进行区间估计。

【例 7-5】 某厂生产的零件长度服从正态分布，从该厂生产的零件中随机抽取 25 件，测得它们的平均长度为 30.2 厘米。已知总体标准差 $\sigma=0.45$ 厘米。

要求：① 计算抽样平均误差和抽样允许误差；
② 估计该厂生产的零件平均长度的可能范围（$\alpha=0.05$）。

解 已知 $X\sim N(\mu,0.45^2),\bar{x}=30.2,n=25,1-\alpha=0.95$

① 抽样平均误差 $\sigma(\bar{x})=\frac{\sigma}{\sqrt{n}}=\frac{0.45}{\sqrt{25}}=0.09$

查标准正态分布表可知在 $\alpha=0.05$ 时，$Z_{\alpha/2}=1.96$，所以：

抽样允许误差 $\Delta_{\bar{x}}=Z_{\alpha/2}\frac{\sigma}{\sqrt{n}}=1.96\times0.09=0.1764$

② 总体均值的置信区间为：
$$\left(\bar{x}-Z_{\alpha/2}\frac{\sigma}{\sqrt{n}},\bar{x}+Z_{\alpha/2}\frac{\sigma}{\sqrt{n}}\right)$$
$$=(\bar{x}-\Delta_{\bar{x}},\bar{x}+\Delta_{\bar{x}})$$
$$=(30.2-0.1764,30.2+0.1764)$$
$$=(30.02,30.38)$$

即可以以 95% 的概率保证该厂零件平均长度在 30.02 厘米到 30.38 厘米之间。

（2）总体方差 σ^2 未知时总体均值的区间估计。

第二节已介绍，若正态分布总体方差 σ^2 未知，可以以样本方差 s^2 代替总体方差 σ^2。但新的统计量不服从标准正态分布，而是服从自由度为 $n-1$ 的 t 分布。记为：
$$t=\frac{\bar{x}-\mu}{s/\sqrt{n}}\sim t(n-1)$$

给定置信度为 $1-\alpha$，可查 t 分布表确定临界值 $t_{\alpha/2}(n-1)$，使得 t 的取值在 $(-t_{\alpha/2}(n-1),t_{\alpha/2}(n-1))$ 区间的概率为 $1-\alpha$，即：
$$P\left\{-t_{\alpha/2}(n-1)<\frac{\bar{x}-\mu}{s_{n-1}/\sqrt{n}}<t_{\alpha/2}(n-1)\right\}=1-\alpha$$

由此可得总体均值置信度为 $1-\alpha$ 的置信区间为：

$$\left(\overline{x}-t_{\alpha/2}\frac{s_{n-1}}{\sqrt{n}},\overline{x}+t_{\alpha/2}\frac{s_{n-1}}{\sqrt{n}}\right)$$

其中，$\frac{s_{n-1}}{\sqrt{n}}=\sigma(x)$，为抽样平均误差；$t_{\alpha/2}\frac{s_{n-1}}{\sqrt{n}}=\Delta_{\overline{x}}$，为抽样允许误差。

所以，上式也可表示为：

$$\overline{x}-\Delta_{\overline{x}}\leqslant\mu\leqslant\overline{x}+\Delta_{\overline{x}}$$

【例 7-6】 从某市高中生中按不重复抽样方法随机抽取 25 名学生，调查每周收看电视的时间，分组资料见表 7-3。

表 7-3 某市 25 位高中生每周收看电视时间分组表

每周看电视时间（小时）	学生人数（人）
2 以下	2
2～4	6
4～6	8
6～8	8
8～10	1
合　计	25

要求：① 计算抽样平均误差和抽样允许误差。

② 估计该市全体高中生每周平均看电视时间的置信区间（给定的显著性水平为 0.05）。

解　已知 $n=25,\alpha=0.05$

样本均值 $\overline{x}=\dfrac{1\times2+3\times6+5\times8+7\times8+9\times1}{25}=5$（小时）

样本方差 $s^2=\dfrac{(1-5)^2\times2+(3-5)^2\times6+(5-5)^2\times8+(7-5)^2\times8+(9-5)^2\times1}{25-1}$

$=4.333$

① 查 t 分布表知 $\alpha=0.05$ 时，临界值 $t_{\alpha/2}(n-1)=t_{0.025}(25-1)=2.0639$，因此，

抽样平均误差 $\sigma(x)=\dfrac{s_{n-1}}{\sqrt{n}}=\dfrac{\sqrt{4.333}}{\sqrt{25}}=0.417$

抽样允许误差 $\Delta_{\overline{x}}=t_{\alpha/2}\dfrac{s_{n-1}}{\sqrt{n}}=2.0639\times0.417=0.861$

② 总体均值置信度为 95% 的置信区间为：

$$\left(\overline{x}-t_{\alpha/2}\frac{s_{n-1}}{\sqrt{n}},\overline{x}+t_{\alpha/2}\frac{s_{n-1}}{\sqrt{n}}\right)$$
$$=(\overline{x}-\Delta_{\overline{x}},\overline{x}+\Delta_{\overline{x}})$$
$$=(5-0.861,5+0.861)$$
$$=(4.14,5.86)$$

即我们可以以 95% 的把握保证该市高中生每周平均看电视的时间在 4.14 小时到 5.86 小时之间。

2) 总体比例的区间估计

根据样本比例的抽样分布定理,在大样本下,样本比例的分布趋近于均值为 P、方差为 $\dfrac{P(1-P)}{n}$ 的正态分布。因此,给定置信度 $1-\alpha$,查正态分布表得 $Z_{\alpha/2}$,则样本比例的抽样极限误差为:

$$\Delta_p = Z_{\alpha/2} \cdot \sigma(p)$$

所以,总体比例 P 的置信度为 $1-\alpha$ 的置信区间为:

$$p - \Delta_p \leqslant P \leqslant p + \Delta_p$$

【例 7-7】 某厂对一批产成品按不重复抽样方法随机抽选 200 件进行质量检测,其中一等品 160 件,试以 90% 的概率估计一等品率的范围。

解 已知 $p = \dfrac{160}{200} = 80\%, 1-\alpha = 90\%, n = 200$

查表知:$Z_{\alpha/2} = 1.645$

计算得样本比例的抽样平均误差为:

$$\sigma(p) = \sqrt{\dfrac{p(1-p)}{n}} = \sqrt{\dfrac{80\% \times (1-80\%)}{200}} = 2.83\%$$

样本比例的抽样极限误差为:

$$\Delta_p = Z_{\alpha/2} \cdot \sigma(p) = 1.645 \times 2.83\% = 4.655\%$$

所以,该批产品的一等品比例的置信区间为:

$$80\% - 4.655\% \leqslant P \leqslant 80\% + 4.655\%$$

即我们可以以 90% 的置信度保证这批产品的一等品率在 75.35% 到 84.66% 之间。

3) 总体方差的区间估计

在大样本情况下,样本标准差 s 的分布近似服从正态分布 $N(\sigma, \sigma^2/2n)$,所以,总体标准差 σ 的置信度为 $1-\alpha$ 的置信区间近似为:

$$\left(s - Z_{\alpha/2} \dfrac{s}{\sqrt{2n}}, s + Z_{\alpha/2} \dfrac{s}{\sqrt{2n}}\right)$$

在小样本情况下,若总体呈正态分布且其均值和方差未知,则总体方差 σ^2 的置信区间可由如下的统计量的分布来确定:

$$\chi^2 = \dfrac{(n-1)s^2}{\sigma^2} \sim \chi^2(n-1)$$

对于给定的 α,查 χ^2 分布表确定两个临界值 $\chi^2_{1-\alpha/2}(n-1)$ 和 $\chi^2_{\alpha/2}(n-1)$,使:

$$P\left\{\chi^2_{1-\alpha/2}(n-1) < \dfrac{(n-1)S^2}{\sigma^2} < \chi^2_{\alpha/2}(n-1)\right\} = 1-\alpha$$

故总体方差 σ^2 的置信度为 $1-\alpha$ 的置信区间为:

$$\left(\dfrac{(n-1)S^2}{\chi^2_{\alpha/2}(n-1)}, \dfrac{(n-1)S^2}{\chi^2_{1-\alpha/2}(n-1)}\right)$$

【例 7-8】 从某班级学生中随机抽取 16 人,计算得其语文平均成绩为 75 分,方差为 25 分。假定学生成绩服从正态分布,试求总体方差及标准差的置信区间(给定的显著性水平为 0.05)。

解 已知 $n = 16, \alpha = 0.05, S^2 = 25$,查 χ^2 分布表确定两个临界值:

$$\chi^2_{1-\alpha/2}(n-1) = \chi^2_{0.975}(16-1) = 6.262$$
$$\chi^2_{\alpha/2}(n-1) = \chi^2_{0.025}(16-1) = 27.488$$

将临界值数字代入上述公式中,总体方差 σ^2 的置信度为 $1-\alpha$ 的置信区间为:

$$\left(\frac{(16-1)\times 25}{27.488}, \frac{(16-1)\times 25}{6.262}\right), 即为(13.64, 59.89)$$

总体标准差 σ 的置信度为 $1-\alpha$ 的置信区间为:

$$(\sqrt{13.64}, \sqrt{59.89}), 即为(3.69, 7.74)$$

7.4 必要样本容量的确定

7.4.1 确定样本容量的必要性

样本容量(Sample Size)就是抽取的样本单位数。确定样本容量是制订抽样调查方案中一个非常重要的环节。这是因为:

1. 样本容量大小影响抽样估计的精确度

从抽样平均误差和抽样允许误差的公式可以看出,样本容量与估计的精度成正方向变动,即样本容量越大,估计精确度越高;若样本容量太小,就降低了样本对总体的代表性,从而影响抽样估计的精确度。

2. 样本容量大小影响抽样调查的成本和效益

若样本容量过大、调查单位增多,不仅增加人力、财力、物力的耗费,而且还影响抽样调查的时效性。因此,在确定样本容量时,应在满足抽样调查对估计数据的精确度和把握度要求的前提下,尽量减少调查单位数,即确保必要的抽样数目。

7.4.2 样本容量的影响因素

1. 被调查现象的变异程度

被调查现象的变异程度,即所调查总体各单位标志值的差异程度。变异程度越大,则所需抽取的样本单位数就应越多;反之,就可少些。

2. 抽样允许误差

抽样允许误差值大,说明对抽样估计的精确度要求较低,可以少抽些样本单位;反之,则要多抽些样本单位。

3. 抽样的概率保证度

抽样估计的概率保证度要求越高,应多抽些样本单位;反之,则可少抽些样本单位。

4. 抽样调查方法

在相同条件下,重复抽样的误差一般大于不重复抽样,因此,重复抽样比不重复抽样需要多抽取样本单位数。

5. 抽样组织形式

由于采用的组织形式不同,会产生不同的抽样误差,必要的样本单位数也不相同。如在相同条件下,整群抽样的误差较大,则应多抽取样本单位。

7.4.3 必要样本容量的确定方法

1. 对总体均值进行区间估计时,样本容量的确定

在总体均值的区间估计中,置信区间公式为:

$$\bar{x} \pm Z_{\alpha/2} \frac{\sigma}{\sqrt{n}}$$

其中,$Z_{\alpha/2} \frac{\sigma}{\sqrt{n}}$ 称为抽样允许误差,用 Δ 表示。

上式反映了抽样允许误差 Δ、可靠系数 $Z_{\alpha/2}$、总体标准差 σ 及样本容量 n 之间的关系。只要任意三个因素确定,就可以推导出第四个因素。从而必要样本容量的公式为:

$$n = \frac{Z_{\alpha/2}^2 \sigma^2}{\Delta^2}$$

【例 7-9】 一家俱乐部拟估计其会员去年一年在本俱乐部的平均消费额。经验数据表明,总体方差为 2 000 000,若要求的抽样允许误差不超过 600 元,在 95% 的概率保证度下,应最少抽取多少会员进行调查?

解 已知 $\sigma^2 = 2\,000\,000$,$\alpha = 0.05$,$\Delta = 600$ 元

查表知,当 $\alpha = 0.05$ 时,$Z_{\alpha/2} = 1.96$,则

$$n = \frac{Z_{\alpha/2}^2 \sigma^2}{\Delta^2} = \frac{1.96^2 \times 2\,000\,000}{600^2} = 21.34 \approx 22$$

即这家俱乐部最少应抽取 22 位会员进行调查。

2. 对总体比例进行区间估计时,样本容量的确定

由于对总体比例进行区间估计时,抽样允许误差公式为:

$$\Delta_p = Z_{\alpha/2} \sqrt{\frac{p(1-p)}{n}}$$

因此,样本容量公式为:

$$n = \frac{Z_{\alpha/2}^2 p(1-p)}{\Delta^2}$$

根据第三节的内容可知,样本成数方差公式为:

$$\sigma^2(p) = p(1-p)$$

上式中,当 $p = 0.5$ 时,方差达到最大值。由于样本容量与方差成正比,即在其他条件

相同的情况下,方差达到最大值时,样本容量也达到最大。因此,在实际推断估计中,若 p 值未知,可以用 $p=0.5$ 代替。当然这是比较保守的做法,因为计算出的样本容量可能比实际需要的样本容量要大,但可以保证必要的估计精确度和概率保证度。

【例 7-10】 某冷库对贮藏的一批禽蛋的变质情况进行抽样调查,根据以往的数据资料,禽蛋贮藏期变质率分别为 53%、49%、48%,现在允许误差不超过 5%,推断的概率保证程度为 95%,问至少要抽取多少只进行检查?

解 已知 $t=1.96$,$\Delta_p=0.05$;样本比例有三个值,分别计算样本方差:
$0.53\times0.47=0.2429,0.49\times0.51=0.2499,0.48\times0.52=0.2496$

在谨慎性原则下,以方差最大的经验数据代入公式,以保证抽样估计的精确度和把握度,因此选 $p=0.49$。则样本容量为:

$$n=\frac{1.96^2\times0.49\times0.51}{0.05^2}=384.006$$

即应抽取 385 只禽蛋进行调查。

【例 7-11】 某工厂拟以 95% 的可靠程度对生产产品的合格率进行抽样调查,希望对合格率估计的误差不超过 0.04,最少应抽取多少件产品?

解 已知 $\Delta=0.04$,$\alpha=0.05$,$Z_{\alpha/2}=1.96$,p 值未知,可以用 0.5 代替,从而必要的样本容量为:

$$n=\frac{1.96^2\times0.5\times0.5}{0.04^2}=600$$

即为以 95% 的可靠程度保证抽样误差不超过 0.04,应最少抽取 600 件产品进行调查。

在计算必要样本容量时应注意:第一,上面公式计算的样本容量是最低的,即必要的样本容量。第二,计算样本容量时,一般总体方差 σ^2 或 $p(1-p)$ 是未知的,在实际计算时可利用相关数据资料代替。① 如果在本次抽样调查前,曾经进行过同类问题的全面调查,用全面调查的有关数据来代替。② 组织试验抽样。在进行正式抽样调查之前,组织两次或两次以上试验性抽样,用试验样本的方差代替。应该注意的是,从几个试验样本方差中选大的。同样,利用全面调查的历史资料时,也要注意方差中选大的。第三,由于抽取的样本单位数必须是整数,为保证抽样的精确度和把握度,在计算结果不为整数的情况下,不能以四舍五入的方式确定样本数,而应以计算结果的整数部分加 1 作为样本容量。

7.5 抽样调查的组织方式

7.5.1 简单随机抽样

简单随机抽样(Simple Random Sampling)也称纯随机抽样,它是对总体单位不做任何分类或排队,直接从总体中按随机原则抽取样本单位的调查方式。

简单随机抽样方式简单易行,最符合随机原则,是抽样调查的基本形式。有关抽样调查的基本原理和方法,都是在纯随机抽样的基础上建立的。它可以使总体中所有相互独立的单位都有同等可能的机会被抽中。

为了便于抽取样本单位,一般在明确抽样框的条件下,对总体的每个单位都要编号,然后用抽签式或利用随机数字表进行抽取。但在实际中,若总体单位数很多,要逐一编号是难以做到的,特别是有些现象,事前也不可能编号(如一些连续大量生产的产品),因此,简单随机抽样的应用会受到一定限制。此外,在总体单位之间差异较大时,这种方式的抽样误差也可能较大。当总体单位数不多且分布比较均匀,或总体单位之间数量特征值差异比较小,或总体单位有现成的编号时,采用这种方式进行抽样比较适宜。

7.5.2 类型抽样

类型抽样又称分层抽样或分类抽样(Stratified Sampling),它是先将总体单位按某一标志分成若干组,然后在各组中采用简单随机抽样或其他方式抽取样本单位的抽样组织方式。

类型抽样适用于总体单位在被研究标志上有明显差异的情况。例如,研究农作物产量时,耕地有平原、丘陵和山地之分;研究职工的工资水平时,各行业之间有明显的差距等。类型抽样的实质是把统计分组和抽样原理有机结合。通过分组,可以使组中具有同质性,组间具有差异性,然后从各组中简单随机抽样,从而保证样本具有更高的代表性,减小抽样误差。类型抽样应遵循的原则是:分组时应使组内差异尽可能小,组间差异尽可能大。

按样本单位在各组中的分配状况,类型抽样可分为等比例类型抽样和不等比例类型抽样。等比例类型抽样就是按同样的抽样比 $f=\dfrac{n}{N}$,确定各组中应抽的样本单位数。如各组单位数为 N_i,则从中抽取的样本单位数应为 $n_i=N_i\cdot\dfrac{n}{N}$。不等比例类型抽样是指当某类单位在总体中比重过小时,按等比例抽样抽不到或只能抽到很少的单位,为了保证样本中各类单位的代表性,需采取不等比例抽样的方法。

7.5.3 等距抽样

等距抽样又称机械抽样或系统抽样(Systematic Sampling),它是先将总体各单位按某一标志顺序排列,然后按照固定的顺序和相同的间隔抽取样本单位的抽样组织方式。

等距抽样的随机性表现在抽取第一个样本单位上,当第一个单位确定后,其余各单位的位置也就确定了。按排序标志的选择不同,等距抽样可以分为无关标志排序抽样和有关标志排序抽样两类。

无关标志排序抽样是指排序的标志与被研究的标志无关,如观察学生考试成绩用姓氏笔画排序、观察产品质量按生产的先后顺序抽样等。无关标志排序可以保证抽样的随机性,它实质上相当于简单随机抽样。

有关标志排序抽样是指排序的标志与被研究的标志相关。在对总体单位的变异情况有所了解的情况下,也可以采用有关标志进行总体单位排列,使各单位的排列顺序和它的变量数值大小保持密切的关系。例如,城镇职工家计调查,可按职工工资排队抽取调查企业或调查户。由此可见,按有关标志排序实质上是运用类型抽样的一些特点,有利于提高样本的代表性。

按等距抽样组织方式抽取样本单位,能够使抽出的样本单位更均匀地分布在总体中,抽样误差一般较简单随机抽样的小,特别是当被研究的现象标志变异程度较大时,更能显示出等距抽样的优越性。但等距抽样在排序时,第一个样本单位的位置确定后,其余单位也随之确定,因此要避免抽样间隔和现象本身的周期性节奏相重合引起的系统性影响。

7.5.4 整群抽样

整群抽样(Cluster Sampling)又称分群抽样或集团抽样,它是将总体划分为若干群,然后以群为单位按简单随机抽样或等距抽样方式抽取部分群,对中选群中的所有单位一一调查的抽样组织方式。

整群抽样与类型抽样相比,虽然都需将总体分组,但分组的目的和作用却不同。类型抽样划分的组称为"类",它的作用是缩小总体,使总体的变异减少,而抽取的基本单位仍是总体单位;整群抽样划分的组称为"群",作用是扩大单位,抽取的基本单位不再是总体单位而是群,从而简化抽样工作程序。在大规模的抽样调查中,如果总体单位多且分布区域广,难以或不宜编制抽样框,即可采用整群抽样方式。如对某市居民的家庭收入进行调查,采用整群抽样,就可以按行政区域划分为街道,然后随机抽取一些街道进行全面调查,这相对于以上三种抽样组织方式更加合适。

整群抽样中的群一般是自然形成的,如行政区划、地理区域等。由于整群抽样中样本单位的分布集中于群内,显著地影响了总体单位分配的均匀性,因此,整群抽样与其他方式相比,在相同的条件下,抽样误差较大,代表性较低。在统计实践中采用整群抽样时,应比其他方式抽取更多的单位,以降低抽样误差,提高抽样推断的精确度。

7.5.5 多阶段抽样

多阶段抽样(Multi-stage Sampling)又称多级抽样,它是将抽取样本单位的过程划分为几个阶段,然后逐阶段抽取样本单位的抽样组织方式。

抽样调查中如果直接从总体抽取样本单位,称为单阶段抽样,如简单随机抽样、等距抽样。如果先对总体分组,从中随机抽出一些组,然后再从中选的组中随机抽取总体单位,称为二阶段抽样,整群抽样就是二阶段抽样。如果将总体进行多层次分组,然后依次在各层中随机抽取,直到抽中总体单位,则称为多阶段抽样。例如,我国的农产量调查,先从省中抽县,然后从中选县抽乡,乡中抽村,再由中选村中抽地块,最后从中选的地块中抽取小面积样本单位。

当总体单位很多且分布广泛,几乎不可能从总体中直接抽取总体单位时,常采用多阶段抽样。其优点在于:第一,便于组织抽样。它可以按现有的行政区划或地理区域划分各阶段的抽样单元,从而简化抽样框的编制。第二,可以获得各阶段单元的调查资料,即根据最初级的资料可进行逐级抽样推断,得到各级的调查资料。例如,农产量调查,可根据样本推断地块资料,根据地块资料可推断村的资料,然后依次推断乡、县等。第三,方式灵活,各阶段抽样的组织方式可在前四种方式中进行选择。一般在初级阶段抽样时多用类型抽样和等距抽样,在次级阶段抽样时多用等距抽样和简单随机抽样。同时,还可以根据各阶段的不同特点,采用不同的抽样比。如方差大的阶段,抽样比大一些;方差小的阶段,抽样比小一些。而且多阶段抽样在简化抽样工作的同时,抽样单位的分布较广,从而降低了抽样误差,使样本具有较强的代表性。

本章小结

抽样估计是在抽样调查的基础上,利用样本的数据资料计算样本指标,以样本特征值对总体特征值做出具有一定可靠程度的估计和判断。

抽样估计中涉及的概念主要有:总体和样本、概率抽样和非概率抽样、重复抽样和不重复抽样、抽样框、总体参数和样本统计量、抽样误差等,其中抽样平均误差、抽样极限误差等概念需深入领会和重点掌握。

抽样估计有点估计和区间估计两种方法,其中区间估计是主要方法。应理解置信区间、置信度、显著性水平的含义,领会区间估计精确度和可靠度之间的关系,重点掌握总体均值和总体比例的区间估计方法。

抽样调查的组织方式有简单随机抽样、类型抽样、等距抽样、整群抽样和多阶段抽样等,应根据研究目的和研究对象的特点,选择合适的抽样组织方式。

本章案例

商场的满意度调查

某商场位于市商业中心,提供购物、休闲、餐饮等各项服务,因环境整洁、服务周到,多年来一直是本市居民首选的购物去处。但最近一段时间,客流量和销售额明显下降,商场经理想了解原因所在。在排除了商场环境等因素之外以后,商场经理认为可能是服务方面出现了问题,为此,商场经理对顾客进行了一次满意度调查。随机抽取100名顾客发放调查问卷,最终统计得到有90人感到满意,试以95%的置信度估计对该商场服务感到满意的顾客所占的比例。

参考答案:

设对该商场服务感到满意的顾客比例为 p,则知样本中该比例 $p=0.9$。于是,总体成数的置信区间为:

$$\left(p-Z_{\alpha/2}\cdot\sqrt{\frac{p(1-p)}{n}}, p+Z_{\alpha/2}\cdot\sqrt{\frac{p(1-p)}{n}}\right)$$

代入 $p=0.9, n=100, Z_{\alpha/2}=1.96$,得比例的置信区间为 $(0.84, 0.96)$,即对该商场服务感到满意的顾客比例为 84%~96%。

习 题

一、名词解释

抽样误差　抽样估计　概率抽样　正态分布　整群抽样　抽样框　非概率抽样

二、判断题

1. 抽样调查必须遵循的基本原则是灵活性原则。（　）
2. 一般情况下，重复抽样的误差大于不重复抽样的误差。（　）
3. 抽样误差是由于抽样的偶然因素而产生的，它既可以避免，也可以控制。（　）
4. 抽样误差是由于破坏随机原则而产生的系统性误差，也称偏差。（　）
5. 抽样允许误差可以与抽样平均误差一样大，也可以比它大或比它小。（　）
6. 点估计是以样本实际值直接作为总体参数的估计值的一种抽样推断方法。（　）
7. 在简单随机抽样中，如果重复抽样的抽样允许误差增加40%，其他条件不变，则样本单位数只需原来的一半左右。（　）
8. 抽样估计的置信度就是表明抽样指标和总体指标的误差不超过一定范围的概率保证程度。（　）
9. 抽样平均误差，是指所有可能的样本指标与总体指标之间的平均差异程度，即样本估计值的标准差。（　）
10. 在样本容量一定时，抽样估计的精确度与把握度之间呈反方向变动关系。（　）
11. 样本成数是在样本中具有被研究标志表现的单位数占全部样本单位数的比例。（　）
12. 抽样实际误差是指某一次具体抽样中，样本指标值与总体真实值之间的偏差。（　）
13. 由于总体参数是未知的，因此每次抽样的实际误差是无从得知的。（　）
14. 全面调查只产生登记性误差，没有代表性误差。（　）
15. 抽样调查中，登记性误差和代表性误差都可能发生。（　）
16. 抽样误差是指不包括登记性误差和系统误差在内的随机误差，它衡量了抽样估计的精确度。（　）
17. 总体方差已知时，样本统计量 $\bar{x}$ 服从正态分布。（　）
18. 抽样估计中，总体参数是未知的、待估计的确定的值，样本统计量是随机变量。（　）
19. 中心极限定理论证了在总体均值和方差已知和有限的条件下，只要样本容量足够大，样本平均数的抽样分布就会趋于正态分布。（　）
20. 点估计法一般不考虑抽样误差和可靠程度，计算简便、直观，是最常采用的估计方法。（　）
21. 在同等条件下，整群抽样的误差大于其他抽样组织方式的误差。（　）
22. 类型抽样是把统计分组和抽样原理有机结合的一种抽样组织方式。（　）

三、单项选择题

1. 抽样平均误差反映了样本指标与总体指标之间的（　）。
   A. 实际误差　　B. 调查误差　　C. 可能误差范围　　D. 平均误差的程度
2. 抽样调查中的抽样误差是（　）。
   A. 随机误差　　B. 系统性误差　　C. 代表性误差　　D. 登记性误差
3. 无论是重复随机抽样还是不重复随机抽样，样本均值的期望值和总体均值的关系是（　）。

A. 相等 B. 有时相等,有时不相等
C. 前者小于后者 D. 后者小于前者

4. 先按一定标志对总体各单位进行分类,然后分别从每一类按随机原则抽取一定单位构成样本的抽样组织形式,被称为( )。
   A. 简单随机抽样 B. 阶段抽样 C. 类型抽样 D. 整群抽样

5. 进行抽样调查时,必须遵循的基本原则是( )。
   A. 可靠性原则 B. 随机性原则 C. 灵活性原则 D. 准确性原则

6. 不重复抽样与重复抽样相比,抽样平均误差公式中多了一个修正系数( )。
   A. $\sqrt{\dfrac{n}{N}}$ B. $\sqrt{1-\dfrac{n}{N}}$ C. $\sqrt{\dfrac{n}{N-1}}$ D. $\sqrt{\dfrac{1}{N-1}}$

7. 在有放回的简单随机抽样中,若抽样单位数增加 3 倍,则样本均值的抽样平均误差变为原来的( )。
   A. 3 倍 B. 1/3 C. 1/2 D. 4 倍

8. 在区间估计中有三个基本要素,它们是( )。
   A. 概率度、抽样平均误差、抽样数目
   B. 概率度、点估计值、误差范围
   C. 点估计值、抽样平均误差、概率度
   D. 误差范围、抽样平均误差、总体单位数

第8章 相关分析和回归分析

【学习目标】

系统学习相关关系的概念,相关关系与函数关系的区别,相关系数的计算及应用,建立回归方程的拟合方法及对未来发展情况的预测和估计。

【学习要求】

➢ 了解:线性相关分析的基本原理,相关关系与函数关系的区别。
➢ 理解:相关关系的概念、特点、分类。
➢ 掌握:相关图表的编制方法,相关系数的计算及应用,一元线性回归分析的原理和步骤。

导入案例

众所周知,社会现象、经济现象和各种自然、生态现象都是在互相联系、互相制约中存在并不断发展变化的。某一现象的存在和发展,往往影响其他现象的发生和发展;众多事物此消彼长的变化,又会影响其他事物特定的发展变化;现象整体的发展,受制于整体内部各个因素的彼此关联与变化的推动,也受到整体外部环境及相关条件的制约与影响。

回归分析和相关分析均为研究和度量两个或两个以上变量之间关系的方法。回归分析是以教学方式表示变量间的关系,而相关分析是检验或度量这些关系的密切程度,二者既有区别又有联系。从广义上讲,相关分析包括回归分析,两者相辅相成。如果通过相关分析显示出变量间的关系非常密切,则通过回归分析所求得的回归模型可获得相当准确的推算值。所以,在国外的许多统计著作中,经常将相关和回归放在一起论述。

"回归"一词,最先是由弗朗西斯·高尔顿在研究身高与遗传问题时提出。1855年,他发表了一篇"遗传的身高向平均数方向回归"的文章,分析子女身高与父母身高之间的关系,发现由父母的身高可以预测子女的身高,当父母越高或越矮时,子女的身高会比一般人高或矮,他将子女与父母身高之间的这种现象拟合出一种线性关系。但更值得注意的是,他通过观察还发现,尽管这是一种拟合较好的线性关系,但仍然存在例外情况:矮个父母的孩子比其父母高,身材较高的父母所生子女的身高却回降到平均身高。也就是说,身高极端化(非常高或非常矮)的父母,其子女的身高不会像父母一样极端化,他们的身高要比父母们的身高更接近人们的平均身高。高尔顿选用了"回归"一词描述这种现象为"向平均数方向的回归",虽然这是一种特殊情况,与线性关系拟合的一般规则无关,但"线性回归"的术语被沿用下来作为根据一种变量(父母身高)预测另一种变量(子女身高)的一般名称沿用至今,后被引用到对多种变量关系的描述。

随着计算机科学的不断普及和进步,在现代管理科学、自然科学,特别是在计量经济的研究中,相关与回归分析已经成为内容越来越丰富、计算越来越先进和简便的现代统计分析方法。

【分析与思考】

现象、经济现象和各种自然、生态现象都是在互相联系、互相制约中存在并不断发展变化的,是客观存在的事实,我们就应该拿起回归和相关的统计分析工具,来认知、描述和模拟两个或两个以上变量之间的数量依存关系,以进行有效推算,为人们的生产和生活提供决策的依据。

8.1 相关关系

8.1.1 相关关系的概念

在自然界和现实社会中存在着各种各样的现象,这些现象并不是孤立存在的,而是相互联系、相互制约、相互依存的。一方面,一种现象的变化受到其他多种现象的影响,是其他多种现象影响的共同结果;另一方面,该现象的变化又会影响其他现象的变化和发展。例如,企业的产品销售受到产品的质量、价格、企业销售能力、消费者对产品的需求欲望和购买能力等多种因素的共同影响,是这些因素共同影响的结果;反过来企业产品的销售量又会影响这些因素的变化,如销售量增加会刺激销售价格的上升。又如,圆的面积与圆的半径之间具有一定的关系,圆的半径直接决定了圆的面积的大小,诸如此类现象在社会经济中数不胜数。从数量上分析、研究这些现象之间的依存关系,找出它们之间量变的规律性,是相关分析的重要任务。

现象之间存在的数量关系可以归纳为函数关系和相关关系两种类型。

1. 函数关系

函数关系是指现象间存在的一种确定性的数量依存关系。在函数关系中,某个现象的数值发生变化,另一现象都有一个确定的值与它相对应,这种对应关系可以用数学函数式反映出来。例如,圆的面积随半径的变化而变化,每给定一个圆的半径就有一个唯一确定的圆的面积和它对应,面积是半径的函数。在社会经济现象中,同样也存在着这种关系。例如,银行存款等于存款本金与利率的乘积,当利率确定后,一定本金的存款在一定时期的利息也是确定的。个人所得额一定时,个人应缴纳的个人所得税也是确定的。

2. 相关关系

相关关系是指现象间确实存在的,但在数值上并非严格对应的一种数量依存关系。社会经济现象之间普遍存在着这种不确定的相关关系。例如,成本影响利润,成本是自变量,利润是因变量,但是企业的成本水平确定后,企业的利润水平并不能完全确定,这是因为企业的利润除了受到成本因素外还受到其他因素的影响。

相关关系具有以下两个特点：

（1）现象之间确实存在数量上的依存关系。如果一种现象发生数量上的变化，则另一种现象也会相应地发生数量上的变化，如成本的变化会引起利润的变化。

（2）现象之间数量上的依存关系是不确定的。如果一种现象发生数量上的变化，另一种现象可能有许多数值与之对应，在这些数值之间表现出一定的波动性，但又总是围绕着它们的平均数并遵循一定的规律而波动。

函数关系与相关关系虽然有明显的区别，但两者之间并无严格的界限。由于存在现实误差和测算误差的原因，函数关系在实际中往往通过相关关系表现出来。在研究相关关系时，也常常利用函数关系作为工具，以一定的函数关系表现相关关系的数量联系。

8.1.2 相关关系的种类

社会经济现象之间的相关关系是错综复杂的，表现为各种不同的形态和类型。相关关系可以按照不同的标准进行分类。

1. 按相关关系中所涉及的因素多少，可分为单相关和复相关

（1）单相关是指两个变量之间的相关关系，它只涉及一个自变量和一个因变量，如成本与利润、身高与体重等。

（2）复相关是指三个或三个以上变量之间的相关关系，它涉及多个自变量和一个因变量，如商品销售额与商品价格、商品质量、消费者购买能力、广告等因素之间的相互关系。

2. 按相关的表现形式，可分为直线相关和曲线相关

（1）当相关关系的一个变量变动时，另一个变量也相应地发生大致均等的变动，从图形上看，观察点的分布情况大致分布在一条直线周围，这种相关关系称为线性相关（直线相关），如图8-1所示。

（2）当相关关系的一个变量变动时，另一个变量也相应地发生变动，但这种变动是不均等的，从图形上看，其观察点的分布表现为不同的曲线形式，这种相关关系就称为非线性相关（曲线相关），如图8-2所示。

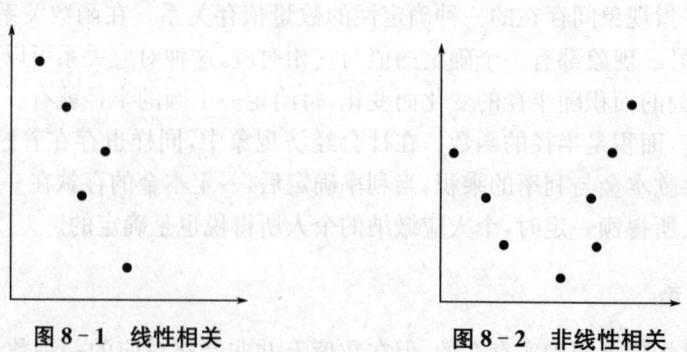

图8-1 线性相关　　　　　图8-2 非线性相关

3. 按相关程度的不同，可分为不相关、完全相关和不完全相关

（1）完全相关是指变量之间的变动在数值上完全是一一对应，存在着严格的依存关系，这种关系实际上是函数关系。

(2) 不完全相关是指变量之间存在着不严格的依存关系,这是相关关系的主要表现形式,也是统计研究的主要对象。

(3) 完全不相关是指变量之间彼此互不影响的关系,即两个变量之间不存在任何关系。

4. 按变量之间变化方向的不同,可分为正相关和负相关

(1) 正相关是指两个变量的变化方向一致,都是增长趋势或下降趋势,如图 8-3 所示。

(2) 负相关是指两个变量变化趋势相反,一个下降而另一个上升,或一个上升而另一个下降,如图 8-4 所示。

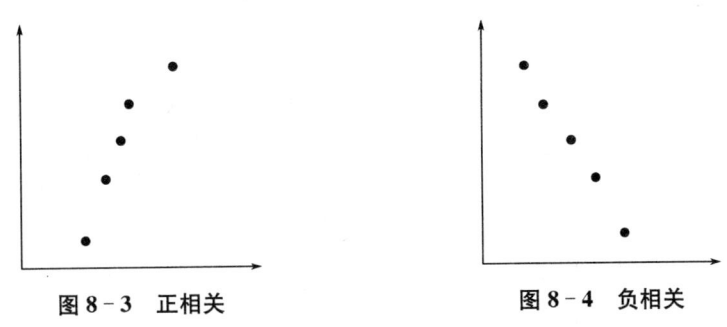

图 8-3　正相关　　　　　　图 8-4　负相关

8.1.3　相关分析与回归分析的主要内容

相关分析和回归分析的目的,就是要分析现象之间相互关联的密切程度及其变化的规律性,从而为推断和控制提供依据。相关分析和回归分析的主要内容可归纳为以下几点。

1. 在定性分析的基础上,确定现象之间有无相关关系以及相关的形式

确定现象之间是否存在相关关系,是进行相关分析的基础。如果现象之间不存在相关关系(一般称为零相关或不相关),就没有必要再作进一步的分析了。只有确认现象之间确实存在着相关关系,才有必要进行相关分析,所以在进行相关分析之前,应该首先通过定性分析来确定现象之间有无相关关系,其次还要对相关现象的表现形态做出正确的判断,是直线相关还是曲线相关,以确定应该采用什么方法作进一步的分析。一般可以采用相关表或相关图来判断相关的类型。

2. 确定相关关系的密切程度

由于相关关系变量之间不是一种严格的数量依存关系,有的现象变量之间的关联性强,有的现象变量之间的关联性弱。判断现象变量间依存关系紧密程度的方法,主要是利用相关系数来确定。

3. 根据历史资料的观察值建立现象变量之间的回归方程

在相关关系中,自变量的某一变量值所对应的因变量是一个随机变量,并不是一个确定值,而是对应许多个值,通过建立回归方程可以确定由于自变量的变化所引起因变量变化的一般水平。

4. 测定因变量的实际观察值与因变量的估计值之间的差异程度——估计误差

确定了现象间变量的一般数量关系即回归方程后,当自变量发生变化时,可以计算出因变量的估计值,这个值也叫回归值。但是这个值并不是自变量所对应变量的实际值,只是一个估计值而已,与实际值之间存在着一定的差异,这个差异叫作估计误差。估计误差一方面可以反映回归方程拟合原始观察值的拟合程度,如果拟合程度高,误差就小,否则误差就大;另一方面估计误差是对自变量所对应的因变量变化范围进行估计的依据。

8.2 相关分析

对相关关系进行描述有两种方法:一是通过定性分析;二是通过数量来测定。在对现象之间的相关关系进行数量测定之前,必须通过定性分析来判断现象之间有无相关关系,以及相关的方向。定性分析现象之间的相关关系是进行数量分析的前提。在定性分析的基础上,再把反映现象关系的成对观察值编制成相关表和绘制散点图,以此来说明现象之间的相关方向、形态和大致的密切程度。

8.2.1 相关表和相关图

相关表和相关图是研究相关关系的直观工具,一般在进行详细的定量分析之前,可以先利用它们对现象之间存在的相关关系的方向、形式和密切程度作大致的判断。

1. 相关表

相关表是将反映现象的原始数据,依自变量的变量值大小顺序排列,因变量与之相对应排列而形成的统计表。

通过相关表可初步看出相关关系的形式、密切程度和相关方向。现在以某社区的 10 个家庭居民收入与消费的有关资料,编制相关表,如表 8-1 所示。

表 8-1 居民收入与消费相关表

地区编号	可支配收入(千元)	消费支出(千元)
1	18	15
2	25	20
3	30	25
4	40	30
5	58	40
6	60	45
7	70	50
8	80	60
9	95	70
10	98	75

表8-1的资料表明,随着居民可支配收入的增加,消费支出有着明显的提高趋势,两者存在着明显的正相关关系。

表8-1称为简单相关表,它是适用于原始资料较少时使用的一种形式。当原始资料较多时,需要编制分组相关表。分组相关表的编制与变量数列编制方法相同,这里不再介绍。

2. 相关图

在直角坐标系中,以横轴表示自变量,纵轴表示因变量,将两变量相对应的变量值用坐标点形式描绘出来,用以表明相关关系的图形称为相关图。

通过相关图,可以大致看出两个变量之间有无相关关系及相关的形态、方向和密切程度。现在用表8-1的资料绘制相关图,如图8-5所示。

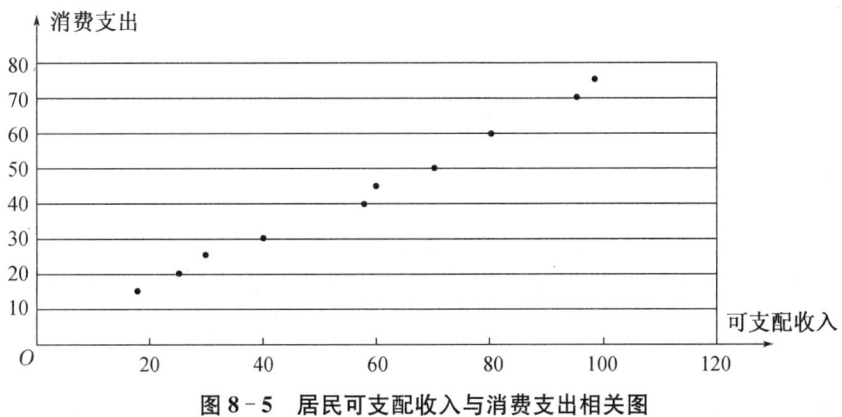

图8-5 居民可支配收入与消费支出相关图

8.2.2 相关系数

相关图表只能粗略地反映变量间相关关系的方向、形式和密切程度,要确切地反映相关关系的密切程度还需计算相关系数。

1. 相关系数的计算

相关系数的计算方法有若干种,最常用的一种方法称为积差法,计算公式为:

$$r = \frac{\sigma_{xy}}{\sigma_x \sigma_y} = \frac{n\sum xy - \sum x \sum y}{\sqrt{n\sum x^2 - (\sum x)^2} \cdot \sqrt{n\sum y^2 - (\sum y)^2}} = \frac{\overline{xy} - \overline{x} \cdot \overline{y}}{\sigma_x \sigma_y} \quad (8-1)$$

式中:$\sigma_x = \sqrt{\frac{1}{n}\sum(x-\overline{x})^2}$,是变量 x 的标准差;

$\sigma_y = \sqrt{\frac{1}{n}\sum(y-\overline{y})^2}$,是变量 y 的标准差;

$\sigma_{xy} = \frac{1}{n}\sum(x-\overline{x})(y-\overline{y})$,是 xy 的协方差。

2. 相关系数的性质

(1) $|r| \leq 1$,即相关系数是介于$-1 \sim +1$之间的实数。

(2) 当$|r|=1$时,变量x和y为完全线性相关,即变量x和y之间存在确定的函数关系。

(3) 当$0<|r|<1$时,表明变量x与y之间存在着一定的线性相关关系。$|r|$的数值越接近于1,说明x与y之间线性相关程度越高;反之,$|r|$的数值越接近于0,说明x与y之间线性相关程度越低。当$r>0$时,表明x与y为正相关;当$r<0$时,表明x与y为负相关。

(4) 当$r=0$时,表明x与y之间没有线性相关关系,即x与y之间不相关或曲线相关。

根据经验可将相关程度分为表8-2所示的几种情况。

表8-2 相关程度

r的取值	线性相关的密切程度
$|r|<0.3$	无线性相关
$0.3 \leq |r| < 0.5$	低度线性相关
$0.5 \leq |r| < 0.8$	显著线性相关
$|r| \geq 0.8$	高度线性相关

【例8-1】 现用表8-1的资料为例,计算消费支出与居民收入之间的相关系数,计算过程如表8-3所示。

表8-3 相关系数计算表

序号	居民收入x(千元)	消费支出y(千元)	x^2	y^2	xy
1	18	15	324	225	270
2	25	20	625	400	500
3	30	25	900	625	750
4	40	30	1 600	900	1 200
5	58	40	3 364	1 600	2 320
6	60	45	3 600	2 025	2 700
7	70	50	4 900	2 500	3 500
8	80	60	6 400	3 600	4 800
9	95	70	9 025	4 900	6 650
10	98	75	9 604	5 625	7 350
合计	574	430	40 342	22 400	30 040

由表中资料得如下有关数据:

$n=10, \sum x = 574, \sum y = 430, \sum x^2 = 40\ 342, \sum y^2 = 22\ 400, \sum xy = 30\ 040$

代入式(8-1),计算相关系数为:

$$r = \frac{n\sum xy - \sum x \sum y}{\sqrt{n\sum x^2 - \left(\sum x\right)^2} \cdot \sqrt{n\sum y^2 - \left(\sum y\right)^2}}$$

$$= \frac{10 \times 30\,040 - 574 \times 430}{\sqrt{10 \times 40\,342 - 574^2} \cdot \sqrt{10 \times 22\,400 - 430^2}}$$

$$= 0.996\,4$$

计算结果表明居民收入和消费水平之间存在高度的正相关关系。

通过以上的计算与分析过程,我们看到:统计所研究现象之间的相关关系,应该是真实的、客观存在的联系关系,而不是主观臆造或形式上的偶然巧合。

8.3 回归分析

8.3.1 回归分析的概念与特点

1. 回归分析的概念

回归分析是指具有相关关系的现象,根据其变量之间的数量变化规律,运用一个相关的数学表达式描述它们之间的关系,并进行估算和预测的一种统计分析方法。

回归分析建立的数学表达式称为回归方程(或回归模型)。回归方程为线性方程的,称为线性回归;回归方程为非线性方程的,称为非线性回归。两个变量之间的回归称为一元回归(简单回归);三个或三个以上变量之间的回归称为多元回归。

2. 回归分析的特点

回归分析与相关分析比较具有以下特点:

(1) 在相关分析中,各变量都是随机变量;而回归分析中,因变量是随机变量,自变量不是随机的,而是给定的数值。

(2) 在相关分析中,各变量之间是对等关系,调换变量的位置,不影响分析的结果;而在回归分析中,自变量与因变量之间不是对等关系,调换其位置,将得到不同的回归方程。因此,在进行回归分析时,必须根据研究目的,先确定哪一个是自变量,哪一个是因变量。

(3) 相关分析计算的相关系数是一个绝对值在0~1之间的抽象系数,其数值的大小反映变量之间相关关系的程度;而回归分析建立的回归方程反映的是变量之间的具体变动关系,不是抽象的系数。根据回归方程,利用自变量的给定值可以估计或推算出因变量的数值。

8.3.2 一元线性回归模型

用直线方程来表明两个变量间的变动关系,并进行估计推算的分析方法称为一元线性回归分析。一元线性回归分析是回归分析中最简单和应用最广泛的一种,它是一般回归分析的基础,多元回归分析、非线性回归分析是从一元回归分析的基本理论发展起来的。

1. 一元线性回归分析的特点

一元线性回归分析有下列特点:

（1）两个变量之间不是对等关系，进行回归分析时，应先根据研究目的确定自变量和因变量。

（2）回归方程的作用在于给出自变量的值估计推算因变量的值，回归方程表明变量间的变动关系。

（3）回归方程中自变量的系数称为回归系数，回归系数有正负号，正号表明回归方程配合的是一条上升直线，负号表明回归方程配合的是一条下降直线。

（4）回归方程要求自变量是规定的数值，因变量是随机变量。

> **注意：** 并非规定任何资料都可配合一元线性回归方程，配合一元线性回归方程必须具备下列前提条件：
> - 现象间确实存在数量上的相互依存关系；
> - 现象间的关系是直线关系，这种直线关系可通过绘制散点图来判断；
> - 具备一组自变量与因变量的对应资料，且明确哪个变量是自变量，哪个变量是因变量。

2. 一元线性回归模型

一元线性回归方程的模型为：

$$y_c = a + bx \tag{8-2}$$

式中：y_c——y 的估计推算值；

a——回归直线的起点值；

b——回归系数，即回归直线的斜率。

在相关图中，a 是回归直线与 y 轴的交点，数学上称为纵轴的截距；b 是回归系数，它表示自变量增（减）一个单位，因变量的平均增加（减少）值。a、b 是回归直线方程的两个参数，要确定该回归直线方程，必须先求解参数 a、b。

参数 a、b 一般用最小二乘法确定。

$$\sum (y - y_c)^2 = 最小值$$

设 $Q = \sum (y - y_c)^2 = 最小值$，把 $y_c = a + bx$ 代入 Q，得：

$$Q = \sum (y - a - bx)^2 = 最小值$$

求偏导数得：

$$\begin{cases} \sum y = na + b\sum x \\ \sum xy = a\sum x + b\sum x^2 \end{cases}$$

整理得：

$$\begin{cases} b = \dfrac{n\sum xy - \sum x \sum y}{n\sum x^2 - (\sum x)^2} \\ a = \bar{y} - b\bar{x} = \dfrac{\sum y}{n} - b\dfrac{\sum x}{n} \end{cases}$$

a、b 确定后,回归直线方程 $y_c = a + bx$ 就确定下来了。给定 x 值,即可估计推算 y 的值。

【例 8-2】 根据表 8-2 中的数据,拟合某社区居民家庭月收入水平(x)与消费支出(y)的回归直线方程。

根据表 8-2 中的计算结果,得:

$n = 10, \sum x = 574, \sum y = 430, \sum xy = 30\ 040, \sum x^2 = 40\ 342$

代入方程可得:

$$\begin{cases} b = \dfrac{10 \times 30\ 040 - 574 \times 430}{10 \times 40\ 342 - 574^2} = 0.724\ 6 \\ a = \dfrac{430}{10} - 0.724\ 6 \times \dfrac{574}{10} = 1.408 \end{cases}$$

将 a 和 b 代入回归方程式得:

$y_c = 1.408 + 0.724\ 6x$

式中 y_c 代表消费支出,x 代表家庭收入。回归系数 $b = 0.724\ 6$,表示家庭月收入每提高 1 个单位(千元),消费支出平均增加 0.724 6 个单位(千元)。$a = 1.408$ 代表即使月收入为 0 的情况下,消费支出也需要 1.408(千元)。

利用直线方程可以进行预测。例如,某家庭月收入为 150(千元),在其他条件相对稳定时,可以预测其消费支出为:

$y_c = 1.408 + 0.724\ 6 \times 150 = 110.098$(千元)

8.3.3 估计标准误差

1. 估计标准误差的意义

回归方程的一个重要作用在于根据自变量的已知值推算因变量的可能值 y_c,这个可能值或称估计值、理论值、平均值,它和真正的实际值 y 可能一致,也可能不一致,因而就产生了估计值的代表性问题。当 y_c 与 y 值一致时,表明推断准确;当 y_c 值与 y 值不一致时,表明推断不够准确。显而易见,将一系列 y_c 值与 y 值加以比较,可以发现其中存在着一系列离差,有的是正差,有的是负差,还有的为零。而回归方程的代表性如何,一般是通过计算估计标准误差指标来加以检验的。估计标准误差指标是用来说明回归方程代表性大小的统计分析指标,其计算原理与标准差基本相同。估计标准误差说明理论值(回归直线)的代表性。若估计标准误差小,说明回归方程准确性高,代表性大;反之,估计不够准确,代表性小。

2. 估计标准误差的计算

估计标准误差是指因变量实际值与理论值离差的平均数。其计算公式为:

$$S_{yx} = \sqrt{\dfrac{\sum (y - \hat{y})^2}{n - 2}} \tag{8-3}$$

式中:S_{yx}——估计标准误差,其下标 yx 代表 y 依 x 而回归的方程;

$\hat{y}$——根据回归方程推算出来的因变量的估计值;

y——因变量的实际值;

n——数据的项数。

估计标准误差的简化计算公式为：

$$S_{yx} = \sqrt{\frac{\sum y^2 - a\sum y - b\sum xy}{n-2}} \qquad (8-4)$$

【例 8-3】 依据表 8-2 的资料，计算估计标准误差。

$$\begin{aligned}
S_{yx} &= \sqrt{\frac{\sum y^2 - a\sum y - b\sum xy}{n-2}} \\
&= \sqrt{\frac{22\,400 - 1.408 \times 430 - 0.724\,6 \times 30\,040}{10-2}} \\
&= 3.477(\text{百元})
\end{aligned}$$

3. 估计标准误差与相关系数的关系

二者在数量上具有如下的关系：

$$\gamma = \sqrt{1 - \frac{S_{yx}^2}{\sigma_y^2}} \qquad (8-5)$$

$$S_{yx} = \sigma_y \sqrt{1-\gamma^2} \qquad (8-6)$$

式中：γ——相关系数；

σ_y——因变量数列的标准差；

S_{yx}——估计标准误差。

从上面的计算公式中可以看出 γ 和 S_{yx} 的变化方向是相反的。当 γ 越大时，S_{yx} 越小，这时相关密切程度较高，回归直线的代表性较大；当 γ 越小时，S_{yx} 越大，这时相关密切程度较低，回归直线的代表性较小。

本章小结

现象之间可能存在着一定的关系，现象之间的关系可以分为函数关系和相关关系。前者自变量所对应的因变量是确定且唯一的；后者自变量所对应的因变量是随机变量。相关分析的目的在于分析变量之间的相关关系，用回归方程来表示分析结果。结合回归方程估计标准差的计算，还可以对回归值的大小进行点估计和区间估计。

本章案例

宝丽来公司运用回归分析，研究胶卷保存时间对感光速率的影响

1947 年，宝丽来公司创始人埃德文·兰德博士（Dr. Edwin Land）宣布，他们在研究即时显像的技术方面迈出了新的一步，这使得一分钟成像成为可能。紧接着，公司开始拓展用于大众摄影的业务。宝丽来的第一台相机和第一卷胶卷诞生于 1949 年。在那之后，他们不

断地在化学、光学和电子学方面进行试验,以生产具有更高品质、更高可靠性和更为便利的摄影系统。

宝丽来公司的另一项主要业务是为技术和工业提供产品,目前,它正致力于使即时显像技术在现代可视的通信环境下,成为日益增长的成像系统中的关键部分。为此,宝丽来公司推出了多种可进行即时显像的产品,以供专业摄影、工业、科学和医学之用。除此之外,公司还在磁学、太阳镜、工业偏振镜、化工、传统涂料和全息摄影的研制和生产力方面有自己的业务。

用于衡量摄影材料感光度的测光计,可以提供许多有关于胶片特性的信息,比如它的曝光时间范围。在宝丽来中心感光实验室中,科学家们把即时显像胶片置于一定的温度和湿度下,使之近似于消费者购买后的保存条件,然后再对其进行系统地抽样检验和分析。他们选择专业彩色摄影胶卷,抽取了分别已保存1~13个月不等的胶卷,以便研究它们保存时间和感光速率之间的联系。数据显示,感光速率随保存时间的延长而下降,它们之间相应变动的关系可用一条直线或线性关系近似表示出来。根据这种现象,宝丽来公司运用回归分析,建立起一个方程式,它能反映出胶卷保存时间长短对感光速率的影响。

$$y = 19.8 - 7.6x$$

式中:y——胶卷感光率的变动;

x——胶卷保存时间(月)。

从这一方程式可以看出,胶卷的感光速率平均每月下降7.6个单位。通过此分析得到的信息,有助于宝丽来公司把消费者的购买和使用结合起来考虑,调整生产,提供顾客需要的胶卷。

案例思考

1. 请结合案例思考,该案例中建立的回归方程是属于哪种类型的回归方程?
2. 要进行一元线性回归分析,需要经过哪些步骤?
3. 如何从众多现象中分清具有相关关系的变量?

习　　题

一、名词解释

正相关　截距　相关分析　相关系数　一元线性回归分析

二、判断题

1. 当直线相关系数 $r=0$ 时,说明变量之间不存在任何相关关系。　　　　　　　(　)
2. 回归系数 β 的符号与相关系数 r 的符号,可以相同也可以不相同。　　　　　(　)
3. 如果两个变量的变动方向一致,同时上升或下降,则两者是正相关关系。　　(　)
4. 变量 x 与 y 的相关系数为0.8,变量 m 与 n 的相关系数为-0.9,则 m 与 n 的相关密切程度更高。　　　　　　　　　　　　　　　　　　　　　　　　　　　　　　　(　)
5. 在直线回归分析中,两个变量是对等的,不需要区分因变量和自变量。　　　(　)
6. 估计标准误差值越大,直线回归方程的精确性越低。　　　　　　　　　　　(　)
7. 当相关系数为1时,说明两变量之间是函数关系。　　　　　　　　　　　　(　)

8. 正相关指的是两个变量之间的变动方向都是上升的。（   ）
9. 回归分析与相关分析一样，所分析的两个变量都一定是随机变量。（   ）
10. 相关系数的绝对值小于1。（   ）

三、单项选择题
1. 以下关于单位成本与产品产量的相关关系，以及单位成本与单位产品原材料消耗量的相关关系的说法中，表述正确的是（   ）。
　　A. 前者是正相关，后者是负相关　　B. 前者是负相关，后者是正相关
　　C. 两者都是正相关　　　　　　　　D. 两者都是负相关
2. 当所有观测值都落在回归直线 $y=\alpha+\beta x$ 上，则 x 与 y 之间的相关系数（   ）。
　　A. $r=0$　　B. $r=1$　　C. $r=-1$　　D. $|r|=1$
3. 相关分析与回归分析，在是否需要确定自变量和因变量的问题上（   ）。
　　A. 前者不需确定，后者需要确定　　B. 前者需要确定，后者不需确定
　　C. 两者均需确定　　　　　　　　　D. 两者都不需确定
4. 年劳动生产率 X（千元）和工人工资 Y（元）之间的回归方程为 $Y=10+70X$，这意味着年劳动生产率每提高1 000元，工人工资平均（   ）。
　　A. 增加70元　　B. 减少70元　　C. 增加80元　　D. 减少80元
5. 下列属于正相关关系的是（   ）。
　　A. 合理限度内的施肥量与作物平均亩产量之间的关系
　　B. 产品产量与单位产品成本之间的关系
　　C. 商品的流通费用与销售利润之间的关系
　　D. 流通费用率与商品销售量之间的关系
6. 下列回归方程与相关系数的对应式中，错误的是（   ）。
　　A. $Y=-40-1.6X, r=0.89$　　B. $Y=-5-3.8X, r=-0.94$
　　C. $Y=36-2.4X, r=0.96$　　　D. $Y=-36+3.8X, r=0.98$
7. 下列相关现象属于负相关的是（   ）。
　　A. 施肥量与亩产量之间的关系
　　B. 生产设备工作时间与维修费用之间的关系。
　　C. 商品流转规模与流通费用率之间的关系
　　D. 单位产品原材料消耗量与单位成本之间的关系
8. 相关系数 r 的取值范围是（   ）。
　　A. 在0到1之间　　　　　　　　　B. 在-1到0之间
　　C. 在-1到1之间　　　　　　　　D. 无限制
9. 相关系数 $r=0$，说明两变量之间（   ）。
　　A. 没有线性相关关系　　　　　　B. 线性相关程度很低
　　C. 没有任何相关关系　　　　　　D. 线性相关程度很高
10. 相关系数的数值越接近于-1，说明两变量之间（   ）。
　　A. 线性相关程度越弱　　　　　　B. 负相关程度越强
　　C. 没有相关关系　　　　　　　　D. 无法判断相关关系的程度
11. 相关系数的数值越接近于1，说明两变量之间（   ）。

A. 负相关程度越强　　　　　　　B. 正相关程度越强
C. 没有相关关系　　　　　　　　D. 正相关程度越弱

12. 相关系数的数值越接近于1,说明两变量之间(　　)。
   A. 线性相关程度越强　　　　　　B. 线性相关程度越弱
   C. 没有相关关系　　　　　　　　D. 无法判断相关关系的程度

13. 商品销售额与流通费用率的相关系数是－0.71,商品销售额与商业利润率的相关系数是0.83,平均流通费用率和商业利润率的相关系数是－0.97,因此(　　)。
   A. 商品销售额与商业利润率的相关程度最高
   B. 平均流通费用率和商业利润率的相关程度最高
   C. 商品销售额与平均流通费用率的相关程度最高
   D. 无法比较它们之间相关程度的高低

14. 回归直线方程 $Y=\alpha+\beta X$ 中,β 的取值(　　)。
   A. 只能取正值　　　　　　　　　B. 只能取负值
   C. 既可取正值,也可取负值　　　D. 只能是0

四、多项选择题

1. 下列属于相关关系的有(　　)。
   A. 压力与压强　　　　　　　　　B. 现代化水平与劳动生产率
   C. 圆的半径与圆的面积　　　　　D. 身高与体重
   E. 机械化程度与失业人口

2. 相关关系与函数关系各有不同特点,主要体现在(　　)。
   A. 相关关系是一种不严格的互相依存关系
   B. 函数关系可以用一个数学表达式精确表达
   C. 函数关系中各现象均为确定性观象
   D. 相关关系是现象之间具有随机因素影响的依存关系
   E. 相关关系中现象之间仍可以通过大量观察法来寻求其变化规律

3. 相关系数 $r=0.9$,这表明现象之间存在着(　　)。
   A. 高度相关关系　　　　　　　　B. 低度相关关系
   C. 低度负相关关系　　　　　　　D. 高度正相关关系
   E. 低度正相关关系

4. 确定直线回归方程必须满足的条件是(　　)。
   A. 现象之间确实存在数量上的相互依存关系
   B. 相关系数必须等于1
   C. 现象之间存在着较密切的直线相关关系
   D. 相关数列的项数必须足够多
   E. 相关现象必须均属于随机现象

5. 当两个现象完全相关时,下列统计指标值可能为(　　)。
   A. $r=1$　　　B. $r=-1$　　　C. $r=2$　　　D. $r=-2$

6. 相关分析中的正相关是指(　　)。
   A. 自变量(x)的数值增加,因变量(y)的数值也增加

B. 自变量(x)的数值增加,因变量(y)的数值减少
C. 自变量(x)的数值减少,因变量(y)的数值增加
D. 自变量(x)的数值减少,因变量(y)的数值也随之减少

7. 调查表明,某商品的销售量与其价格的涨落有依存关系,即随着商品价格的上涨,销售量逐渐减少,这种关系是(　　)。
　　A. 相关关系　　　B. 函数关系　　　C. 正相关关系　　D. 负相关关系

8. 下列相关现象属于正相关的是(　　)。
　　A. 职工家庭收入与消费支出之间的关系
　　B. 工人技术水平与劳动生产率之间的关系
　　C. 物质的表面积与所受的压力之间的关系
　　D. 职工家庭收入与食物类消费支出占总收入的比重之间的关系

9. 下列相关系数能表示两现象之间现行相关程度为高度相关的是(　　)。
　　A. $r=0.91$　　　B. $r=-0.82$　　　C. $r=0.7$　　　D. $r=0.48$
　　E. $r=-0.8$

10. 在直线回归方程中,(　　)。
　　A. 必须确定自变量和因变量
　　B. 要求两个变量都是随机变量
　　C. 要求因变量是随机的,而自变量是给定的数量
　　D. 回归系数只能取正值
　　E. 回归系数可以取正值,也可以取负值

11. 根据直线回归方程,可以由自变量数值计算出因变量数值,但这个因变量数值是(　　)。
　　A. 一个精确值
　　B. 一个估计值,但它与实际值的误差是可以计算的
　　C. 一个估计值
　　D. 一个估计值,且它与实际值的误差是无法计算的

12. 判断现象之间有无相关关系的方法有(　　)。
　　A. 编制相关表　　　　　　　　B. 绘制相关图
　　C. 计算估计标准误差　　　　　D. 计算相关系数
　　E. 计算回归系数

13. 如果 X 和 Y 之间相关系数等于1,那么(　　)。
　　A. 观察值与理论值的离差不存在　　B. Y 的所有理论值同它的平均值一致
　　C. X 与 Y 是函数关系　　　　　　D. X 与 Y 是完全正相关
　　E. X 与 Y 不相关

14. 估计回归直线方程是为了(　　)。
　　A. 确定两个变量之间的变动关系　　B. 用因变量推算自变量
　　C. 用自变量推算因变量　　　　　　D. 两个变量互相推算

15. 相关系数与回归系数之间的关系是(　　)。
　　A. 回归系数大于零,则相关系数大于零

B. 回归系数大于零,则相关系数小于零
C. 回归系数小于零,则相关系数大于零
D. 回归系数等于零,则相关系数等于零
E. 回归系数小于零,则相关系数小于零

五、简答题

1. 举例说明相关关系和函数关系的区别。
2. 狭义相关关系分析的主要内容有哪些?
3. 经济生活中有哪些常见的正相关和负相关现象?
4. 简述相关分析和回归分析的区别和联系。

六、计算题

1. 某市 2009—2016 年人均收入和耐用消费品销售额资料,如表 8-4 所示。

表 8-4 2009—2016 年人均收入和耐用消费品销售额资料

年 份	人均收入(万元)	耐用消费品销售额(亿元)
2009	1.0	80
2010	1.2	82
2011	1.4	85
2012	1.5	90
2013	1.8	100
2014	2.0	120
2015	2.2	140
2016	2.4	145

要求:

(1) 制作相关散点图,并判别相关关系的表现形式和方向;
(2) 计算相关系数并判断人均收入和耐用消费品销售额之间相关关系的密切程度;
(3) 建立人均收入和耐用消费品销售额之间的直线回归方程;
(4) 当 2017 年该市人均收入达到 2.5 万元时,预测耐用消费品的销售额。

2. 某产品的产量和单位成本资料,如表 8-5 所示。

表 8-5 产品产量和单位成本资料

月 份	1	2	3	4	5	6
产量(千件)	2	3	4	3	4	5
单位成本(元/件)	73	72	71	73	69	68

要求:

(1) 判断产量和单位成本之间的相关方向和相关密切程度;
(2) 估计单位成本对产量的回归直线方程,并解释每个参数的实际含义;
(3) 当产量为 6 000 件时,单位成本的理论值为多少?

附 录

附表一　随机数表

26804	29273	79811	45610	22879	72538	70157	17683	67942	52846
90720	96215	48537	94756	18124	89051	27999	88513	35943	67290
85027	59207	76180	41416	48521	15720	90258	95598	10822	90374
09362	49674	65953	96702	20772	12069	49901	08913	12510	64899
64590	04104	16770	79237	82158	04553	93000	18585	72279	01916
06432	085252	66864	20507	92817	39800	98820	18120	81860	68065
02101	60119	95836	88949	89312	82716	34705	12795	58424	69700
19337	96983	60321	62194	08574	81896	00390	75024	66220	16494
75277	47880	07952	35832	41655	27155	95189	00400	06649	53040
59535	75885	31648	88202	63899	40911	78138	26376	06641	97291
73310	79385	84639	27804	48889	80070	64689	99310	04232	84008
12805	65754	96837	67060	88413	31883	79233	99603	68989	80233
32242	73807	48321	67123	40637	14102	55550	89992	80593	64642
16212	84706	69274	13252	78974	10781	43629	36223	36042	75492
75362	83633	25620	24328	59345	40653	85639	42613	40242	43160
34703	93445	82051	53437	53717	48719	71858	11230	26079	44018
01556	58563	36828	85053	39025	16688	69524	81885	31911	13098
22211	86468	76295	16663	39489	18400	53155	92087	63942	99827
01534	70128	14111	77065	99358	28443	68136	61696	55241	61867
09647	32348	56909	40951	00440	10305	58160	62235	89455	73095
97021	23763	18491	65056	95283	98232	88695	78699	79666	88574
25469	63708	78718	35014	40387	15921	58080	03936	15935	59658
40337	48522	11418	00090	41779	54499	08523	49092	65431	11390
33491	98685	92536	51626	85787	47841	95787	70139	42383	44187

44764	14986	16642	19429	01960	22833	80055	39851	47350	70337
96779	94885	33674	52860	39750	47056	59836	10552	26093	40520
06973	61333	00465	70079	02538	83123	86995	05706	71111	40435
22366	71653	64852	69137	36552	25495	85845	71503	31631	58633
37197	35530	10147	65273	07553	78481	62311	36134	89043	56110
75554	64074	37544	34863	36478	79281	58549	44237	19801	31240
47230	79000	08569	74977	06680	99658	07458	17435	08308	11027
30159	83599	72906	07861	13625	356011	03043	69904	55051	74144
28979	73275	87178	48764	58960	40528	14378	03612	90075	96905
65855	05534	44208	08903	19491	32126	66860	32840	54979	22213
95348	50091	44611	49700	54373	80200	76787	16563	68303	66995
41774	64236	05246	57370	74027	46196	05323	43858	84458	81397
03354	96795	86666	35232	38206	24653	39718	80664	29193	86369
88886	09883	77679	07972	20542	81125	54583	70123	13780	74558
48189	54316	64441	32520	06000	71271	93086	52657	63361	98260
29323	88380	34403	29290	29057	74103	18949	37051	93231	73949
57944	15793	46141	77291	54098	37292	71554	16467	07860	47556
26473	35895	03768	48263	09733	22819	43209	63159	38560	13548
90941	14121	32494	52627	65420	12249	66149	47064	31607	98475
90941	14121	32494	52627	65420	12249	66149	47064	31607	98475
15200	48466	68764	30111	29025	75579	92279	88993	59782	27641
03704	21488	23373	27179	78622	98536	85425	92276	97288	28716
06976	19232	77725	26152	82770	07884	32039	25244	20896	06246
58784	61149	89620	88225	38005	81411	29645	40186	35101	89938
92678	63644	39013	63475	45033	98679	44963	28862	51162	71792
68653	28907	63317	16301	35291	27832	49665	26975	36918	71635
25136	53356	21610	96745	14276	83374	38793	27121	02809	18908
10939	52366	77537	80180	98287	14191	09983	42701	69101	73946

附表二　标准正态概率较小制分布函数表

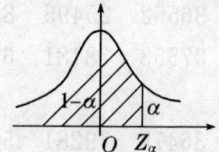

（表中数据为 $1-\alpha$ 值，即图中阴影部分；Z_α 为临界值）

$\varphi(x)$ x	0.00	0.01	0.02	0.03	0.04	0.05	0.06	0.07	0.08	0.09
0.0	0.5000	0.5040	0.5080	0.5120	0.5160	0.5199	0.5239	0.5279	0.5379	0.5359
0.1	0.5398	0.5438	0.5478	0.5517	0.5557	0.5596	0.5636	0.5675	0.5714	0.5753
0.2	0.5793	0.5832	0.5871	0.5910	0.5948	0.5987	0.6026	0.6064	0.6103	0.6141
0.3	0.6179	0.6217	0.6255	0.6293	0.6331	0.6368	0.6406	0.6443	0.6480	0.6517
0.4	0.6554	0.6591	0.6628	0.6664	0.6700	0.6736	0.6772	0.6808	0.6844	0.6879
0.5	0.6915	0.6950	0.6985	0.7019	0.7054	0.7088	0.7123	0.7157	0.7190	0.7224
0.6	0.7257	0.7291	0.7324	0.7357	0.7389	0.7422	0.7454	0.7486	0.7517	0.7549
0.7	0.7580	0.7611	0.7642	0.7673	0.7704	0.7734	0.7764	0.7794	0.7823	0.7852
0.8	0.7881	0.7910	0.7939	0.7967	0.7995	0.8023	0.8051	0.8078	0.8106	0.8133
0.9	0.8159	0.8186	0.8212	0.8238	0.8264	0.8289	0.8315	0.8340	0.8365	0.8389
1.0	0.8413	0.8438	0.8461	0.8485	0.8508	0.8531	0.8554	0.8577	0.8599	0.8621
1.1	0.8643	0.8665	0.8686	0.8708	0.8729	0.8749	0.8770	0.8790	0.8810	0.8830
1.2	0.8849	0.8869	0.8888	0.8907	0.8925	0.8944	0.8962	0.8980	0.8997	0.9015
1.3	0.9032	0.9049	0.9066	0.9082	0.9099	0.9115	0.9131	0.9147	0.9162	0.9177
1.4	0.9192	0.9207	0.9222	0.9236	0.9251	0.9265	0.9278	0.9292	0.9306	0.9319
1.5	0.9332	0.9345	0.9357	0.9370	0.9382	0.9394	0.9406	0.9418	0.9430	0.9441
1.6	0.9452	0.9463	0.9474	0.9484	0.9495	0.9505	0.9515	0.9525	0.9535	0.9545
1.7	0.9554	0.9564	0.9573	0.9582	0.9591	0.9599	0.9608	0.9616	0.9625	0.9633
1.8	0.9641	0.9648	0.9656	0.9664	0.9671	0.9678	0.9686	0.9693	0.9700	0.9706
1.9	0.9713	0.9719	0.9726	0.9732	0.9738	0.9744	0.9750	0.9756	0.9762	0.9767
2.0	0.9772	0.9778	0.9783	0.9788	0.9793	0.9798	0.9803	0.9808	0.9812	0.9817
2.1	0.9821	0.9826	0.9830	0.9834	0.9838	0.9842	0.9846	0.9850	0.9854	0.9857
2.2	0.9861	0.9864	0.9868	0.9871	0.9874	0.9878	0.9881	0.9884	0.9887	0.9890
2.3	0.9893	0.9896	0.9898	0.9901	0.9904	0.9906	0.9909	0.9911	0.9913	0.9916
2.4	0.9918	0.9920	0.9922	0.9925	0.9927	0.9929	0.9931	0.9932	0.9934	0.9936
2.5	0.9938	0.9940	0.9941	0.9943	0.9945	0.9946	0.9948	0.9949	0.9951	0.9952
2.6	0.9953	0.9955	0.9956	0.9957	0.9959	0.9960	0.9961	0.9962	0.9963	0.9964
2.7	0.9965	0.9966	0.9967	0.9968	0.9969	0.9970	0.9971	0.9972	0.9973	0.9974
2.8	0.9974	0.9975	0.9976	0.9977	0.9977	0.9978	0.9979	0.9979	0.9980	0.9981
2.9	0.9981	0.9982	0.9982	0.9983	0.9984	0.9984	0.9985	0.9985	0.9986	0.9986
3.0	0.9987	0.9990	0.9993	0.9995	0.9997	0.9998	0.9998	0.9999	0.9999	1.0000

附表三 标准正态概率双侧临界值表

$Z_{\alpha/2}$	0.00	0.01	0.02	0.03	0.04	0.05	0.06	0.07	0.08	0.09
0.0	0.000 0	0.008 0	0.016 0	0.023 9	0.031 9	0.039 9	0.047 8	0.055 8	0.063 8	0.071 7
0.1	0.079 7	0.087 6	0.095 5	0.013 4	0.111 3	0.119 2	0.127 1	0.135 0	0.142 8	0.150 7
0.2	0.158 5	0.166 3	0.174 1	0.181 9	0.189 7	0.197 4	0.205 1	0.212 8	0.220 5	0.228 2
0.3	0.235 8	0.243 4	0.251 0	0.258 6	0.266 1	0.273 7	0.281 2	0.288 6	0.296 1	0.303 5
0.4	0.310 8	0.318 2	0.325 5	0.332 8	0.340 1	0.347 3	0.354 5	0.361 6	0.368 8	0.375 9
0.5	0.382 9	0.389 9	0.396 9	0.403 9	0.410 8	0.417 7	0.424 5	0.431 3	0.438 1	0.444 8
0.6	0.451 5	0.458 1	0.464 7	0.471 3	0.477 8	0.484 3	0.490 7	0.497 1	0.503 5	0.509 8
0.7	0.516 1	0.522 3	0.528 3	0.534 6	0.540 7	0.546 7	0.552 7	0.558 7	0.564 6	0.570 5
0.8	0.576 3	0.582 1	0.587 8	0.593 5	0.599 1	0.604 7	0.610 2	0.615 7	0.621 1	0.625
0.9	0.631 9	0.637 2	0.642 4	0.647 6	0.652 8	0.657 9	0.662 9	0.668 0	0.672 9	0.677 8
1.0	0.682 7	0.687 5	0.692 3	0.697 0	0.701 7	0.706 3	0.710 9	0.715 4	0.719	0.724 3
1.1	0.728 7	0.733 0	0.737 3	0.741 5	0.745 7	0.749	0.754 0	0.758 0	0.762 0	0.766 0
1.2	0.769 9	0.773 7	0.777 5	0.781 3	0.785 0	0.788 7	0.792 3	0.757	0.799 5	0.803 0
1.3	0.806 4	0.809 8	0.813 2	0.816 5	0.818	0.823 0	0.826 2	0.829 3	0.832 4	0.835 5
1.4	0.838 5	0.841 5	0.844 4	0.847 3	0.850 1	0.852 9	0.855 7	0.858 4	0.811	0.863 8
1.5	0.866 4	0.869 0	0.871 5	0.874 0	0.876 4	0.878	0.881 2	0.883 6	0.885 9	0.888 2
1.6	0.890 4	0.892 6	0.848	0.896	0.899 0	0.901 1	0.903 1	0.905 1	0.907 0	0.909 0
1.7	0.910 9	0.912 7	0.914 6	0.916 4	0.918 1	0.919 9	0.921 6	0.923 3	0.924 9	0.926 5
1.8	0.928 1	0.909 7	0.931 2	0.932 8	0.934 2	0.935 7	0.937 1	0.938 5	0.939 9	0.941 2
1.9	0.942 6	0.943 9	0.945 1	0.946 4	0.947 6	0.948 8	0.950 0	0.951 2	0.952 3	0.953 4
2.0	0.954 5	0.955 6	0.956 6	0.957 6	0.958 7	0.959 6	0.960 6	0.961 6	0.962 5	0.963 4
2.1	0.964 3	0.965 5	0.966 0	0.966 8	0.967 6	0.968 4	0.969 2	0.970 0	0.970 7	0.971 4
2.2	0.972 2	0.972 8	0.973 6	0.974 2	0.974 9	0.975 6	0.976 2	0.976 8	0.977 4	0.978 0
2.3	0.978 6	0.979 2	0.979 7	0.980 2	0.980 7	0.981 2	0.981 7	0.982 2	0.982 7	0.983 2
2.4	0.983 6	0.984 0	0.984 5	0.985 0	0.985 3	0.985 8	0.986 1	0.986 4	0.986 9	0.987 2
2.5	0.987 6	0.988 0	0.988 3	0.988 6	0.988 9	0.989 2	0.989 5	0.989 8	0.990 1	0.990 4
2.6	0.990 7	0.991 0	0.991 2	0.991 4	0.991 7	0.992 0	0.992 2	0.992 4	0.992 6	0.992 8
2.7	0.993 1	0.993 2	0.993 5	0.993 6	0.993 9	0.994 1	0.994 2	0.994 4	0.994 6	0.994 8
2.8	0.994 9	0.995 0	0.995 2	0.995 4	0.995 5	0.995 8	0.995 9	0.996 0	0.996 1	0.996 1
2.9	0.996 2	0.996 4	0.996 5	0.996 6	0.996 7	0.996 8	0.996 9	0.997 0	0.997 1	0.997 2
3.0	0.997 3	0.997 4	0.997 5	0.997 6	0.997 7	0.997 8	0.997 8	0.997 8	0.998 0	0.998 0

附表四　t 分布临界值表

$P\{t(n)>t_\alpha\}=\alpha; P\{-t_{\alpha/2}<t(n)<t_{\alpha/2}\}=\alpha$

（数字为临界值的绝对值；单侧 α 为右侧概率，双侧 α 为两边小概率 $\alpha/2$ 的和）

α \ n \ t_α	双侧 $\alpha=0.5$ 单侧 $\alpha=0.25$	双侧 $\alpha=0.2$ 单侧 $\alpha=0.1$	双侧 $\alpha=0.1$ 单侧 $\alpha=0.05$	双侧 $\alpha=0.05$ 单侧 $\alpha=0.025$	双侧 $\alpha=0.02$ 单侧 $\alpha=0.01$	双侧 $\alpha=0.01$ 单侧 $\alpha=0.005$
1	1.000 0	3.077 7	6.313 8	12.706 2	31.820 7	63.657 4
2	0.816 5	1.885 6	2.920 0	4.320 7	6.964 6	9.924 8
3	0.764 9	1.637 7	2.353 4	3.182 4	4.540 7	5.840 9
4	0.740 7	1.533 2	2.131 8	2.776 4	3.746 9	4.604 1
5	0.726 7	1.475 9	2.015 0	2.570 6	3.364 9	4.032 2
6	0.717 6	1.439 8	1.943 2	2.446 9	3.142 7	3.707 4
7	0.711 1	1.414 9	1.894 6	2.364 6	2.998 0	3.499 5
8	0.706 4	1.396 8	1.859 5	2.306 0	2.896 5	3.355 4
9	0.702 7	1.383 0	1.833 1	2.262 2	2.821 4	3.249 8
10	0.699 8	1.372 2	1.812 5	2.228 1	2.763 8	3.169 3
11	0.697 4	1.363 4	1.795 9	2.201 0	2.718 1	3.105 8
12	0.695 5	1.356 2	1.782 3	2.178 8	2.681 0	3.054 5
13	0.693 8	1.350 2	1.770 9	2.160 4	2.650 3	3.012 3
14	0.692 4	1.345 0	1.761 3	2.144 8	2.624 5	2.976 8
15	0.691 2	1.340 6	1.753 1	2.131 5	2.602 5	2.946 7
16	0.690 1	1.336 8	1.745 9	2.119 9	2.583 5	2.902 8
17	0.689 2	1.333 4	1.739 6	2.109 8	2.566 9	2.898 2
18	0.688 4	1.330 4	1.734 1	2.100 9	2.552 4	2.878 4
19	0.687 6	1.327 7	1.729 1	2.093 0	2.539 5	2.860 9
20	0.687 0	1.325 3	1.724 7	2.086 0	2.528 0	2.845 3
21	0.686 4	1.323 2	1.720 7	2.079 6	2.517 7	2.831 4
22	0.685 8	1.321 2	1.717 1	2.073 9	2.508 3	2.818 8
23	0.685 3	1.319 5	1.713 9	2.068 7	2.499 9	2.807 3
24	0.684 8	1.317 8	1.710 9	2.063 9	2.492 2	2.796 9
25	0.684 4	1.316 3	1.708 1	2.059 5	2.485 1	2.787 4
26	0.684 0	1.315 0	1.705 6	2.055 5	2.478 6	2.778 7
27	0.683 7	1.313 7	1.703 3	2.051 8	2.472 7	2.770 7
28	0.683 4	1.312 5	1.701 1	2.048 4	2.467 1	2.763 3
29	0.683 0	1.311 4	1.699 1	2.045 2	2.462 0	2.756 4
30	0.682 8	1.310 4	1.697 3	2.042 3	2.457 3	2.750 0

附表五 χ^2 分布临界值表

α \ n	0.995	0.99	0.975	0.95	0.90	0.75	0.25	0.10	0.05	0.025	0.01	0.005
1	—	—	0.001	0.004	0.016	0.102	1.323	2.706	3.841	5.024	6.635	7.879
2	0.010	0.020	0.051	0.103	0.211	0.575	2.773	4.605	5.991	7.378	9.210	10.597
3	0.072	0.115	0.216	0.352	0.584	1.213	4.108	6.251	7.815	9.348	11.345	12.838
4	0.207	0.297	0.484	0.711	1.064	1.923	5.385	7.779	9.488	11.143	13.277	14.860
5	0.412	0.554	0.831	1.145	1.610	2.675	6.626	9.236	11.071	12.833	15.086	16.750
6	0.676	0.872	1.237	1.635	2.204	3.455	7.841	10.645	12.592	14.449	16.812	18.548
7	0.989	1.239	1.690	2.167	2.833	4.255	9.037	12.017	14.067	16.013	18.475	20.278
8	1.344	1.646	2.180	2.733	3.490	5.071	10.219	13.362	15.507	17.535	20.090	21.955
9	1.735	2.088	2.700	3.325	4.168	5.899	11.389	14.684	16.919	19.023	21.666	23.589
10	2.156	2.558	3.247	3.940	4.865	6.737	12.549	15.987	18.307	20.483	23.209	25.188
11	2.603	3.053	3.816	4.575	5.578	7.584	13.701	17.275	19.675	21.920	24.725	26.757
12	3.074	3.571	4.404	5.226	6.304	8.438	14.845	18.549	21.026	23.337	26.217	28.299
13	3.565	4.107	5.009	5.892	7.042	9.299	15.984	19.812	22.362	24.736	27.688	29.819
14	4.075	4.660	5.629	6.571	7.790	10.165	17.117	21.064	23.685	16.119	29.141	31.319
15	4.601	5.229	6.262	7.261	8.547	11.037	18.245	22.307	24.966	27.488	30.578	32.801
16	5.142	5.812	6.908	7.962	9.312	11.912	19.369	23.542	26.296	28.845	32.000	34.267
17	5.697	6.408	7.564	8.672	10.085	12.792	20.489	24.769	27.587	30.191	33.409	35.718
18	6.265	7.015	8.231	9.390	10.865	13.675	21.605	25.989	28.869	31.526	34.805	37.156
19	6.844	7.633	8.907	10.117	11.651	14.562	22.718	27.204	30.144	32.852	36.191	38.582
20	7.434	8.260	9.591	10.851	12.443	15.452	23.828	28.412	31.410	34.170	37.566	39.997
21	8.034	8.897	10.283	11.591	13.240	16.344	24.935	29.615	32.671	35.479	38.932	41.401
22	8.643	9.542	10.982	12.338	14.042	17.240	26.039	30.813	33.924	36.781	40.289	42.796
23	9.260	10.196	11.689	13.091	14.848	18.137	27.141	32.007	35.172	38.076	41.638	44.181
24	9.886	10.856	12.401	13.848	15.659	19.037	28.241	33.196	36.415	39.364	42.980	45.559
25	10.520	11.524	13.120	14.611	16.473	19.939	29.339	34.382	37.652	40.646	44.314	46.928
26	11.160	12.198	13.844	15.379	17.292	20.843	30.435	35.563	38.885	41.923	45.642	48.290
27	11.808	12.879	14.573	16.151	18.114	21.749	31.528	36.741	40.113	43.194	46.963	49.645
28	12.461	13.565	15.308	16.928	18.929	22.657	32.620	37.916	41.337	44.461	48.278	50.993
29	13.121	14.257	16.047	17.708	19.768	23.567	33.711	39.087	42.557	45.722	49.588	52.336
30	13.787	14.954	16.791	18.493	20.599	24.478	34.800	40.256	43.773	46.979	50.892	53.672
31	14.458	15.655	17.539	19.281	21.434	25.390	35.887	41.422	44.985	48.232	52.191	55.003
32	15.134	16.362	18.291	20.072	22.271	26.304	36.973	42.585	46.194	49.480	53.486	56.328
33	15.815	17.074	19.047	20.867	23.100	27.219	38.058	43.745	47.400	50.725	54.776	57.648
34	16.501	17.789	19.806	21.664	23.952	28.136	39.141	44.903	48.602	51.966	56.061	58.964
35	17.192	18.509	20.569	22.465	24.797	29.054	40.223	46.059	49.802	53.203	57.342	60.275
36	17.887	19.233	21.336	23.269	25.643	29.973	41.304	47.212	50.998	54.437	58.619	61.581
37	18.586	19.960	22.106	24.075	26.492	30.893	42.383	48.363	52.192	55.668	59.892	62.883
38	19.289	20.691	22.878	24.884	27.343	31.815	43.462	49.513	53.384	56.896	61.162	64.181
39	19.996	21.426	23.654	25.695	28.196	32.737	44.539	50.660	54.572	58.120	62.428	65.476
40	20.707	22.164	24.433	26.509	29.051	33.660	45.616	51.805	55.758	59.342	63.691	66.766
41	21.421	22.906	25.215	27.326	29.907	34.585	46.692	52.949	56.942	60.561	64.950	68.053
42	22.138	23.650	25.999	28.144	30.765	35.510	47.766	54.090	58.124	61.777	66.206	69.336
43	22.859	24.398	26.785	28.965	31.625	36.436	48.840	55.230	59.304	62.990	67.459	70.616
44	23.584	25.148	27.575	29.987	32.487	37.363	49.913	56.369	60.481	64.201	68.710	71.893
45	24.311	25.901	28.366	30.612	33.350	38.291	50.985	57.505	61.656	65.410	69.957	73.166

参考文献

[1] 刑于仓,李丽红. 统计学基础[M]. 3版. 北京:中国电力出版社,2012.
[2] 陈英乾,单芳. 统计学基础[M]. 南京:南京大学出版,2015.
[3] 邹显强,冯静. 统计基础与应用[M]. 南京:南京大学出版社,2015.
[4] 朱小华. 统计学基础[M]. 北京:中国人民大学出版社,2016.
[5] 戚德臣. 应用统计基础[M]. 3版. 北京:中国人民大学出版社,2016.
[6] 黄艳丽. 经济统计基础[M]. 西安:西安电子科技大学出版社,2016.
[7] 贾俊平. 统计学[M]. 6版. 北京:中国人民大学出版社,2015.
[8] 国家统计局社会科技和文化产业统计司. 2016中国社会统计年鉴[M]. 北京:中国统计出版社,2017.
[9] 中华人民共和国国家统计局. 中国统计年鉴2015[M]. 北京:中国统计出版社,2015.
[10] 中华人民共和国统计法[M]. 北京:人民出版社,2009.

参考文献

[1] 江下雅之编注. 网络社会概论[M]. 3版. 北京: 中国人民大学出版社, 2012.
[2] 陈力丹, 闫伊默. 传播学纲要[M]. 北京: 中国人民大学出版社, 2018.
[3] 郭庆光. 传播学教程[M]. 2版. 北京: 中国人民大学出版社, 2011.
[4] 李彬. 传播学引论[M]. 北京: 中国友谊出版社, 2014.
[5] 胡正荣. 传播学总论[M]. 3版. 北京: 中国人民大学出版社, 2016.
[6] 邵培仁. 文化传播学[M]. 南京: 南京大学出版社, 2018.
[7] 陈先元. 媒介素养[M]. 上海: 上海交通大学出版社, 2016.
[8] 胡百精. 公共关系学[M]. 北京: 中国人民大学出版社, 2017.
[9] 中国人民大学新闻学院编. 中国新闻年鉴 2016[M]. 北京: 中国新闻年鉴社, 2017.
[10] 李希光. 新闻学概论[M]. 北京: 人民出版社, 2007.